Meyer
Moderne Grundschaltungen für den Hobby-Elektroniker

In der Reihe
Franzis Elektronikbücher für jedermann
sind erschienen:

Fighiera, Spaß mit Elektronik
Heller, Fernsteueranlagen im Selbstbau
Heysinger, Die Welt der Elektronik
Kriebel, Signale, Weiche, Lokomotiven
Nührmann, Elektronik - leichter als man denkt
Nührmann, Der Weg zum Hobby-Elektroniker
Nührmann, Elektronik-Selbstbau für Profi-Bastler
Nührmann, Der Hobby-Elektroniker greift zum IC
Nührmann, Das Hobby-Labor für den Profi-Bastler
Nührmann, Schlüssel zum Mikrocomputer
Nührmann, Digitaltechnik in der Hobby-Praxis
Nührmann, Das Fernsehprogramm aus Deiner Hand
Walz, Herzklopfen sichtbar gemacht
Wirsum, Elektronik-Selbstbau-Praktikum
Wirsum, Schalten, Steuern, Regeln, Stellen und Verstärken
Wirsum, FETs und VMOS

Franzis Elektronikbuch für jedermann

Helmut Meyer

Moderne Grundschaltungen für den Hobby-Elektroniker

Eine umfassende Zusammenstellung laborerprobter analoger IC-Schaltungen

Mit 195 Abbildungen

Franzis'

CIP-Kurztitelaufnahme der Deutschen Bibliothek

Meyer, Helmut:
Moderne Grundschaltungen für den Hobby-Elektroniker: e. umfassende Zusammenstellung laborerprobter analoger IC-Schaltungen/Helmut Meyer. - München: Franzis, 1985.
(Franzis-Elektronikbuch für jedermann)
ISBN 37723-8051-4

Satz: Satzzentrum Oldenburg GmbH, 2900 Oldenburg
Druck: Offsetdruck Hablitzel & Sohn GmbH, 8060 Dachau
Printed in Germany. Imprimé en Allemagne.

ISBN 3-7723-8051-4

Vorwort

Die Elektronik ist ohne integrierte Schaltungen nicht mehr vorstellbar. Man versteht darunter Bausteine, in denen eine Vielzahl einzelner Halbleiter-Elemente zusammengefaßt ist; sie bilden zumeist vollständige Funktionseinheiten.

Man unterscheidet hier zwischen *Hybrid-* und *Festkörperschaltungen.* Bei den Hybridschaltungen werden in einem Druckverfahren auf der eigentlichen Trägerplatte nur die passiven Bauelemente aufgebracht, das heißt Widerstände, Kondensatoren und Spulen, weiterhin die zugehörigen Verbindungsleitungen. Die aktiven Bauelemente, also Dioden und Transistoren, auch Chips, werden nachträglich eingesetzt.

Dagegen bestehen die Festkörper- oder - treffender - *monolithischen* Schaltungen aus einem einzigen Halbleiterplättchen, dem *Chip,* das sämtliche Bauteile einschließlich der Verbindungen enthält. Nicht integrierbar sind lediglich größere Kapazitäten und Induktivitäten. Sie müssen, sofern benötigt, extern hinzugeschaltet werden.

Von diesen zwei Arten integrierter Schaltungen werden die monolithischen, das heißt, die aus nur einem Chip bestehenden, am häufigsten verwendet.

Man unterscheidet integrierte Schaltungen - kurz auch ISs oder ICs genannte (letztere Bezeichnung ist von „integrated circuit“ abgeleitet) - weiterhin danach, ob sie analog oder digital arbeiten. Bei den *Analogschaltungen* ist innerhalb des jeweiligen Arbeitsbereiches der Wert des Ausgangssignale dem des Eingangssignals verhältnisgleich. Bei den *Digitalschaltungen* hingegen kann das Ausgangssignal in Abhängigkeit vom Eingangssignal nur zwei definierte Zustände - „0“ oder „1“ - annehmen.

Das vorliegende Buch befaßt sich mit den Analogschaltungen. Es gibt davon inzwischen so zahlreiche und für die verschiedensten Aufgaben zugeschnittene Typen, daß es geboten erscheint, sowohl dem beruflich Interessierten als auch dem Amateur eine umfassende Zusammenstellung praktischer Anwendungsbeispiele in die Hand zu geben, die ihn zugleich zu selbständiger eigener Entwicklung von Schaltungen für andere Zwecke anregen soll.

Zunächst wird über integrierte Schaltungen allgemein und über die einschlägige Meßtechnik gesprochen. Danach werden dem Leser bewährte und zum größten Teil bisher unveröffentlichte Schaltbeispiele aus fast allen Bereichen der Elektronik vorgestellt. Zum tieferen Verständnis wird auch deren Wirkungsweise beschrieben, ebenso sind Daten und Meßwerte genannt.

Für die freundliche Unterstützung meiner Arbeit durch Überlassen von technischen Unterlagen, Fotos und Produkten ihres Fertigungsprogramms spreche ich den Firmen *Analog Devices GmbH, Beckman Instruments GmbH, Gould Instrument Systems, Hitachi Denshi GmbH, Intermetall, Intersil Datel GmbH, Neuberger Meßinstrumente GmbH, Siemens AG, Telefunken electronic, Texas Instruments Deutschland GmbH* und *Valvo* meinen herzlichen Dank aus.

Meinem Sohn Dipl.-Phys. *Gerald Meyer* danke ich für die gründliche und sorgfältige Entwicklung eines Teils der beschriebenen Schaltungen.

Helmut Meyer

Wichtiger Hinweis

Die in diesem Buch wiedergegebenen Schaltungen und Verfahren werden ohne Rücksicht auf die Patentlage mitgeteilt. Sie sind ausschließlich für Amateur- und Lehrzwecke bestimmt und dürfen nicht gewerblich genutzt werden*).

Alle Schaltungen und technische Angaben in diesem Buch wurden vom Autor mit größter Sorgfalt erarbeitet bzw. zusammengestellt und unter Einschaltung wirksamer Kontrollmaßnahmen reproduziert. Trotzdem sind Fehler nicht ganz auszuschließen. Der Verlag und der Autor sehen sich deshalb gezwungen, darauf hinzuweisen, daß sie weder eine Garantie noch die juristische Verantwortung oder irgendeine Haftung für Folgen, die auf fehlerhafte Angaben zurückghen, übernehmen können. Für die Mitteilung eventueller Fehler sind Autor und Verlag jederzeit dankbar.

---

*) Bei gewerblicher Nutzung ist vorher die Genehmigung des möglichen Lizenzinhabers einzuholen.

Inhalt

Praktische Grundlagen

1.1 Klassifizierung integrierter Schaltungen

Bei integrierten Schaltungen unterscheidet man zwischen *Hybrid-* und *Festkörpertypen.* Ein weiteres Merkmal ist die Funktionsweise. Diese kann *analog* oder *digital* sein.

Am meisten verwendet man *monolithische,* das heißt Festkörperschaltungen. Sie werden im wesentlichen in vier verschiedenen Technologien hergestellt, nämlich als *bipolare,* als *JFET-* oder *BIFET-,* als *MOSFET-* und als BIMOS-Typen *(Abb. 1.1).*

Bipolare Schaltungen enthalten NPN- und/oder PNP-Transistoren. Das Wort ,,bipolar'' bedeutet ,,zweipolig'' und wird in diesem Zusammenhang deswegen benutzt, weil solche Transistoren jeweils zwei Übergänge zwischen N- und P-leitenden Schichten aufweisen. Bipolare Schaltungen benötigen eingangsseitig zwar nur einen kleinen, aber keineswegs zu vernachlässigenden Strom. Sie lassen sich also nicht leistungslos steuern. Ihr Eingangswiderstand liegt zwischen 10^4 und $2 \cdot 10^6\ \Omega$.

Die Bezeichnung ,,JFET'' ist von ,,Junction-FET'' abgeleitet. In Schaltungen dieses Typs sind neben bipolaren Transistoren Sperrschicht-Feld-

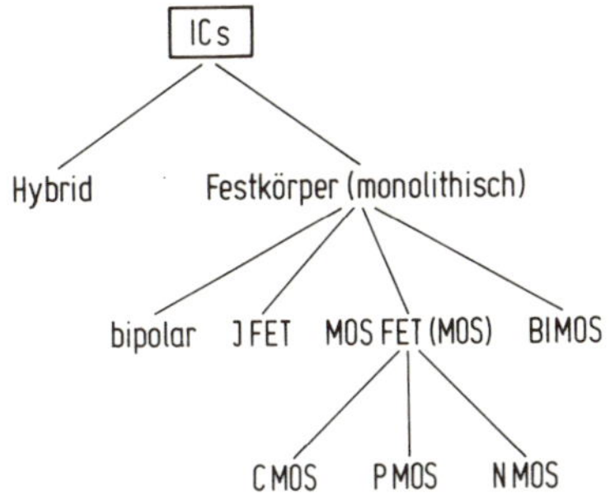

Abb. 1.1 Zur Klassifizierung integrierter Schaltungen

effekttransistoren (Sperrschicht- oder JFETs) integriert. Sie weisen Eingangswiderstände in der Größenordnung von 10^{10} Ω auf und benötigen somit praktisch keinen Steuerstrom.

MOSFET- oder IGFET-Schaltungen enthalten als aktive Bauelemente ausschließlich Metall-Oxid-Silizium-Feldeffekttransistoren (Isolierschicht-FETs). Ihr Eingangswiderstand liegt um einige Zehnerpotenzen höher als der von JFET-Schaltungen. Ein gewisser Nachteil ist in ihrer Empfindlichkeit gegenüber statischer Aufladung zu sehen. Um solche Aufladungen zu vermeiden, sind MOSFET-Schaltkreise bis zu ihrem Einbau in leitenden Schaumstoff eingesteckt zu lagern.

BIMOS-Schaltungen sind sowohl mit bipolaren Transistoren als auch mit MOSFETs aufgebaut. Ebenso, wie es bei den bipolaren Transistoren NPN- und PNP-Typen gibt, gibt es N- und P-Kanal-Feldeffekttransistoren. Sie unterscheiden sich wie die NPN- und PNP-Transistoren darin, daß Steuer- und Speisespannung umgekehrt gepolt sein müssen.

Zu den MOSFET-Schaltungen, oft kurz MOS-Schaltungen genannt, zählen auch die *CMOS-Schaltungen* (Complementär-MOS-Schaltungen). Sie enthalten N- und P-Kanal-MOSFETs, die sich in ihrer Funktion gegenseitig unterstützen. - PMOS- bzw. NMOS-Schaltungen sind ausschließlich mit P- bzw. mit N-Kanal-MOSFETs aufgebaut.

1.2 Klassifizierung von Analogschaltungen

Nach diesem Überblick über die verschiedenen Technologien integrierter Schaltungen soll aufgezeigt werden, nach welchen Kriterien sich die Analogschaltungen, die in diesem Buch benutzt werden, unterscheiden lassen. Ihren Aufgaben nach sind sie in folgende Gruppen einzuteilen:

1. Operationsverstärker
2. NF-Verstärker
3. Festspannungsregler
4. Einstellbare Spannungsregler
5. Referenzspannungsquellen
6. Zeitglieder oder Timer
7. Überwachungsschaltungen
8. Optoelektronische Schaltungen
9. Funktionsgeneratoren

Näher definiert sind die Funktionen dieser Schaltungen in den zugehörigen Schaltungsbeschreibungen.

1.3 Gehäuseformen integrierter Schaltungen

Integrierte Schaltungen sind in Standardgehäusen untergebracht, die je nach Art des betreffenden ICs verschieden viele Anschlüsse besitzen.

Am häufigsten kommt das *Dual-In-Line-Gehäuse* (DIL-Gehäuse) vor. Es ist rechteckig und oben mit einer Markierung versehen, die als Anhaltspunkt für die Numerierung der Anschlüsse dient. Dual-In-Line-Gehäuse - oft auch als *Kunststoff-Steckgehäuse* bezeichnet - gibt es in 4- bis 64poliger Ausführung. Analogschaltungen im DIL-Gehäuse weisen im allgemeinen 4, 6, 8, 14 oder 16 Anschlüsse auf. Ihr Abstands-Rastermaß beträgt in der Breite 7,62 mm, in Längsrichtung 2,54 mm *(Abb. 1.2)*. Bei Dual-In-Line-Gehäusen mit mehr als 20 Anschlüssen beläuft sich das Rastermaß in Querrichtung auf 10,16 bzw. auf 15,24 mm, in Längsrichtung gleichfalls auf 2,54 mm.

DIL-Gehäuse bestehen zumeist aus Plastik, vereinzelt aus Keramik. Die Plastikgehäuse werden auch als *DIP-Gehäuse* bezeichnet. Weiterhin gibt es die *Metallgehäuse,* die eine runde Form und etwa 13 mm lange Anschlußdrähte besitzen. Sie weisen 4 bis 14 Anschlüsse auf. Am gebräuchlichsten sind die 8- und die 10poligen Typen. Die Drähte sind bei Betrachtung von unten her im Uhrzeigersinn numeriert. Markierungspunkt für den Anschluß mit der höchsten Ordnungszahl ist eine kleine Nase am unteren Gehäuserand *(Abb. 1.3)*.

Von recht winziger Bauart sind die *Kunststoff-Miniatur-* und die *Mikropackgehäuse.* Sie besitzen bis zu 16 Anschlußdrähte. Maße und Numerierungsweise der Anschlüsse gehen aus *Abb. 1.4* und *Abb. 1.5* hervor.

Festspannungsregler weisen nur drei Anschlußpunkte auf, nämlich Eingang, Ausgang und Masse. *Abb. 1.6* gibt deren Numerierung und die Ge-

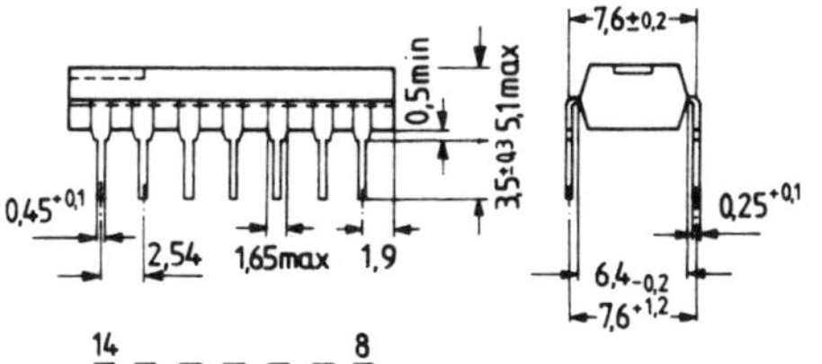

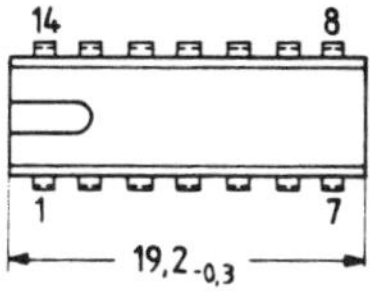

Abb. 1.2 14poliges DIL-Gehäuse (nach Unterlagen der Siemens AG)

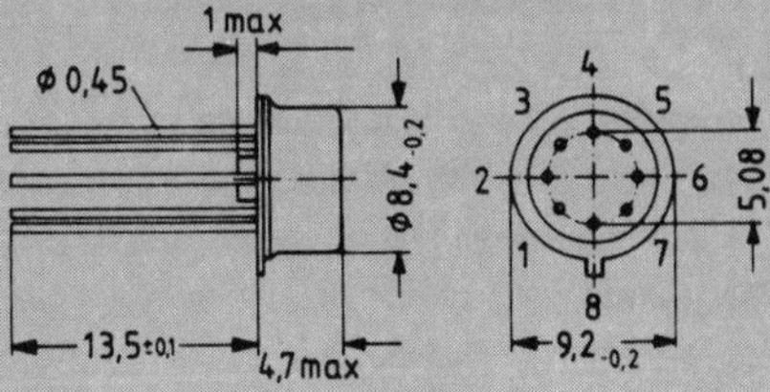

Abb. 1.3 8poliges Metallgehäuse (nach Unterlagen der Siemens AG)

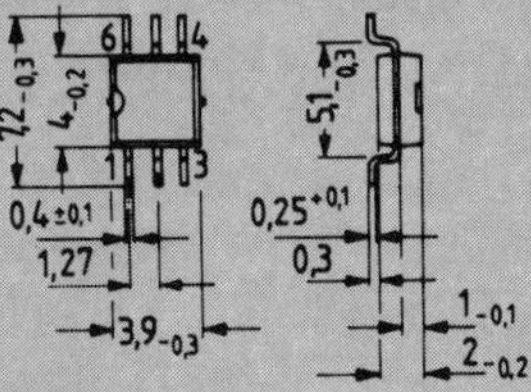

Abb. 1.4 6poliges Kunststoff-Miniaturgehäuse (nach Unterlagen der Siemens AG)

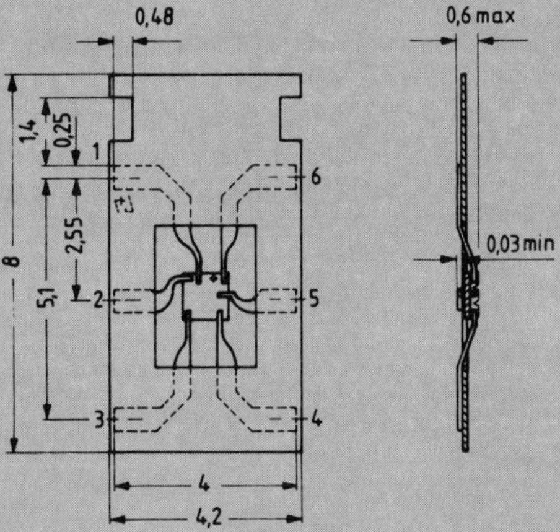

Abb. 1.5 6poliges Mikropackgehäuse (nach Unterlagen der Siemens AG)

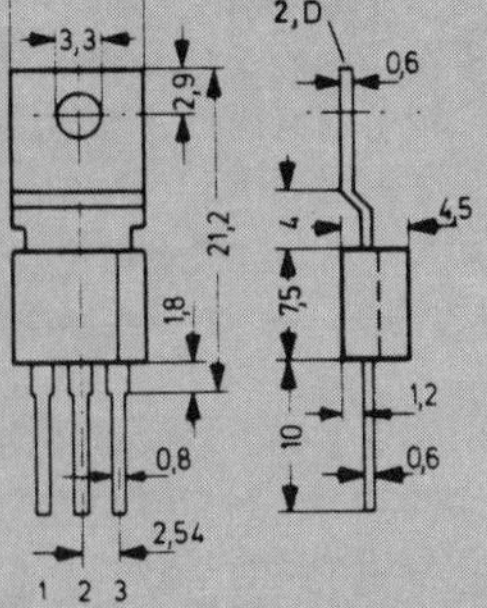

Abb. 1.6 Festspannungsregler-Kunststoffgehäuse (nach Unterlagen der Firma Intermetall)

häusemaße wieder. Die Montage erfolgt im allgemeinen auf einem Kühlkörper.

Einstellbare Spannungsregler besitzen zum Teil andere Gehäuse. Da bei ihnen jedoch die Anschlußbelegung je nach Herstellerfirma verschieden sein kann, ist eine allgemeingültige Darstellung nicht möglich. Wo in diesem Buch Schaltungen mit solchen Reglern beschrieben sind, ist die Kontaktbelegung des betreffenden Typs jeweils für sich aufgezeigt.

Integrierte Schaltungen können grundsätzlich unmittelbar in den Schaltungsaufbau eingelötet werden. Für ICs im DIL- und im Metallgehäuse gibt es indessen Fassungen zum Einstecken. Diese bieten den Vorteil, daß sich die Bausteine leicht auswechseln lassen.

1.4 Daten von Analogschaltungen

Wie für alle anderen Halbleiterbauteile geben die Hersteller auch für Analogschaltungen Grenz- und Kenndaten an.

Unter den *Grenzdaten* versteht man diejenigen Werte, mit denen man die betreffende Schaltung maximal beaufschlagen darf, ohne sie zu beschädigen. Man gibt hier in erster Linie die *Speisespannung* U_b an, die *Eingangsspannung* U_i bzw. die *Differenzeingangsspannung* $\pm U_{id}$, den *Ausgangsstrom* I_Q, die *Verlustleistung* P_{tot} und die *zulässige Umgebungstemperatur* T_u.

Als Kenndaten werden im wesentlichen die *Leerlaufstromaufnahme,* das heißt der *Ruhestrom* I_b, genannt, der *Eingangswiderstand* R_i, der *Ausgangswiderstand* R_Q und die *obere Frequenz f,* bis zu der die Funktion des betreffenden Bauteils gewährleistet ist.

Bei Operationsverstärkern kommen noch die *Eingangsnull-* oder *Offsetspannung* U_{io} sowie der *Eingangsnull-* oder *Offsetstrom* I_{io} und gegebenfalls der *Ausgangskurzschlußstrom* I_{Qs} hinzu. Ein weiteres Kriterium ist der *Eingangsruhestrom* I_i, kurz oft *Eingangsstrom* genannt. Er wird auch als *Biasstrom* I_B bezeichnet. Fernerhin werden die *Gleichspannungs-Leerlaufverstärkung* v_o sowie die *Frequenz* f_l angegeben, bei er die Leerlaufverstärkung auf 1 zurückgeht.

Die Frequenz f_1 wird oft auch als *Verstärkungs-Bandbreite-Produkt* B_l bezeichnet. In welcher Weise die Verstärkung mit zunehmender Frequenz abnimmt, hängt vom Typ des betreffenden Operationsverstärkers ab *(Abb. 1.7).* In manchen Fällen gibt man noch die *Anstiegsgeschwindigkeit*

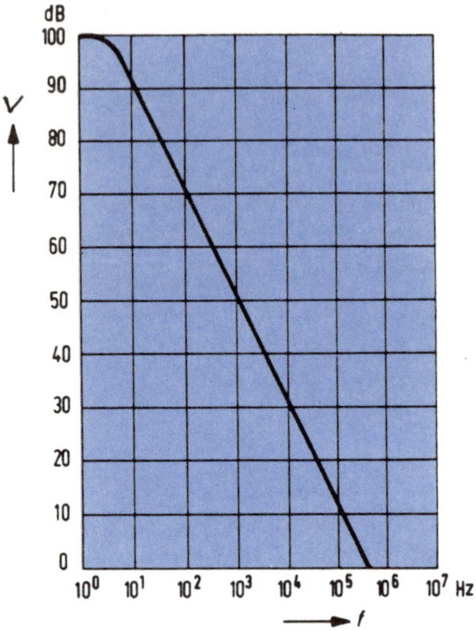

Abb. 1.7 Leerlaufspannungsverhältnis v des Operationsverstärkers TBA 221 (=741) in Abhängigkeit von der Frequenz f (nach Unterlagen der Siemens AG)

$\frac{dUQ}{dt}$ des Ausgangssignals an. Maßeinheit ist das *Volt/Mikrosekunde (V/µs).*

Bei einem idealen Operationsverstärker beträgt die *Ausgangsspannung* U_Q exakt Null, wenn sich die *Spannungsdifferenz* U_{id} zwischen dem invertierenden und dem nichtinvertierenden Eingang ebenfalls auf Null beläuft. Dieser Zustand läßt sich indessen bei einem realen Operationsverstärker wegen stets vorhandener kleiner Unsymmetrien der Eingänge nie erreichen. Um die Ausgangsspannung hier genau auf Null zu bringen, muß die Differenzeingangsspannung U_{id} einen ganz bestimmten Wert aufweisen, der in der Größenordnung von Millivolt liegt. Es ist dies die Eingangsnull- oder Offsetspannung U_{io}, von der oben die Rede war. Der durch die Spannung U_{io} im Verstärkereingang hervorgerufene Strom ist der erwähnte Eingangsnull- oder Offsetstrom I_{io}.

Manche Operationsverstärker sind kurzschlußfest ausgeführt. Dies bedeutet, daß bei versehentlicher Überlastung zwar ein erhöhter Ausgangsstrom I_{Qs} fließt, der aber auf einen unschädlichen Wert begrenzt bleibt.

Typen, Funktionen und Hersteller der in diesem Buch benutzten Analogschaltungen sind in *Tabelle 1* zusammengefaßt. Aus Spalte 4 geht hervor, in welchem Buchabschnitt jeweils nähere Angaben über die betreffende Schaltung zu finden sind.

Tabelle 1. Wichtige Analog-ICs

Typ	Funktion	Hersteller	Angaben
AD 581 JH	Referenz-spannungsquelle	Analog Devices	10.2
AD 584 JH	Referenz-spannungsquelle, programmierbar	Analog Devices	10.3
CA 3140	BIMOS-OP	RCA	10.8
CQY 80 N	Optokoppler	Telefunken	9.5
ICL 7611 DCPA	CMOS-OP	Intersil	2.9
ICL 7621 DCPA	CMOS-Doppel-OP	Intersil	5.12
ICM 7555 IPA	CMOS-Timer	Intersil	7.7
LF 355 N	JFET-OP	NS, Siemens	2.5
LF 356 N	JFET-OP	NS, Siemens	2.2
LF 357 N	JFET-OP	NS, Siemens	2.8
LM 311 P	Komparator, bipolar	Texas Instruments	5.8
LM 317 KC	Positiv-Spannungsregler, einstellbar	Texas Instruments	10.7
LM 318 P	OP, bipolar	Texas Instruments	2.6
NE 566 N	Funktionsgenerator	Valvo	5.13
NE 5534 N	OP, bipolar, rauscharm	Valvo	3.1
TAA 521 A (=709)	OP, bipolar	Siemens, Texas Instruments	5.5
TAA 2761 A	Doppel-OP, bipolar	Siemens	9.4
TBA 221 B (=741)	OP, bipolar	Siemens, Texas Instruments	2.1
TBA 810 AS	NF-Verstärker	Telefunken	3.5
TBB 0747 A (=747)	Doppel- OP, bipolar	Siemens, Texas Instruments	5.10
TBB 0748 B (=748)	OP, bipolar	Siemens, Texas Instruments	4.14
TBB 2331 B	Doppel-OP, bipolar	Siemens	2.3
TCA 105	Schwellenwert-schalter	Siemens	9.3
TCA 311 A	OP, bipolar	Siemens	5.2
TCA 345 A	Schwellenwert-schalter	Siemens	9.1
TCA 830 A	NF-Verstärker	Telefunken	3.4
TCA 965	Fenster-diskriminator	Siemens	8.3
TDA 2030	NF-Verstärker	Telefunken	3.6
TDB 0555 (=555)	Timer, bipolar	Siemens, Valvo	5.3
TDB 0723 A (=723)	Universal-Spannungsregler	Siemens, Texas Instruments, Valvo	10.7

Tabelle 1. Wichtige Analog-ICs

Typ	Funktion	Hersteller	Angaben
TDB 7805 -7824	Positiv-Festspannungsregler	Siemens	10.4
TDD 1605 S -1624 S	Positiv-Festspannungsregler	Intermetall	10.4
TL 080 CP	JFET-OP	Texas Instruments	3.2
TL 084 CN	Vierfach-JFET-OP	Texas Instruments	3.3
UAA 180	Treiber für Leuchtbandanzeigen	Siemens	9.6
UA 733 CN	Differential-OP, bipolar	Texas Instruments	5.7
UA 777 CP	OP, bipolar	Texas Instruments	4.9
UA 2240 CN	Timer, bipolar, programmierbar	Texas Instruments	7.8
UA 7805 C -7824 C	Positiv-Festspannungsregler	Texas Instruments	10.4
UA 7905 C -7924 C	Negativ-Festspannungsregler	Texas Instruments	10.5

„OP“ bedeutet „Operationsverstärker“; statt „OP“ wird manchmal auch die Abkürzung „OV“ bzw. „OPV“ benutzt.

1.5 Anschlußanordnung diskreter Halbleiter-Bauelemente

Neben den analogen und digitalen ICs werden in der Elektronik nach wie vor diskrete Halbleiter-Bauteile verwendet. Man versteht darunter Dioden, Transistoren und Thyristoren als Einzelexemplare. Sie kommen wie die integrierten Schaltungen in einer verhältnismäßig großen Typen-Vielfalt vor und werden oft gemeinsam mit ihnen betrieben. Das gilt auch für die Schaltbeispiele des vorliegenden Buches.

Bei Dioden ist zur Unterscheidung der Anschlüsse die Katodenseite mit einem Ring oder einem Punkt versehen. Die Anschlüsse aller übrigen diskreten Halbleiter-Bauelemente sind durch die Art ihrer Anordnung am Gehäuse gekennzeichnet. Es gibt hier verschiedene Systeme. Für diejenigen Typen von Bauteilen, die in diesem Buch Anwendung finden, ist eine Aufschlüsselung in *Abb. 1.8* wiedergegeben.

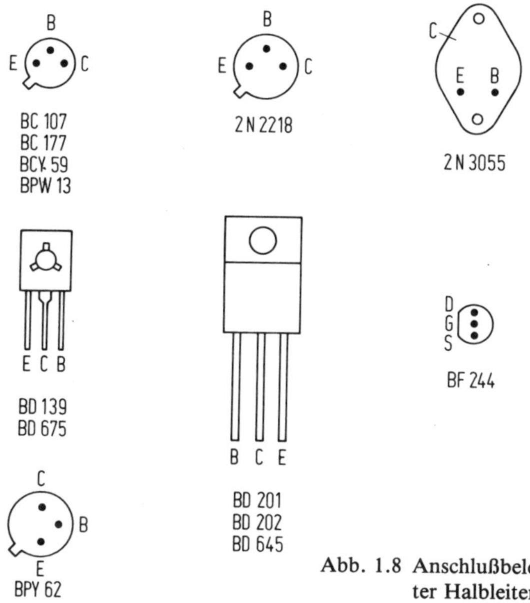

Abb. 1.8 Anschlußbelegung diskreter Halbleiter-Bauelemente

1.6 Schaltzeichentabelle

Voraussetzung zum erfolgreichen Aufbauen von Elektronikschaltungen ist die Kenntnis der genormten Schaltsymbole. Zur Erleichterung der Übersicht sind alle Zeichen, die in diesem Buch vorkommen, unter Angabe der jeweiligen Bedeutung in *Abb. 1.9* zusammengefaßt.

1.7 Aufbau der Schaltungen

Einige der nachstehend beschriebenen Schaltungen stellen Standardgeräte dar, die der Praktiker bei seiner Arbeit immer wieder benötigt. Es empfiehlt sich daher, diese für den Dauergebrauch in handelsübliche Gehäuse einzubauen.

Der größere Teil der Schaltbeispiele ist mehr für Lehr- und Übungszwecke bestimmt. Ein ständiger praktischer Gebrauch kommt nur bei je-

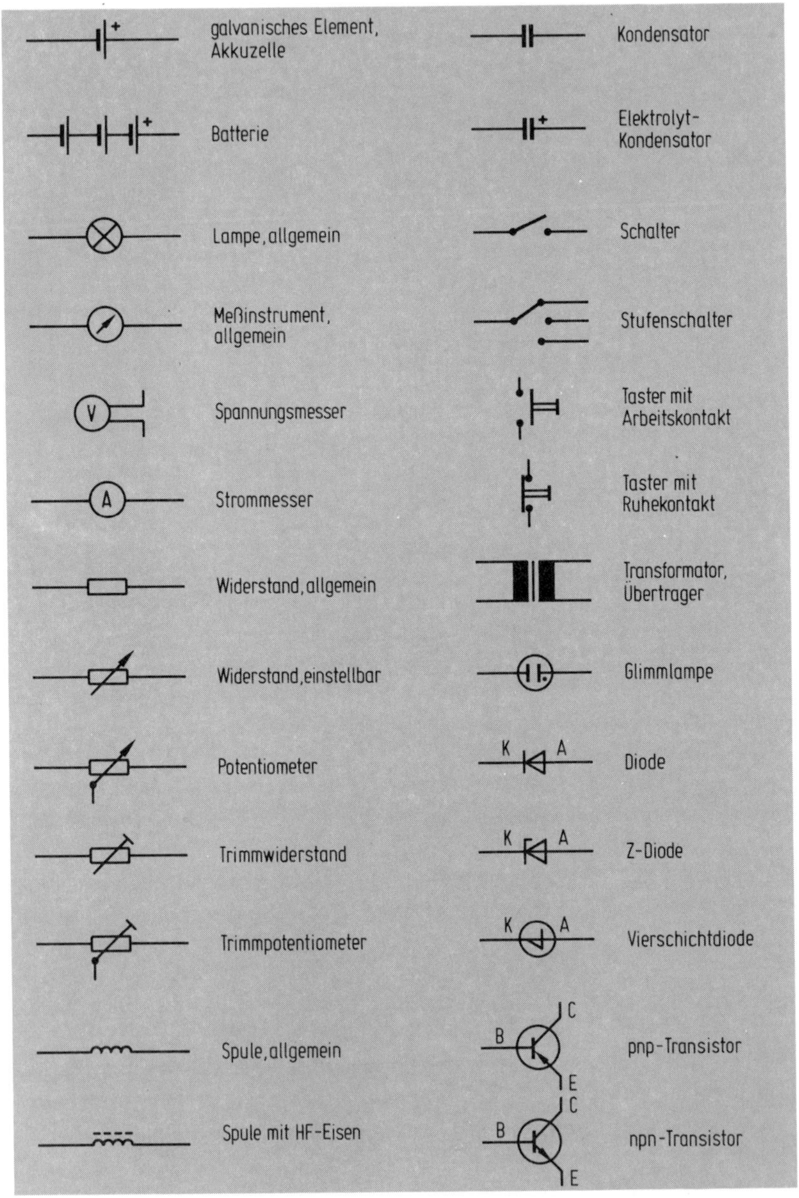

Abb. 1.9 Schaltzeichentabelle

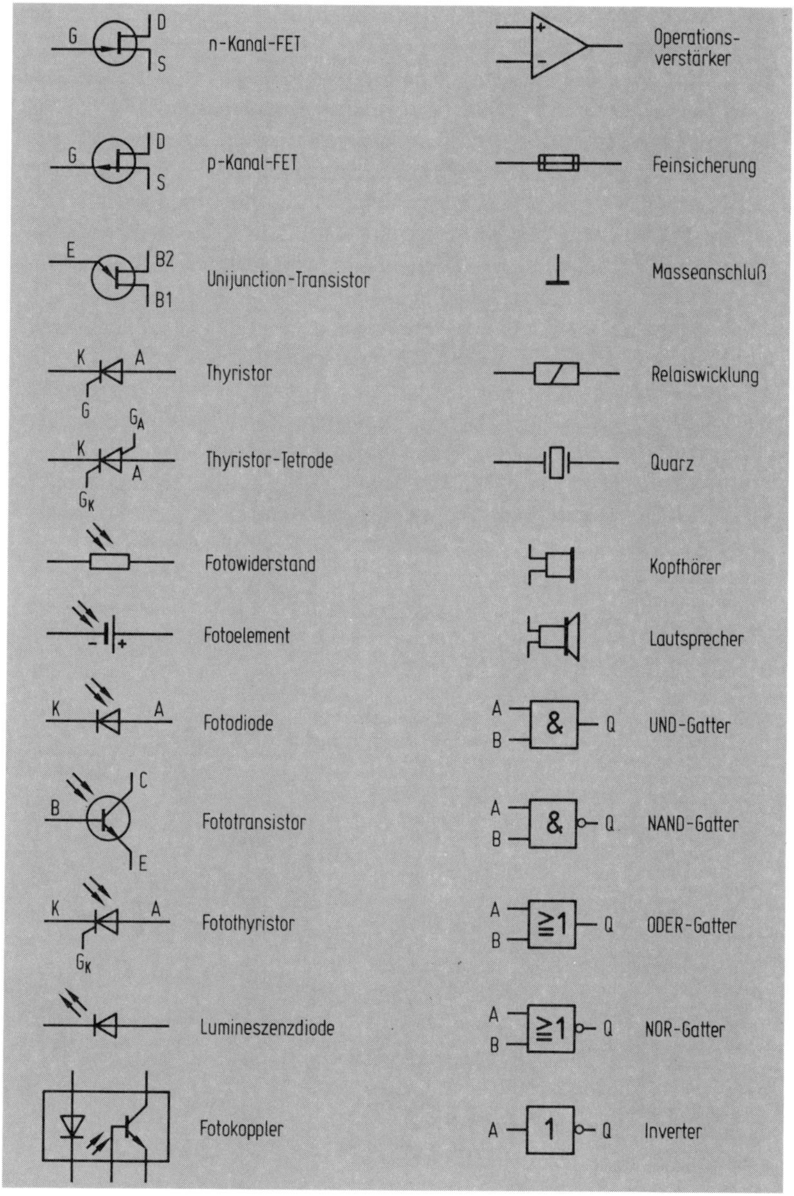
n-Kanal-FET
p-Kanal-FET
Unijunction-Transistor
Thyristor
Thyristor-Tetrode
Fotowiderstand
Fotoelement
Fotodiode
Fototransistor
Fotothyristor
Lumineszenzdiode
Fotokoppler
Operations-
verstärker
Feinsicherung
Masseanschluß
Relaiswicklung
Quarz
Kopfhörer
Lautsprecher
UND-Gatter
NAND-Gatter
ODER-Gatter
NOR-Gatter
Inverter

nen in Betracht, für die der Leser sich individuell interessiert. Die reinen Experimentierschaltungen hingegen werden zweckmäßigerweise so aufgebaut, daß Montage und Demontage mit möglichst geringem Arbeitsaufwand durchführbar sind. Danach soll mit gleich wenigem Aufwand die nächste Schaltung erprobt und durchgemessen werden können.

Hierzu erwies sich ein System mit einseitig kaschierten Lötpunkt-Lochrasterplatten $100 \times 160\ mm^2$, Rastermaß $2{,}5 \times 2{,}5\ mm^2$, als vorteilhaft.

Die einzelnen Bauelemente werden von der kupferfreien Seite her in die Platte eingesetzt und auf der anderen Seite verlötet. Integrierte Schaltungen werden in zuvor eingelötete Fassungen gesteckt. Da deren Rastermaß mit 2,54 mm ein wenig größer als das der Platten ist, muß man die Löcher manchmal etwas aufbohren, um die Fassungen leicht einsetzen zu können. Als Verbindungsleitungen eignen sich isolierte Schaltdrähte und die sogenannten Fädeldrähte. Letztere haben den Vorteil, daß man sie nicht abzuisolieren braucht. Sie sind mit einem Isolierlack von etwa 600 V Spannungsfestigkeit versehen, der beim Löten schmilzt. Die Leitungen werden auf der den Bauteilen gegenüberliegenden Plattenseite angebracht. Kürzere Verbindungen kann man auch mit blankem Schaltdraht herstellen.

Im einfachsten Fall versieht man die Platten an jeder Ecke mit einem Abstandsbolzen mit Innen- und einem solchen mit Außengewinde M 3 *(Abb. 1.10)*. Man kann sie dann beliebig aufstellen, ohne daß sie auf den

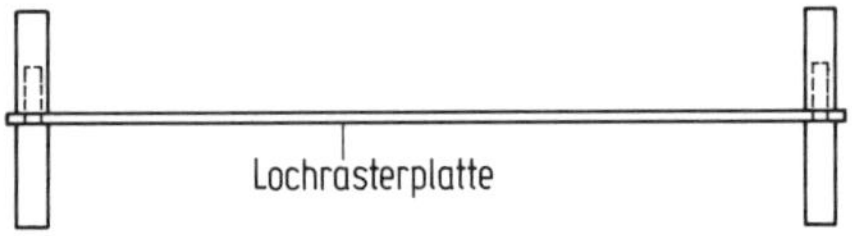

Abb. 1.10 Lötpunkt-Lochrasterplatte mit Abstandsbolzen zum beidseitigen Aufstellen

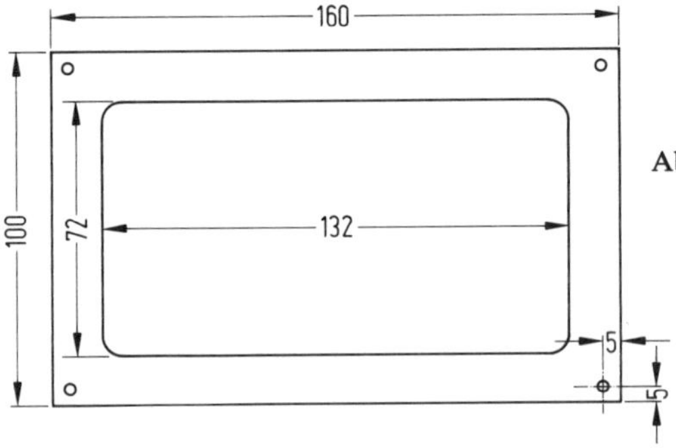

Abb. 1.11 Aluminium-Rahmen zum Versteifen von Lochrasterplatten

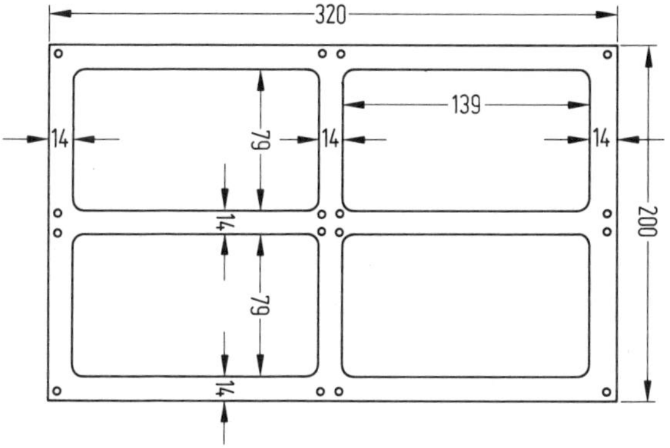

Abb. 1.12 Aluminium-Rahmen zur Aufnahme von vier Lochrasterplatten

Bauteilen bzw. auf der Verdrahtung aufliegen. Ein gewisser Nachteil ist, daß sich die Platten so leicht durchbiegen. Vorteilhafter ist es, sie durch einen Rahmen aus Aluminiumblech von 2 mm Dicke zu versteifen *(Abb. 1.11),* der mit Senkschrauben an den Distanzbolzen befestigt wird. Der Ausschnitt in der Mitte läßt sich mit der Laubsäge herstellen. Um vier Platten zu einer Einheit zusammenzufassen, kann man einen weiteren Alu-Rahmen gemäß *Abb. 1.12* benutzen, der mit entsprechenden Bohrungen zum Anschrauben der Distanzbolzen versehen ist.

Die *Abb. 1.13 bis 1.16* zeigen dieses Aufbausystem in mehreren Ansichten. - Zum Befestigen von Potentiometern können die in *Abb. 1.17* wiedergegebenen Montageböckchen dienen. Sie bestehen aus einem in der Mitte gelochten Stück Alu-Blech $50 \times 50 \times 1{,}5\ mm^3$ zur Aufnahme des Potis und einem weiteren Stück Aluminiumblech gleicher Abmessungen, oberhalb dessen sich ein Drehknopf mit Skalenteilung befindet. Der Zusammenhalt wird durch acht Abstandsbolzen von je 20 mm Länge besorgt, von denen die unteren vier an die betreffende Lochrasterplatte angeschraubt werden. Bei Benutzung der Böckchen ist die Platte oben mit entsprechend längeren Distanzbolzen zu versehen, um sie auch umgekehrt aufstellen zu können.

Zum Zuführen der Speisespannung kann man Buchsen für den Anschluß von Bananensteckern verwenden, die auf einem Stück Winkelaluminium von 1-1,5 mm Dicke montiert werden, das seinerseits unterhalb der Lochrasterplatte befestigt wird.

Abb. 1.13 Aufbauplatte mit Versteifungsrahmen (Ansicht von oben)

Abb. 1.14 Aufbauplatte mit Versteifungsrahmen (Ansicht von unten)

Abb. 1.15 Vier Aufbauplatten auf gemeinsamem Rahmen zusammengefaßt (Ansicht von oben)

Abb. 1.16 Vier Aufbauplatten auf gemeinsamem Rahmen zusammengefaßt (Ansicht von unten)

Abb. 1.17 Montageböckchen für Potentiometer, leer und bestückt

Außer den Lötpunkt-Lochrasterplatten bietet der Elektronik-Fachhandel Leiterplatten mit verschiedenen Mustern von Leiterbahnen und Lötpunkten an, die teilweise auch zum Einsetzen von IC-Fassungen vorbereitet sind. Sie besitzen ebenfalls das Europakartenformat 100×160 mm^2 und können die Lötpunkt-Lochrasterplatten vorteilhaft ergänzen.

1.8 Stromversorgung

Zum Betreiben der in diesem Buch vorgestellten Schaltungen wird eine Gleichspannung zwischen 4,5 und 30 V benötigt. In manchen Fällen sind sogar zwei Spannungen dieser Größenordnung erforderlich, von denen die eine positiv, die andere negativ gegenüber dem Schaltungsbezugspunkt ist.

Soweit es sich um batterietypische Spannungswerte handelt und die Stromaufnahme nicht zu hoch ist, kann die Speisung ohne weiteres aus Trockenbatterien erfolgen. So gibt zum Beispiel eine 9-V-Transistorbatterie im Dauerbetrieb bis zu etwa 25 mA ab, eine Monozelle von 1,5 V bis zu einigen hundert Milliampere. Für die verschiedenen Arten von Zellen sind passende Halter lieferbar, in die man eine oder mehrere davon einsetzen kann. Sie besitzen Löt- oder Druckknopfanschlüsse. Durch Reihenschaltung mehrerer Zellen lassen sich auch höhere Spannungen erzielen.

Zum Versorgen von Schaltungen mit größerem Strombedarf braucht man ein netzbetriebenes und stabilisiertes Speisegerät, entweder ein Doppelgerät mit positiver und negativer Ausgangsspannung oder aber zwei Einzelgeräte, die entsprechend zusammengeschaltet werden. Die Belastbarkeit je Ausgang sollte 1 A betragen. Zwei solcher Universal-Netzgeräte sind in Abschnitt 10.11 ausführlich beschrieben, so daß ein Nachbau nicht schwerfallen dürfte. Wer an einer Selbstanfertigung nicht interessiert ist, greift auf eines der fertig käuflichen Geräte zurück, die in vielerlei Ausführung angeboten werden.

1.9 Meßtechnik

Von allen Messungen, die in der Elektronik durchzuführen sind, kommen die *Spannungsmessungen* am häufigsten vor. Weiterhin fallen *Strom-* und *Widerstandsmessungen* an, gelegentlich auch *Kapazitäts-* und *Induktivitätsmessungen.*

Für die ersten drei dieser Aufgaben bietet die einschlägige Industrie *Universal-Meßgeräte* in großer Typenvielfalt an. Sie besitzen in der Regel mehrere Spannungs- und Strombereiche für Gleich- und Wechselstrom sowie einige Widerstandsmeßbereiche. Die Anzeige erfolgt analog oder digital.

Für die Spannungsbereiche gibt man die Empfindlichkeit von Meßinstrumenten in *Ohm pro Volt* (Ω/V) an. Beläuft sich diese beispielsweise auf 20000 Ω/V, so beträgt der Eingangswiderstand des Meßgerätes 20 kΩ im 1-V-Bereich, 60 kΩ im 3-V-Bereich, 200 kΩ im 10-V-Bereich und so fort. Bei Digital-Meßgeräten drückt man den Eigenverbrauch durch den Eingangswiderstand selbst aus, der hier in allen Bereichen gleichbleibend ist. Ein Eingangswiderstand von 1 MΩ bedeutet demnach im 2-V-Bereich die Empfindlichkeit 500 kΩ/V, im 20-V-Bereich 50 kΩ/V und im 200-V-Bereich 5kΩ/V. Bei solchen Geräten ist also im kleinsten Meßbereich die Empfindlichkeit am größten.

Abb. 1.18 zeigt, in welcher Weise die Empfindlichkeit die Meßgenauigkeit beeinflußt. Die Widerstände R_1 von 25 kΩ und R_2 von 5 kΩ bilden einen relativ hochohmigen Spannungsteiler, an dem 12 V anliegen und dessen Teilspannung U_2 gemessen werden soll. U_2 ergibt sich rechnerisch zu 2 V, und dieser Wert würde von einem idealen Instrument auch angezeigt werden. Wird nun zum Messen ein Gerät mit 20000 Ω/V benutzt, das auf den 3-V-Bereich eingestellt ist, so kommt parallel zum Widerstand R_2 ein Widerstand von 60 kΩ zu liegen. Die Spannung U_2 geht infolgedessen von 2 V auf 1,87 V zurück, was einen Fehler von 6,5% bedeutet.

Führt man die gleiche Messung mit einem Gerät von 5000 Ω/V und ebenfalls im 3-V-Bereich aus, so werden statt 2 V nur 1,57 V angezeigt.

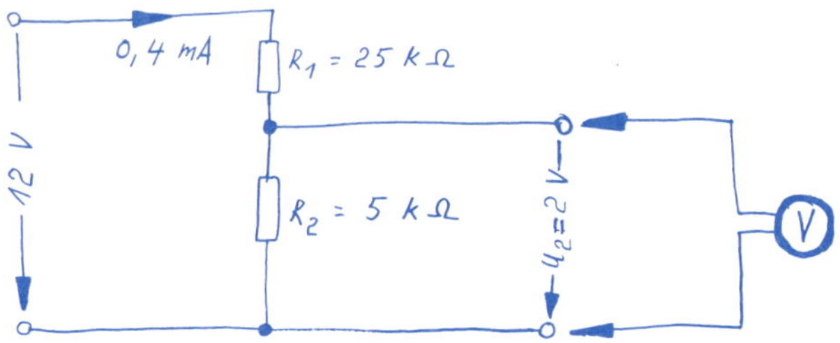

Abb. 1.18 Zum Entstehen von Meßfehlern bei Spannungsmessungen

Die Abweichung beläuft sich hier also auf 21,5%. Bei Messungen an niederohmigeren Spannungsteilern ist der Fehler natürlich entsprechend kleiner. Umgekehrt bedingen hochohmigere Geräte bei sonst gleichen Verhältnissen geringere Meßfehler.

Die Spannungsempfindlichkeit der handelsüblichen Vielfach-Meßgeräte beträgt bei Analogausführungen zwischen 1000 Ω/V und 100000 Ω/V. Bei digital anzeigenden Geräten sind Eingangswiderstände von 1 MΩ bis 100 MΩ gebräuchlich. Da in der Elektronik verhältnismäßig oft Spannungsmessungen an hochohmigen Teilern bzw. hinter hochohmigen Widerständen durchzuführen sind, sollte das verwendete Meßgerät im Hinblick auf den zu erwartenden Fehler eine Empfindlichkeit von wenigstens 10000 Ω/V aufweisen. Bei einem Digitalmeßgerät ist ein Eingangswiderstand von 1 MΩ praktisch für alle Anwendungsfälle hoch genug.

In den Strombereichen wird die Empfindlichkeit durch den Spannungsabfall angegeben, den der zu messende Strom bei Vollausschlag am Gerät hervorruft. Dieser beläuft sich je nach Bauart und Meßbereich auf etwa 50–500 mV. Je kleiner der Spannungsabfall, desto höher ist die Empfindlichkeit. Im übrigen kann man Ströme auch indirekt als Spannungen messen, sofern sie in der betreffenden Schaltung einen Widerstand durchfließen. Man braucht dann die Leitung nicht aufzutrennen, sondern mißt die am Widerstand abfallende Spannung *(Abb. 1.19)*. Der Strom errechnet sich nach dem Ohmschen Gesetz zu

$$I(mA) = \frac{U(V)}{R(k\Omega)} .$$

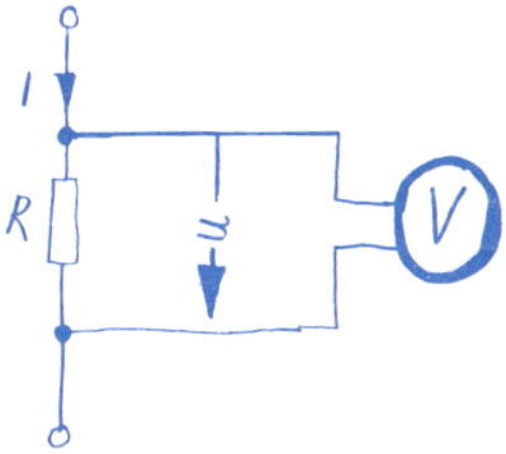

Abb. 1.19 Strommessung als Spannungsmessung

Ein weiteres Kriterium von Meßgeräten ist der *Anzeigefehler.* Man gibt ihn in Prozenten vom Bereichs-Endwert an. Er steht in keinerlei Zusammenhang mit dem Fehler, der durch den Eigenverbrauch bedingt ist. Die Anzeigefehler von Vielfachmeßgeräten betragen je nach Ausführung 4, 2,5, 1,5, 1, 0,5, 0,3 und 0,1%. Man spricht hier auch von der *Güteklasse.*

Abb. 1.20 zeigt die Ansicht des Analog-Vielfachmeßgerätes UNAVO 9e der Firma Neuberger Meßinstrumente GmbH, München 70. Das Gerät besitzt insgesamt 21 Bereiche und eignet sich gut für die Aufgaben der Elektronik-Praxis. Es sind 5 Gleichspannungs- und 4 Wechselspannungsbereiche vorhanden (0,3/3/30/300/1 500 V bzw. 3/30/300/600 V), 5 Gleichstrom- und 4 Wechselstrombereiche (0,3/3/30/300/3 000 mA

Abb. 1.20 Vielfachmeßgerät UNAVO 9e (Werkfoto: Neuberger Meßinstrumente GmbH)

bzw. 3/30/300/3000 mA) sowie 3 Bereiche für Widerstandsmessungen (1/100 kΩ, 10 MΩ). Das Gerät ist für sämtliche Spannungs- und Strommessungen mit einer einzigen linearen Skalenteilung versehen, womit sich eine gute Ablesbarkeit ergibt. Mit Hilfe einer zusätzlichen Teilung lassen sich in den drei unteren Wechselspannungsbereichen auch Pegelmessungen im Umfang von je 32 dB durchführen (vgl. Abschn. 1.10).

Die Güteklasse des Gerätes ist 1,5. Seine Empfindlichkeit beträgt in den Gleichspannungsbereichen 20000 Ω/V, in den Wechselspannungsbereichen 30/300/600 V 2,3 kΩ/V und im 3-V-Wechselspannungsbereich 333 Ω/V. Bei Strommessungen ergibt sich je nach Meßbereich ein Spannungsabfall von 50–500 mV. Das Gerät ist in jedem Bereich durch ein elektronisch gesteuertes Relais gegen Überlastung bzw. Fehlbedienung geschützt. Das gleiche Meßgerät, jedoch ohne elektronische Überwachung, wird unter der Bezeichnung UNAVO 8e angeboten.

Eine wesentlich höhere Empfindlichkeit besitzt das Vielfachmeßgerät UNAVO 21 *(Abb. 1.21)*. Es arbeitet ebenfalls mit Analog-Anzeige, ist aber mit einem Meßverstärker in sogenannter Low-power-Schaltung versehen, der die eingebauten Batterien kaum belastet. Wie das Foto erkennen läßt, sind insgesamt 47 Meßbereiche vorhanden, und zwar je 10 Bereiche für Gleich- und Wechselspannung, je 12 Bereiche für Gleich- und Wechselstrom sowie 3 Widerstandsmeßbereiche.

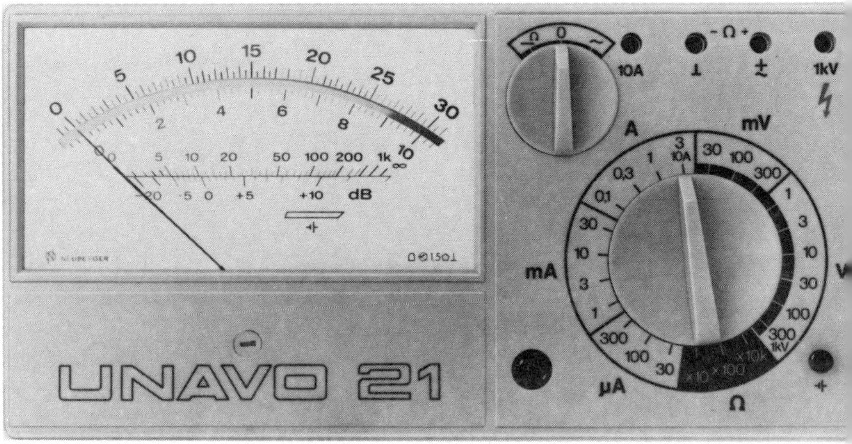

Abb. 1.21 Vielfachmeßgerät UNAVO 21 (Werkfoto: Neuberger Meßinstrumente GmbH)

Im Spannungsbereich 30 mV (Gleich- und Wechselspannung) beläuft sich die Empfindlichkeit auf 3,3 MΩ/V, in den Bereichen 100 mV–10 V auf 1 MΩ/V. In den Bereichen 30 V–1 kV ist ein Eingangswiderstand von 10 MΩ gegeben. Die Güteklasse des Instrumentes beträgt 1,5; es ist sowohl in den Spannungs- als auch in den Strombereichen gegen Überlastung geschützt. Seine Anwendungsmöglichkeiten sind außerordentlich vielseitig.

Die Ansicht eines formschönen und übersichtlichen Digital-Multimeters mit Flüssigkristall-Anzeige (LC-Anzeige) ist in *Abb. 1.22* wiedergegeben. Es handelt sich um das Modell 3020 der Firma Beckman Instruments GmbH, München 40. Das Gerät ist mit 29 Bereichen ausgestattet, davon

Abb. 1.22 Digital-Multimeter 3020 (Werkfoto: Beckman Instruments GmbH)

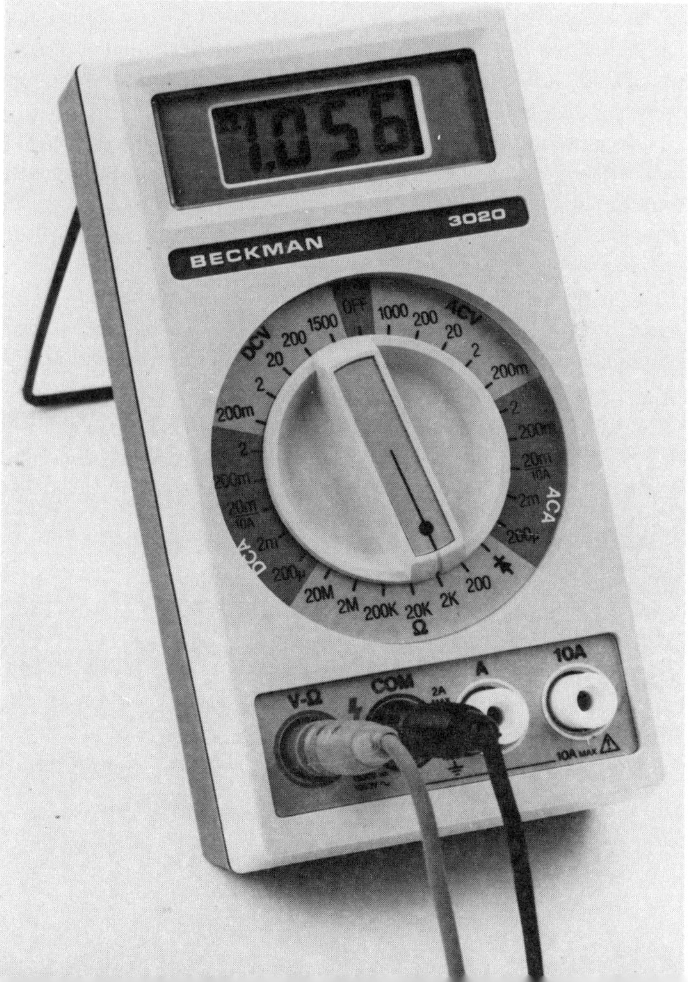

je 5 für Gleich- und Wechselspannungsmessungen (0,2/2/20/200/1500 V bzw. 1000 V), je 6 für Gleich- und Wechselstrommessungen (0,2/2/20/200 mA/2/10 A) und 6 für Widerstandsmessungen (0,2/2/20/200 kΩ/2/20 MΩ). Ein weiterer Bereich ermöglicht das Testen von Dioden.

In den Gleichspannungsbereichen beträgt der Eingangswiderstand jeweils 22 MΩ, in den Wechselspannungsbereichen 2,2 MΩ. Diese Werte bedeuten besonders in den niedrigeren Bereichen eine extrem hohe Meßempfindlichkeit. In den Strombereichen 0,2–200 mA (Gleich- und Wechelstrom) ergibt sich ein Spannungsabfall von max. 250 mV, in den Bereichen 2 A und 10 A ein solcher von 700 mV. Die Meßgenauigkeit beläuft sich in den Gleichspannungsbereichen auf 0,1%, wobei die Auflösung im 0,2-V-Bereich 100 μV beträgt. Als Lebensdauer der eingebauten 9-V-Transistorbatterie sind 2000 Stunden angegeben.

Fast ebenso viele Meßmöglichkeiten bei gleicher Empfindlichkeit bietet das Beckman-Modell TECH 300 A. Aus Preisgründen entfallen hier lediglich die beiden 10-A-Bereiche. Auch ist die Meßgenauigkeit etwas geringer. Sie erfüllt dennoch mit 0,25% in den Gleichspannungsbereichen relativ hohe Ansprüche.

Nicht geeignet sind Analog- und Digitalmeßgeräte zum Erfassen schnell verlaufender Vorgänge, die in der Elektronik hauptsächlich als Spannungsimpulse auftreten. Hierzu braucht man ein *Oszilloskop*. Die Anzeige erfolgt auf dem Bildschirm einer Elektronenstrahlröhre, der zum leichteren Ablesen des Meßwertes mit einem Raster in Zentimeterteilung (manchmal auch 0,8-cm-Teilung) versehen ist *(Abb. 1.23)*. Die X-Achse (waagerecht) stellt den Zeitmaßstab dar, die Y-Achse (senkrecht) den Spannungsmaßstab. Beide Maßstäbe sind je nach der Leistungsfähigkeit

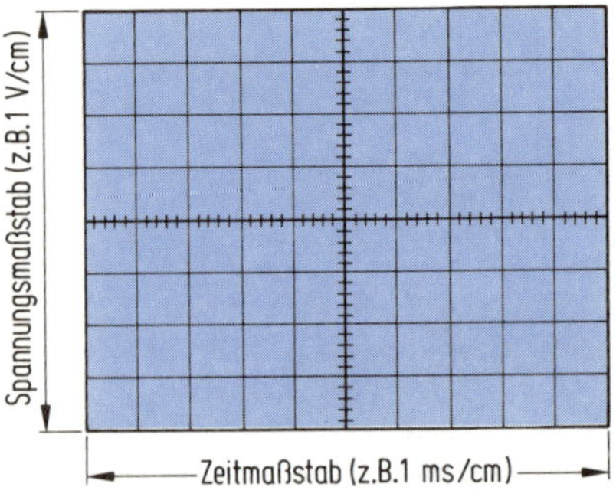

Abb. 1.23 Raster auf dem Bildschirm eines Oszilloskops

Abb. 1.24 Rechteckimpulse mit einer Periodendauer von 10 ms und einer Amplitude von 5 V (Spitze-Spitze) auf dem Bildschirm eines Oszilloskops

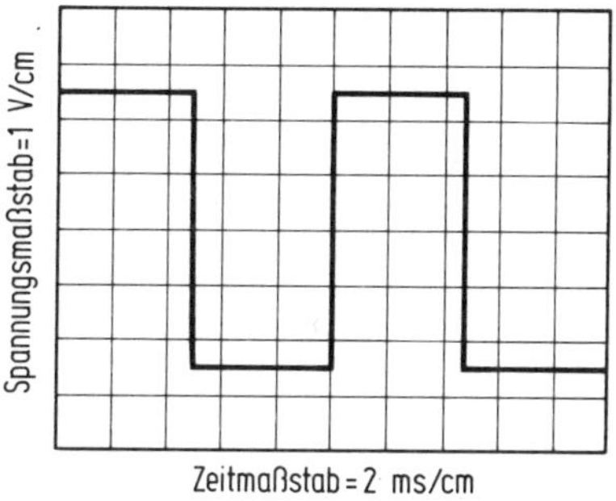

des Oszilloskops innerhalb eines mehr oder weniger großen Bereiches umschaltbar, beispielsweise von 1 µs/cm–1 s/cm und von 10 mV/cm–10 V/cm, zumeist in der Folge 1-2-5. So sind auf dem in *Abb. 1.24* dargestellten Leuchtschirm Rechteckimpulse zu sehen, deren Periodendauer und Höhe sich den gewählten Maßstäben entsprechend zu 10 ms und 5 V_{ss} ergeben.

Der jeweilige Zeitmaßstab resultiert aus einer Sägezahnspannung von streng linearem Verlauf, die im Oszilloskop selbst erzeugt wird und die den Elektronenstrahl mit definierter Geschwindigkeit horizontal fortbewegt. Da die zu messende Signalspannung zu klein ist, um den Elektronenstrahl vertikal weit genug abzulenken, führt man sie zunächst einem Verstärker zu. Dieser sogenannte Y-Verstärker muß hohe Anforderungen erfüllen, damit er den Signalverlauf in keiner Weise verfälscht. Er erfordert um so mehr Aufwand, je kleiner der Spannungsmaßstab und je größer die Bandbreite sind. Unter „Bandbreite" versteht man in diesem Zusammenhang diejenige Frequenz, bei der die Ausgangsspannung des Verstärkers auf -3 dB = 70,1% ihres Sollwertes abfällt.

Viele Oszilloskope sind als *Zweikanalgeräte* ausgeführt. Sie besitzen zwei Meßverstärker, die mit einer Frequenz von etwa 50–100 kHz elektronisch umgeschaltet werden. Man kann auf diese Weise zwei Signale gleichzeitig sichtbar machen.

Zum Verstärken der Zeitablenkspannung des Sägezahngenerators enthält jedes Oszilloskop einen sogenannten X-Verstärker. Dieser läßt sich bei abgeschalteter Sägezahnspannung dazu benutzen, auch den X-Ablenkplatten ein externes Signal zuzuführen. Es lassen sich so im Zusammenwirken mit einer Spannung am Y-Eingang auch *Lissajous-Figuren* auf den Bildschirm darstellen *(Abb. 1.25)*.

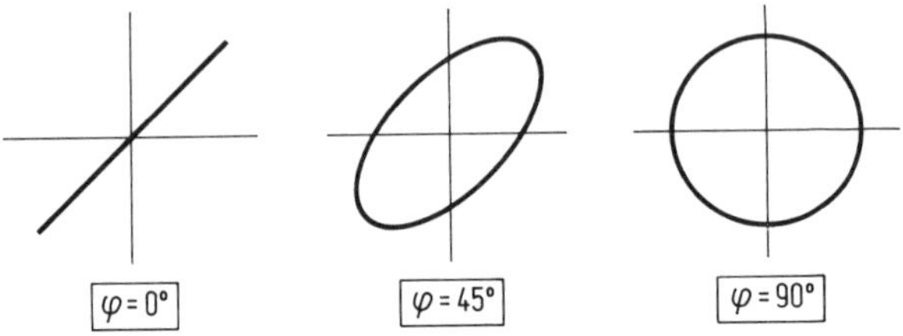

Abb. 1.25 Entstehen von Lissajous-Figuren auf dem Bildschirm eines Oszilloskops durch Wechselspannungen mit unterschiedlicher Phasenverschiebung φ am X- und am Y-Eingang

Als Beispiel eines im Verhältnis zu seinem Preis recht leistungsfähigen Einkanal-Oszilloskops ist in *Abb. 1.26* die Ansicht des Modells V-211 der Firma Hitachi Denshi GmbH, Weiskircher Straße 88, D-6054 Rodgau 1, wiedergegeben. Das Gerät besitzt eine 15-cm-Rechteck-Bildröhre (Diagonalmaß), deren Schirm eine Rasterscheibe mit 8 × 10 Teilungen à 1 cm vorgesetzt ist. Der Zeitmaßstab läßt sich bei einem Fehler von ± 3% in 19 Bereichen von 0,2 μs/Teilstrich–0,2 s/Teilstrich verändern. Er kann durch einen besonderen Schalter jeweils auf ein Zehntel des eingestellten Wertes herabgesetzt werden. Hierdurch wird der abgebildete Vorgang auf das Zehnfache gedehnt, so daß Einzelheiten besser erkennbar sind.

Abb. 1.26 Einkanal-Oszilloskop V-211 (Werkfoto: Hitachi Denshi GmbH)

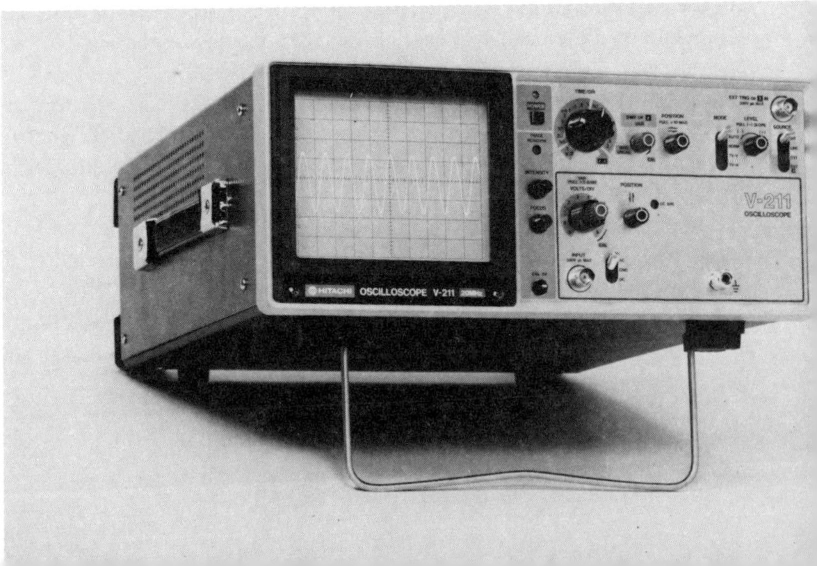

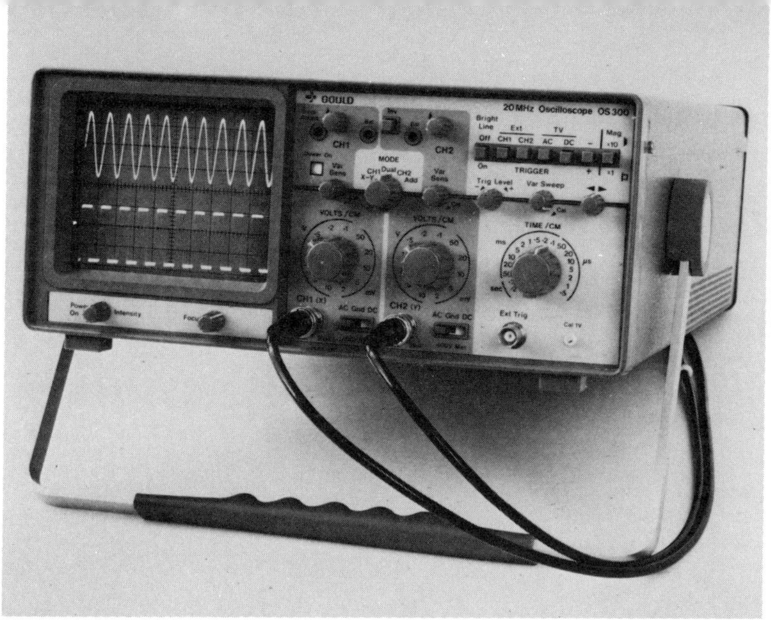

Abb. 1.27 Zweikanal-Oszilloskop OS 300 (Werkfoto: Gould Instruments)

Die Empfindlichkeit des Vertikal-Verstärkers kann in jeweils 10 Bereichen von 5 mV/Teilstrich–5 V/Teilstrich (± 3%) bzw. von 1 mV/Teilstrich–1 V/Teilstrich (± 5%) verändert werden. Im ersten Fall beträgt die Bandbreite 20 MHz, im zweiten 7 MHz. Der Eingangswiderstand des Verstärkers beläuft sich auf 1 MΩ. Er ist mit einer Parallelkapazität von etwa 30 pF behaftet.

Die Triggerung, das heißt der Start des Sägezahnimpulses für die horizontale Strahlablenkung, kann entweder intern durch den abzubildenden Vorgang selbst bzw. durch die Netzfrequenz oder aber extern durch ein Signal ausgelöst werden, das einer separaten Buchse zugeführt wird. Die Triggerschwelle ist einstellbar.

Abb. 1.27 zeigt die Ansicht eines vielseitig anwendbaren Zweikanal-Oszilloskops. Es handelt sich um das Modell OS 300 der Firma Gould Instruments, Dieselstraße 5–7, D-6453 Seligenstadt 3. Die Elektronenstrahlröhre des Gerätes besitzt einen Rechteckschirm mit einem Raster von 8 cm × 10 cm.

Die Horizontalablenkung kann unter Einbeziehung einer 10fach-Dehnung in 1-2-5-Folge von 50 ns/cm–0,2 s/cm verändert werden, wobei der Fehler unter ± 3% liegt (± 5% bei 50 ns/cm). Zusätzlich ist eine Feineinstellung möglich.

Der Vertikalteil enthält zwei identische Verstärker, deren Bandbreite max. 20 MHz beträgt. Die Empfindlichkeit läßt sich bei einem Fehler von ±3% von 2 mV/cm–10 V/cm verändern; sie ist wie die Zeitablenkung feineinstellbar. Die Eingangsimpedanz beläuft sich auf 1 MΩ/28 pF.

Die Triggerung kann sowohl von Kanal 1 als auch von Kanal 2 her erfolgen. Bei Abschaltung der Zeitablenkung läßt sich das Gerät über beide Vertikalverstärker, von denen einer dann als Horizontalverstärker arbeitet (XY-Betrieb), auch zur Darstellung Lissajousscher Figuren benutzen.

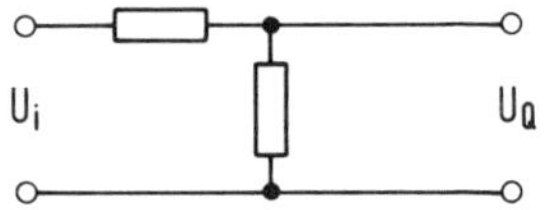

Abb. 1.28 Zum ,,Verstärkungsfaktor" eines Spannungsteilers

1.10 Dezibel-Tabelle

Bei einem Verstärker stellt das Verhältnis zwischen Ausgangsspannung U_Q und Eingangsspannung U_i die Verstärkung v dar. Somit gilt die Gleichung

$$v = \frac{U_Q}{U_i},$$

wobei v bei einem Verstärker immer größer als 1 ist.

Die Ausgangsspannung eines Spannungsteilers ist indessen stets kleiner als dessen Eingangsspannung *(Abb. 1.28)*. Es handelt sich hier also um eine Spannungsabschwächung. Sie beläuft sich ebenfalls auf U_Q/U_i, ist aber eben kleiner als 1 (Dämpfung).

Bei Hintereinanderschaltung mehrerer Verstärker bzw. Spannungsteiler ergibt sich die Gesamtverstärkung (bzw. Gesamtdämpfung) durch Multiplizieren der Einzelverstärkungen (bzw. Einzeldämpfungen).

Verstärkungsgrade werden oft auch im logarithmischen Maß *Dezibel* (dB) angegeben. Dabei wird zur Unterscheidung von der linearen Verstärkung v das Zeichen v' benutzt. Es bestehen die Zusammenhänge

$$v' = 20\,dB \cdot \log v \text{ und}$$

$$v = 10^{\frac{v'}{20\,dB}}.$$

Abb. 1.28 Zum ,,Verstärkungsfaktor" eines Spannungsteilers

Zur Errechnung der Gesamtverstärkung bei Reihenschaltung mehrerer Glieder brauchen die dB-Werte nur *addiert* zu werden. In *Tabelle 2* ist

Tabelle 2. Spannungsverhältnisse in dB

dB	$\frac{U_Q}{U_i}$	dB	$\frac{U_Q}{U_i}$	dB	$\frac{U_Q}{U_i}$
−40	0,01000	7	2,24	54	501
−39	0,01122	8	2,51	55	562
−38	0,01259	9	2,82	56	631
−37	0,01413	10	3,16	57	708
−36	0,01585	11	3,55	58	794
−35	0,01779	12	3,98	59	890
−34	0,01995	13	4,46	60	1000
−33	0,0224	14	5,01	61	1122
−32	0,0251	15	5,62	62	1259
−31	0,0282	16	6,31	63	1413
−30	0,0316	17	7,08	64	1585
−29	0,0355	18	7,94	65	1779
−28	0,0398	19	8,90	66	1995
−27	0,0446	20	10,00	67	2240
−26	0,0501	21	11,22	68	2510
−25	0,0562	22	12,59	69	2820
−24	0,0631	23	14,13	70	3160
−23	0,0708	24	15,85	71	3550
−22	0,0794	25	17,79	72	3980
−21	0,0890	26	19,95	73	4460
−20	0,1000	27	22,4	74	5010
−19	0,1122	28	25,1	75	5620
−18	0,1259	29	28,2	76	6310
−17	0,1413	30	31,6	77	7080
−16	0,1585	31	35,5	78	7940
−15	0,1779	32	39,8	79	8900
−14	0,1995	33	44,6	80	10000
−13	0,224	34	50,1	81	11220
−12	0,251	35	56,2	82	12590
−11	0,282	36	63,1	83	14130
−10	0,316	37	70,8	84	15850
−9	0,355	38	79,4	85	17790
−8	0,398	39	89,0	86	19950
−7	0,446	40	100,0	87	22400
−6	0,501	41	112,2	88	25100
−5	0,562	42	125,9	89	28200
−4	0,631	43	141,3	90	31600
−3	0,708	44	158,5	91	35500
−2	0,794	45	177,9	92	39800
−1	0,890	46	199,5	93	44600
0	1,000	47	224	94	50100
1	1,122	48	251	95	56200
2	1,259	49	282	96	63100
3	1,413	50	316	97	70800
4	1,585	51	355	98	79400
5	1,779	52	398	99	89000
6	1,995	53	446	100	100000

angegeben, welchen linearen Spannungsverhältnissen die verschiedenen dB-Werte jeweils entsprechen.

1.11 Zehnerpotenzen-Tabelle

Zur übersichtlicheren Schreibweise von Zahlenangaben bedient man sich der *Zehnerpotenzen,* die in *Tabelle 3* zusammengefaßt sind.

Tabelle 3. Die gebräuchlichen Zehnerpotenzen

Pico	(p)	=	10^{-12}	=	0,000 000 000 001	=	Billiontel
Nano	(n)	=	10^{-9}	=	0,000 000 001	=	Milliardstel
Mikro	(µ)	=	10^{-6}	=	0,000 001	=	Milliontel
Milli	(m)	=	10^{-3}	=	0,001	=	Tausendstel
Zenti	(c)	=	10^{-2}	=	0,01	=	Hundertstel
Dezi	(d)	=	10^{-1}	=	0,1	=	Zehntel
Deka	(D)	=	10^{1}	=	10	=	Zehn
Hekto	(h)	=	10^{2}	=	100	=	Hundert
Kilo	(k)	=	10^{3}	=	1 000	=	Tausend
Mega	(M)	=	10^{6}	=	1 000 000	=	Million
Giga	(G)	=	10^{9}	=	1 000 000 000	=	Milliarde
Tera	(T)	=	10^{12}	=	1 000 000 000 000	=	Billion

Verstärker, allgemein

2

2.1 Nichtinvertierender Verstärker

Bei einem *nichtinvertierenden Verstärker* ist das Ausgangssignal U_Q phasengleich mit dem Eingangssignal U_i. *Abb. 2.1* zeigt ein entsprechendes Schaltbeispiel mit dem bipolaren Operationsverstärker TBA 221 B (≙741), der einen kurzschlußfesten Gegentaktausgang besitzt. Das Eingangssignal U_i gelangt zum nichtinvertierenden Eingang - auch Plus- oder P-Eingang genannt - und wird am Ausgang verstärkt abgenommen.

Der Verstärkungsgrad hängt vom Verhältnis der Widerstände R_1 und R_2 ab und ergibt sich zu

$$v = 1 + \frac{R_1}{R_2}.$$

In unserem Beispiel ist also $v = 1 + \dfrac{100\ \mathrm{k\Omega}}{1\ \mathrm{k\Omega}} = 1 + 100 = 101.$

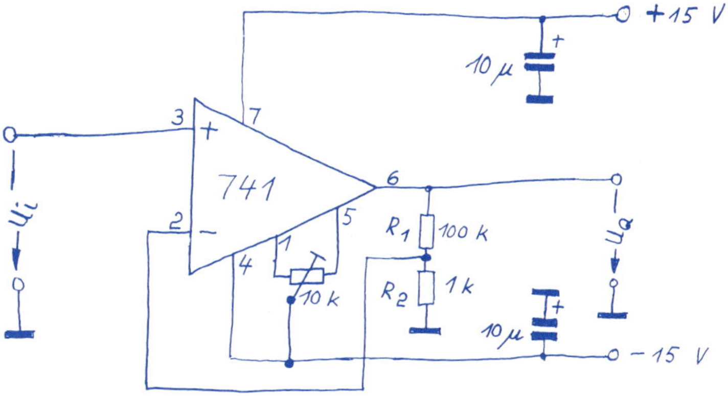

Abb. 2.1 Nichtinvertierender Verstärker

Was durch vorstehende Formel zum Ausdruck gebracht wird, läßt sich auch durch eine einfache Überlegung erklären. Der invertierende Eingang des OV (= Minus- oder N-Eingang) ist an den Verbindungspunkt von R_1 und R_2 angeschlossen. Je größer nun R_1 gegenüber R_2 ist, ein desto kleinerer Teil der Ausgangsspannung gelangt zum N-Eingang, womit sich eine entsprechend schwache Gegenkopplung ergibt. Diese hat dann im umgekehrten Verhältnis ein größeres Ausgangssignal zur Folge.

Das 10-kΩ-Potentiometer dient zum Kompensieren der Offset-Spannung. Es wird bei kurzgeschlossenen Eingangsklemmen so eingestellt, daß die Ausgangsspannung gegenüber Masse exakt Null beträgt. Der Abgleich kann um so genauer durchgeführt werden, je kleiner man den Meßbereich des betreffenden Multimeters wählt. Zu Anfang der Arbeit benutzt man jedoch besser einen höheren Bereich, weil so leichter zu erkennen ist, in welche Richtung man den Potentiometerschleifer drehen muß.

Bei der angegebenen Speisespannung von ± 15 V ist der Verstärker in positiver Richtung aussteuerbar bis zu U_Q = + 13,5 V und in negativer bis zu − 12,3 V, was durch eine Messung ermittelt wurde.

Die Frequenz f_1 (= Verstärkungs-Bandbreite-Produkt B_1, auch *Transitfrequenz* genannt) ist bekanntlich diejenige Frequenz, bei der die Leerlaufverstärkung v_o eines Operationsverstärkers auf 1 zurückgeht (vgl. Abschn. 1.4). Sie beträgt beim Typ 741 ziemlich genau 1 MHz. Unter der oberen Grenzfrequenz f_g wiederum versteht man diejenige maximale Frequenz, bei der die Verstärker-Ausgangsspannung auf − 3 dB = 70,1% ihres Sollwertes abfällt.

Zwischen den Größen f_g, f_1 und der Verstärkung v besteht näherungsweise folgender Zusammenhang:

$$f_g = \frac{f_1}{v}$$

Dies bedeutet für unsere Schaltung mit einem Verstärkungsfaktor von rund 100 und einer Frequenz f_1 von 1 MHz eine obere Grenzfrequenz von 10 kHz. Vorstehende Rechnung wurde mit einer Sinus-Eingangsspannung von 50 mV_{ss} experimentell bestätigt.

Bei Eingangsspannungen dieser Größenordnung spricht man von *Kleinsignalverstärkung,* bei höheren Eingangsspannungen von *Großsignalverstärkung.* Letztere bedingt eine niedrigere obere Grenzfrequenz als Kleinsignalverstärkung. Die Angaben für f_1 sind stets auf Kleinsignalverstärkung bezogen.

Eine Eigentümlichkeit aller gegengekoppelten Operationsverstärker ist, daß sich durch einen Regelungseffekt am N-Eingang das gleiche Potential wie am P-Eingang einstellt. Betrachten wir hierzu das Beispiel in *Abb. 2.2,* wo aufgrund des gewählten Widerstandsverhältnisses die Verstärkung

$$v = 1 + \frac{R_1}{R_2} = 1 + \frac{90\ \mathrm{k\Omega}}{10\ \mathrm{k\Omega}} = 10$$

beträgt. Eine Eingangsspannung von 1 V erzeugt demnach die Ausgangsspannung 10 V, die ihrerseits im Teiler den Strom

$$I = \frac{U}{R_1 + R_2} = \frac{10\ \mathrm{V}}{90\ \mathrm{k\Omega} + 10\ \mathrm{k\Omega}} = \frac{10\ \mathrm{V}}{100\ \mathrm{k\Omega}} = 0{,}1\ \mathrm{mA}$$

hervorruft. Dieser Strom läßt nun am Widerstand R_2 die Spannung

$$U_2 = I \cdot R_2 = 0{,}1\ \mathrm{mA} \cdot 10\ \mathrm{k\Omega} = 1\ \mathrm{V}$$

abfallen, womit der Minuseingang das gleiche Potential wie der Pluseingang aufweist. Der Eingangsstrom des OV kann bei diesen Betrachtungen vernachlässigt werden.

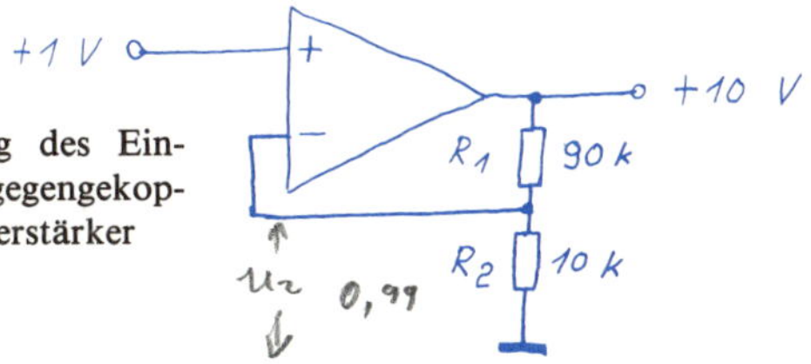

Abb. 2.2 Zur Selbstregelung des Eingangspotentials gegengekoppelter Operationsverstärker

Mit absoluter Genauigkeit treffen die soeben angestellten Überlegungen nur für einen idealen OV mit unendlich großer Leerlaufverstärkung v_o zu. Real liegt v_o bei etwa 100 000, womit sich eine geringfügige Abweichung des Potentials am invertierenden Eingang von dem oben errechneten Wert ergibt, die aber praktisch bedeutungslos ist. Auf unser Beispiel bezogen, beträgt die Spannung U_2 nicht 1 V, sondern

$$1\ \mathrm{V} \cdot \frac{v_o}{v_o + v} = 1\ \mathrm{V} \cdot \frac{100\,000}{100\,000 + 10} = \frac{100\,000}{100\,010} = 0{,}9999\ \mathrm{V}.$$

Der dynamische Eingangswiderstand R_{ein} eines nichtinvertierenden Verstärkers ist weit höher als der in den Datenblättern angegebene R_i-Wert.

Diese Erscheinung beruht darauf, daß das Potential am N-Eingang demjenigen am P-Eingang eben sehr genau folgt, so daß zwischen beiden Eingängen nur eine extrem kleine Spannungsdifferenz besteht. Es fließt deshalb auch nur ein winziger Strom vom Plus- zum Minuseingang, was einen entsprechend hohen Eingangswiderstand bedeutet. Der nichtinvertierende Verstärker wird deshalb auch als *Elektrometerverstärker* bezeichnet. Sein Eingangswiderstand ergibt sich zu

$$R_{ein} = R_i \cdot \frac{v_o}{v} .$$

Als Beispiel sei angenommen, R_i betrage 0,2 MΩ, v_o 100 000 und v 100. Mit diesen Werten errechnet sich der dynamische Eingangswiderstand zu

$$R_{ein} = R_i \cdot \frac{v_o}{v} = 0{,}2\ \text{M}\Omega \cdot \frac{100\,000}{100} = 0{,}2\ \text{M}\Omega \cdot 1\,000 = 200\ \text{M}\Omega.$$

Das Verhältnis $\frac{v_o}{v}$ wird auch *Schleifenverstärkung* genannt.

Im Gegensatz zum Eingangswiderstand R_{ein} bedeutet der Eingangswiderstand R_i denjenigen Widerstand, der zwischen den Eingängen eines Operationsverstärkers besteht, wenn diese ungleiches Potential führen. Im übrigen weist der OV-Typ 741 folgende Daten auf:

Grenzdaten	*Kenndaten*	
U_b = ±18 V	I_b = 1,7 mA	I_{Qs} = ±18 mA
U_i = ±U_b (max. ±15 V)	R_i = 2 MΩ	v_o = 100 dB
U_{id} = ±30 V	R_Q = 75 Ω	B_1 = 1 MHz
T_u = 0–70 °C	U_{io} = 6 mV	$\frac{dU_Q}{dt}$ = 0,5 V/µs
	I_{io} = 20 nA	

Bei allen Datenangaben ist selbstverständlich mit Exemplarstreuungen nach oben und nach unten zu rechnen.

2.2 Spannungsfolger

Ein Sonderfall bei der Dimensionierung eines nichtinvertierenden Verstärkers liegt dann vor, wenn man den Ausgang unmittelbar mit dem invertierenden Eingang verbindet. Dann ist nämlich $R_1 = 0$ und $R_2 = \infty$ (vgl. Abb. 2.1). Hieraus ergibt sich die Verstärkung zu

$$v = 1 + \frac{R_1}{R_2} = 1 + \frac{0}{\infty} = 1 + 0 = 1.$$

Man spricht bei einer solchen Schaltung *(Abb. 2.3)* von einem *Spannungsfolger* oder *Impedanzwandler*. Der Eingangswiderstand R_{ein} ist hier extrem hoch, der Ausgangswiderstand R_{aus} extrem niedrig. Diese zwei Größen errechnen sich aus der Gleichspannungs-Leerlaufverstärkung v_o und dem Eingangswiderstand R_i bzw. dem Ausgangswiderstand R_Q zu

$$R_{ein} = R_i \cdot \frac{v_o}{v} = R_i \cdot \frac{v_o}{1} = R_i \cdot v_o \quad \text{und zu}$$

$$R_{aus} = \frac{R_Q}{v_o} \qquad \text{(vgl. auch Abschn. 2.1).}$$

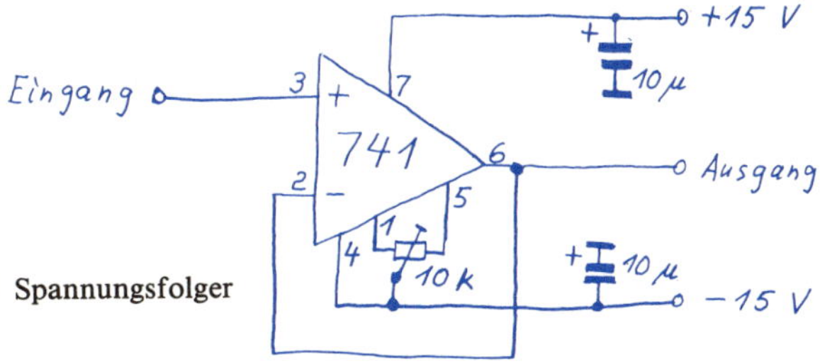

Abb. 2.3 Spannungsfolger

Bei Schaltung Abb. 2.3 wurde mit einer Sinus-Eingangsspannung von 0,1 V_{ss} eine obere Grenzfrequenz von 500 kHz gemessen, mit einer solchen von 4 V_{ss} eine obere Grenzfrequenz von 100 kHz. Im ersten Fall handelt es sich um die sogenannte *Kleinsignal-Bandbreite,* im zweiten um die *Großsignal-Bandbreite.*

Eine wesentlich höhere Bandbreite erhalten wir, wenn wir den Spannungsfolger mit dem JFET-Operationsverstärker LF 356 N aufbauen *(Abb. 2.4).* Hier ergibt sich bei einer Eingangsspannung von 2,5 V_{ss} eine obere Grenzfrequenz von mehr als 1 MHz. Das Trimmpoti von 25 kΩ dient zum Kompensieren der Offset-Spannung.

Als Beispiel dafür, in welcher Weise mit zunehmender Frequenz die Leerlaufverstärkung von Operationsverstärkern abnimmt, sind in *Abb.*

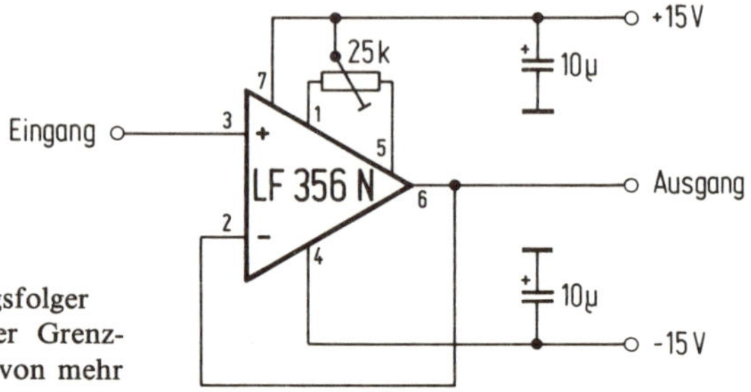

Abb. 2.4 Spannungsfolger mit oberer Grenzfrequenz von mehr als 1 MHz

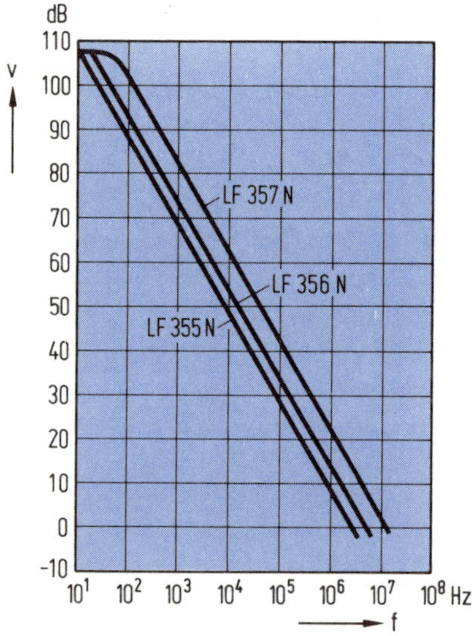

Abb. 2.5 Leerlaufverstärkung der OPV-Typen LF 355 N, LF 356 N und LF 357 N in Abhängigkeit von der Frequenz (nach Unterlagen der Siemens AG)

2.5 die entsprechenden Diagramme für die OV-Typen LF 355 N, LF 356 N und LF 357 N wiedergegeben, bezogen auf eine Speisespannung von ± 15 V. Die Daten des LF 356 N sind folgende:

Grenzdaten	*Kenndaten*	
U_b = ± 18 V	I_b = 5 mA	I_{Qs} = 25 mA
U_{id} = ± 30 V	R_i = 10^{12} Ω	v_o = 80 dB
P_{tot} = 500 mW	I_i = 30 pA	B_1 = 5 MHz
T_u = 0–70 °C	U_{io} = 3 mV	$\frac{dU_Q}{dt}$ = 12 V/μs
	I_{io} = 3 pA	

2.3 Verstärker mit Spannungsfolger

Abb. 2.6 zeigt die Schaltung eines Wechselspannungsverstärkers mit nachfolgendem Impedanzwandler.

Die Speisung erfolgt aus einer Quelle von 9 V, eine negative Spannung wird nicht benötigt. Zum Erzielen eines optimalen Arbeitspunktes wird dem P-Eingang der ersten Verstärkerstufe durch zwei Spannungsteilerwiderstände zu je 6,8 MΩ ein Potential von +4,5 V erteilt. Der Widerstand von 10 kΩ stellt den Arbeitswiderstand dar. Er wird benötigt, weil es sich bei dem verwendeten OV um einen Doppel-Darlington-Typ mit offenen Ausgängen handelt. Um dem invertierenden Eingang trotz fehlender negativer Speisequelle ein Potential zu geben, das richtig im Arbeitsbereich liegt, ist der Widerstand R_2 nicht unmittelbar, sondern lediglich wechselspannungsmäßig über einen Kondensator von 4,7 µF auf Nullpotential gelegt.

Der Verstärkungsfaktor der ersten Stufe beträgt entsprechend dem Verhältnis der Widerstände R_1 und R_2 rund 250. Nachgeschaltet ist ein Spannungsfolger, womit sich ein extrem kleiner Ausgangswiderstand ergibt.

Die Schaltung besitzt eine untere Grenzfrequenz von 15 Hz, eine obere von 15 kHz. Sie kann bis zu $U_Q = 6\ V_{ss}$ ausgesteuert werden. Durch den 4,7-µF-Elko ist eine Einschwingzeit von rund 3 s gegeben, gerechnet vom Einschaltzeitpunkt der Speisespannung an.

Der Eingangswiderstand der Schaltung beläuft sich auf etwa 3,4 MΩ. Dieser Wert ergibt sich durch die beiden 6,8-MΩ-Widerstände am P-Eingang, die wechselspannungsmäßig gesehen eine Parallelschaltung bilden.

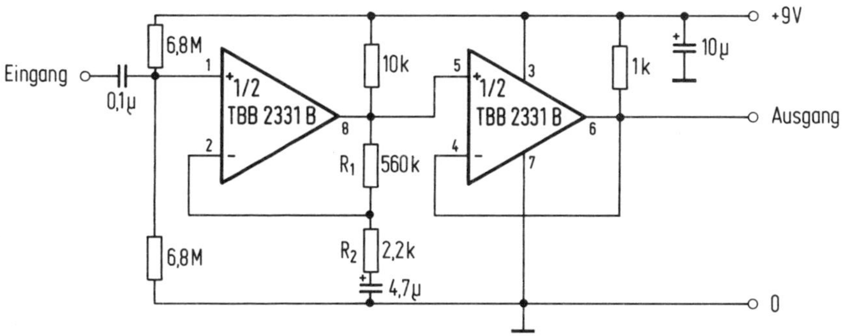

Abb. 2.6 Verstärker mit Impedanzwandler

Parallel dazu liegt noch der Eingangswiderstand der ersten Verstärkerstufe, der aber aufgrund der Elektrometerschaltung mit 120 MΩ so hoch gegenüber den 3,4 MΩ ist, daß er sich praktisch nicht auswirkt.

Der Mittelwert der Ausgangsspannung beträgt wie das mittlere Potential am P-Eingang der ersten Stufe +4,5 V. Wird ein nullsymmetrisches Signal gewünscht, so ist der Abgriff nicht galvanisch, sondern über einen Kondensator vorzunehmen. Der Darlington-Doppel-OV TBB 2331 B weist folgende Daten auf:

Grenzdaten	*Kenndaten*	
U_b = ±15 V	I_b = 0,5 mA	I_{io} = 10 nA
U_{id} = $\pm U_b$ (max. ±13 V)	R_i = 3 MΩ	v_o = 80 dB
I_Q = 70 mA	I_i = 30 nA	
T_u = 0–70 °C	U_{io} = 15 mV	

2.4 Invertierender Verstärker

Bei einem *invertierenden Verstärker* ruft ein positiv gerichtetes Eingangssignal ein negativ gerichtetes Ausgangssignal hervor und umgekehrt. Dies bedeutet, daß das Ausgangssignal gegenüber dem Eingangssignal um 180° phasenverschoben ist.

Abb. 2.7 zeigt die Schaltung eines solchen Verstärkers. Der P-Eingang des OV ist hier mit Masse verbunden, während der N-Eingang über den Widerstand R_1 mit dem zu verstärkenden Signal beaufschlagt wird. Der Verstärkungsfaktor ergibt sich aus dem Verhältnis der Widerstände R_1 und R_2 zu

$$v = -\frac{R_2}{R_1},$$

wobei das Minuszeichen die Signal-Invertierung zum Ausdruck bringt. Bei den gewählten Widerstandswerten ist also

$$v = -\frac{R_2}{R_1} = -\frac{56\ \text{k}\Omega}{2{,}2\ \text{k}\Omega} = -25.$$

Die obere Grenzfrequenz des Verstärkers wurde bei einer Signaleingangsspannung von 100 mV_{ss} (Sinus) meßtechnisch zu rund 40 kHz ermittelt,

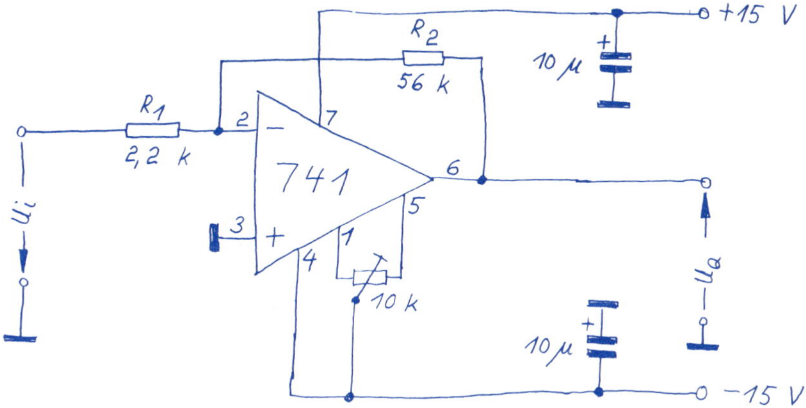

Abb. 2.7 Invertierender Verstärker

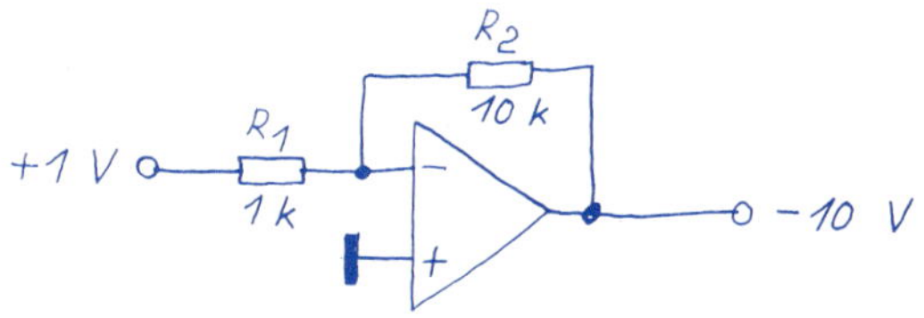

Abb. 2.8 Potentialverhältnisse bei einem invertierenden Verstärker

was sehr genau dem Rechenwert entspricht. (Das Verstärkungs-Bandbreite-Produkt B_1 des 741 beträgt bekanntlich 1 MHz). Die Aussteuerungsgrenzen ergaben sich zu $U_{max} = 13{,}5$ V und $U_{min} = -12{,}6$ V. Mit dem 10-kΩ-Potentiometer kann in schon beschriebener Weise der Einfluß der Offsetspannung kompensiert werden.

Der Eingangswiderstand R_{ein} eines invertierenden Verstärkers entspricht jeweils dem Wert des Widerstandes R_1. Auch für den invertierenden Verstärker gilt, daß sich am Minus-Eingang das gleiche Potential wie am Plus-Eingang einstellt. Als Beispiel ist in *Abb. 2.8* eine Schaltung mit dem Verstärkungsfaktor

$$v = -\frac{R_2}{R_1} = -\frac{10\ \text{k}\Omega}{1\ \text{k}\Omega} = -10$$

wiedergegeben. Die Eingangsspannung von +1 V ruft also eine Ausgangsspannung von − 10 V hervor. Dies bedeutet, daß an den in Reihe geschalteten Widerständen R_1 und R_2 eine Gesamtspannung von 11 V anliegt. Diese Spannung bewirkt den Strom

$$I = \frac{U}{R_1 + R_2} = \frac{11\ V}{1\ k\Omega + 10\ k\Omega} = \frac{11\ V}{11\ k\Omega} = 1\ mA.$$

An R_1 fällt so die Spannung $U_1 = I \cdot R = 1\ mA \cdot 1\ k\Omega = 1\ V$ ab, womit der N-Eingang ebenso wie der P-Eingang auf Nullpotential zu liegen kommt.

2.5 Differenzverstärker

Im Gegensatz zum nichtinvertierenden und zum invertierenden Verstärker, bei denen jeweils nur *ein* Eingang mit einem Signal beschickt wird, erfolgt die Steuerung des *Differenzverstärkers* an *beiden* Eingängen. Ein Schaltbeispiel mit dem JFET-OV LF 355 N ist in *Abb. 2.9* wiedergegeben.

Die Widerstände R_1 und R_2 einerseits sowie R_3 und R_4 andererseits werden üblicherweise jeweils gleich groß bemessen. Unter dieser Voraussetzung ist der Verstärkungsfaktor

$$v = \frac{R_3}{R_1} = \frac{R_4}{R_2} = \frac{1\ M\Omega}{100\ k\Omega} = 10.$$

Um den Faktor v wird die *Spannungsdifferenz* zwischen den Eingangspunkten E_1 und E_2 verstärkt. Führt beispielsweise E_1 das Potential +3 V und E_2 das Potential +1,5 V, so kommt der Ausgang auf (+3 V −1,5 V) · −10 = +1,5 V · −10 = −15 V zu liegen. Wird indessen E_1 mit +0,5 V und E_2 mit +1 V beaufschlagt, so beträgt das Ausgangspotential +5 V.

Dies heißt also, daß sich eine negative Ausgangsspannung ergibt, wenn E_1 positiver als E_2 ist, und umgekehrt eine positive Ausgangsspannung, wenn E_2 positiver als E_1 ist.

Bei der gewählten Speisespannung von ±15 V kann U_Q bis zu ±14 V ausgesteuert werden. Die Offsetspannung wird in der Wiese kompensiert, daß man zunächst die Eingänge E_1 und E_2 kurzschließt und mit Masse verbindet. Danach ist das 25-kΩ-Trimmpoti auf die Ausgangsspannung Null einzustellen.

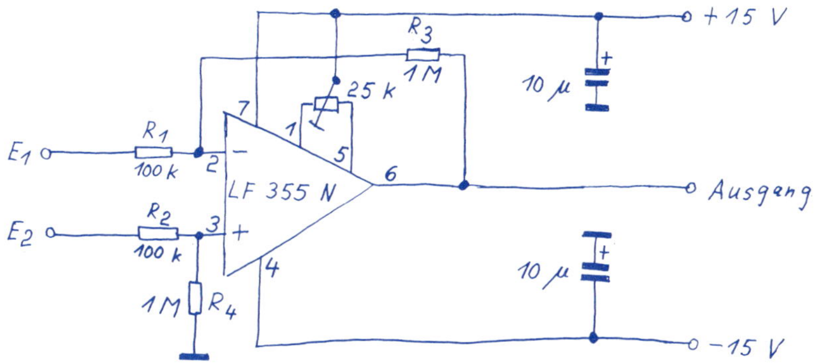

Abb. 2.9 Differenzverstärker

Das Nullpotential am Ausgang bleibt jedoch nicht erhalten, wenn man der Kurzschlußbrücke anschließend ein anderes Potential erteilt. Bei einem Brückenpotential von − 10 V nimmt der Ausgang + 0,3 V an, bei einem solchen von + 10 V analog hierzu − 0,3 V. Es zeigt sich also, daß sich die Ausgangsspannung linear mit dem Potential der Kurzschlußbrücke ändert, wenn auch nur in verhältnismäßig kleinem Maße.

Der Differenzverstärker wird oft zu Regelzwecken benutzt. Man führt dazu der einen Eingangsklemme eine bestimmte feste Spannung zu, die dem Sollwert entspricht, und der anderen eine veränderliche, die vom Istwert abhängt.

Wie beim nichtinvertierenden und beim invertierenden Verstärker weisen auch beim Differenzverstärker der P- und der N-Eingang stets das gleiche Potential auf. Führen wir uns dies anhand von *Abb. 2.10* einmal näher vor Augen. Die Differenzverstärkung ist aufgrund des Widerstandsverhältnisses 10 kΩ/1 kΩ zehnfach. Bei einem Eingangspotential von + 3 V an E_1 und einem solchen von + 4 V an E_2, was einer Differenzspannung von + 1 V entspricht, führt der Ausgang also + 10 V.

Die Widerstände R_2 und R_4 bilden eine Reihenschaltung und liegen an 4 V. Sie werden damit vom Strom

$$I = \frac{U}{R_2 + R_4} = \frac{4\ \text{V}}{1\ \text{k}\Omega + 10\ \text{k}\Omega} = \frac{4\ \text{V}}{11\ \text{k}\Omega} = 0{,}363\ \text{mA}$$

durchflossen. Dieser Strom ruft an R_4 den Spannungsabfall

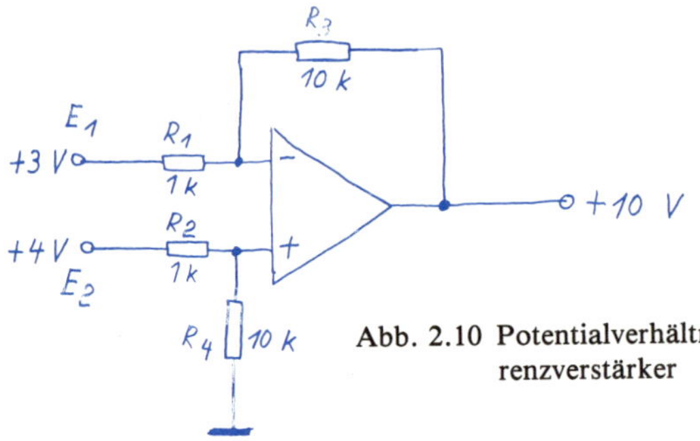

Abb. 2.10 Potentialverhältnisse bei einem Differenzverstärker

$$U_{R_4} = I \cdot R_4 = 0{,}363\ \text{mA} \cdot 10\ \text{k}\Omega = 3{,}63\ \text{V}$$

hervor, der zugleich das Potential des P-Eingangs bildet. Die gleichfalls in Serie liegenden Widerstände R_1 und R_3 sind an +3 V und an +10 V angeschlossen, was eine Spannung von 7 V bedeutet. Der Strom beträgt also

$$I = \frac{U}{R_1 + R_3} = \frac{7\ \text{V}}{1\ \text{k}\Omega + 10\ \text{k}\Omega} = \frac{7\ \text{V}}{11\ \text{k}\Omega} = 0{,}63\ \text{mA},$$

womit an R_1 die Spannung

$$U_{R_1} = I \cdot R_1 = 0{,}63\ \text{mA} \cdot 1\ \text{k}\Omega = 0{,}63\ \text{V}$$

abfällt. Das Potential am N-Eingang ergibt sich, indem wir die 0,63 V zu den 3 V des Punktes E_1 hinzurechnen. Wir erhalten so mit 3,63 V den gleichen Wert wie am P-Eingang.

Der Eingangswiderstand des Differenzverstärkers am Punkt E_1, bezogen auf Masse, ist gegeben durch R_1, am Punkt E_2 durch die Summe von R_2 und R_4. Dagegen beläuft sich der Differenz-Eingangswiderstand zwischen den Punkten E_1 und E_2 auf die Summe von R_1 und R_2.

Die Daten des JFET-Operationsverstärkers LF 355 N sind folgende:

Grenzdaten	*Kenndaten*	
$U_b = \pm 18$ V	$I_b = 2$ mA	$I_{Qs} = 25$ mA
$U_{id} = \pm 30$ V	$R_i = 10^{12}\ \Omega$	$v_o = 80$ dB
$P_{tot} = 500$ mW	$I_i = 30$ pA	$B_1 = 2{,}5$ MHz
$T_u = 0$–70 °C	$U_{io} = 3$ mV	$\frac{dU_Q}{dt} = 5\ \text{V}/\mu\text{s}$
	$I_{io} = 3$ pA	

2.6 Breitbandverstärker, invertierend

Der in der Schaltung *Abb. 2.11* benutzte bipolare Operationsverstärker LM 318 P besitzt mit 15 MHz eine recht hohe Kleinsignal-Brandbreite. Bei dieser Frequenz beträgt seine Leerlaufverstärkung etwa 1.

Der Verstärkungsfaktor der Schaltung selbst ergibt sich aus dem Verhältnis der Widerstände R_1 und R_2 zu

$$v = \frac{R_1}{R_2} = \frac{1\ \text{M}\Omega}{68\ \text{k}\Omega} = 14{,}7.$$

Gemessen wurden in Abhängigkeit von der Frequenz f bei sinusförmiger Eingangsspannung von je 0,5 V_{ss} folgende Werte:

f	v
10 Hz	14
100 Hz	14
1 kHz	14
10 kHz	14
100 kHz	13,7
250 kHz	12,4
500 kHz	11,1
1 MHz	7,3

Der Rückgang der Verstärkung bei den höheren Frequenzen beruht im wesentlichen auf unvermeidbaren und durch den Schaltungsaufbau be-

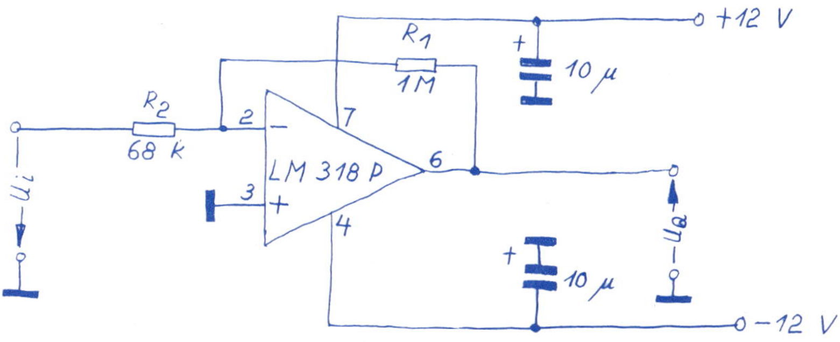

Abb. 2.11 Breitbandverstärker, invertierend

dingten Parallelkapazitäten zum Widerstand R_1, die eine frequenzabhängige Gegenkopplung bewirken. So setzt zum Beispiel eine Schaltkapazität von nur 0,3 pF die obere Grenzfrequenz von 1 MHz auf 530 kHz herab.

Bei 10 kHz (Sinus) und der angegebenen Speisespannung von ± 12 V ist der Verstärker verzerrungsfrei aussteuerbar bis zu 18 V_{ss}. Sein Eingangswiderstand beträgt 68 kΩ. Der Operationsverstärker LM 318 P besitzt folgende Daten:

Grenzdaten	*Kenndaten*	
U_b = ±20 V	I_b = 5 mA	U_{io} = 4 mV
U_i = $\pm U_b$ (max. ±15 V)	R_i = 3 MΩ	I_{io} = 30 nA
P_{tot} = 500 mW	I_i = 150 nA	B_1 = 15 MHz
T_u = 0–70 °C		

2.7 Breitbandverstärker, nichtinvertierend

Die Schaltung nach *Abb. 2.12* arbeitet nichtinvertierend und ist als Wechselspannungsverstärker ausgeführt. Man kommt hier mit nur einer Speisequelle aus.

Die Verstärkung ergibt sich rechnerisch zu

$$v = 1 + \frac{R_1}{R_2} = 1 + \frac{220\ \text{k}\Omega}{2{,}2\ \text{k}\Omega} = 1 + 100 = 101.$$

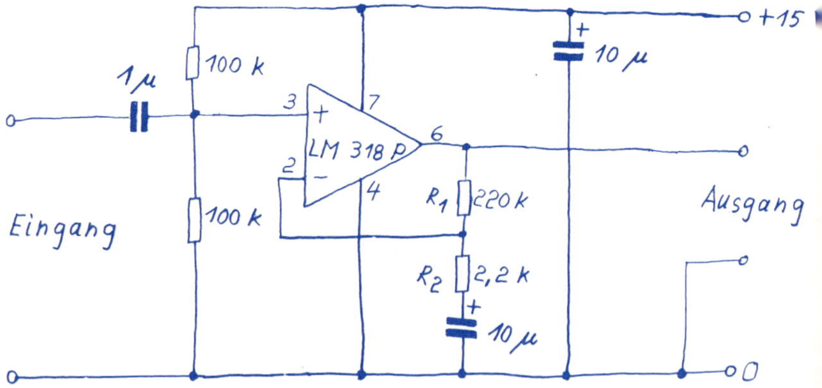

Abb. 2.12 Breitbandverstärker, nichtinvertierend

In welcher Weise sie auch von der Frequenz abhängt, geht aus den Meßwerten der nachfolgenden Tabelle hervor:

f	v
10 Hz	72
100 Hz	96
1 kHz	100
10 kHz	100
100 kHz	92
150 kHz	84
250 kHz	76
500 kHz	60
1 MHz	20

Der Abfall bei den unteren Frequenzen ist durch den 1-µF-Koppelkondensator bedingt. Die Messung erfolgte mit sinusförmiger Eingangsspannung. Der Verstärker ist verzerrungsfrei aussteuerbar bis zu 11 V_{ss} (gemessen bei 10 kHz). Sein Eingangswiderstand beläuft sich auf 50 kΩ.

Bei offenem Eingang beträgt das Ausgangspotential +7,5 V, was der halben Speisespannung entspricht. Wird ein symmetrisches Eingangssignal angelegt, so ist der Mittelwert der Ausgangsspannung ebenfalls +7,5 V. Sollte der Gleichspannungsanteil des Ausgangssignals bei dessen Weiterverarbeitung nachteilig sein, so koppelt man es über einen Kondensator aus.

2.8 Verstärker mit FET-Eingang

Operationsverstärker mit FET-Eingang, die sogenannten JFET-Typen, besitzen schon von sich aus einen sehr hohen Eingangswiderstand R_i, der in der Größenordnung von 10^{10} Ω und darüber liegt. Betreibt man nun einen solchen Verstärker in Elektrometerschaltung *(Abb. 2.13)*, so erhält man einen noch viel größeren Eingangswiderstand, der sich rechnerisch aus der Multiplikation von R_i mit der gewählten Schleiferverstärkung $\frac{v_o}{v}$ ergibt.

Der Faktor v beträgt in unserem Schaltbeispiel rund 100. Der Frequenzbereich erstreckt sich von 0–42 kHz als oberer Grenzfrequenz. Die Aussteuerbarkeit beläuft sich bei 42 kHz auf max. 6,5 V_{ss}; bei kleineren Fre-

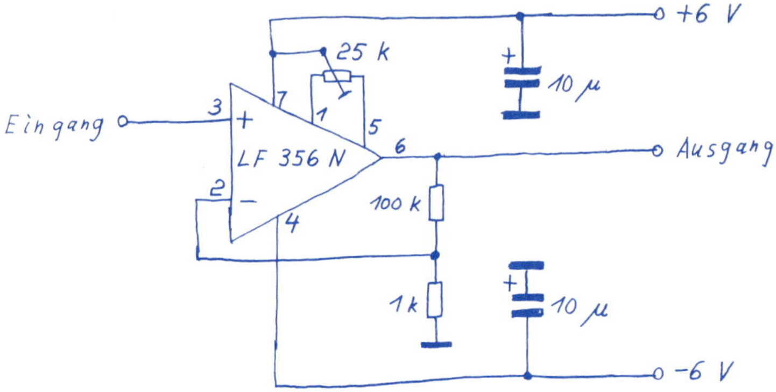

Abb. 2.13 JFET-OPV in Elektrometerschaltung

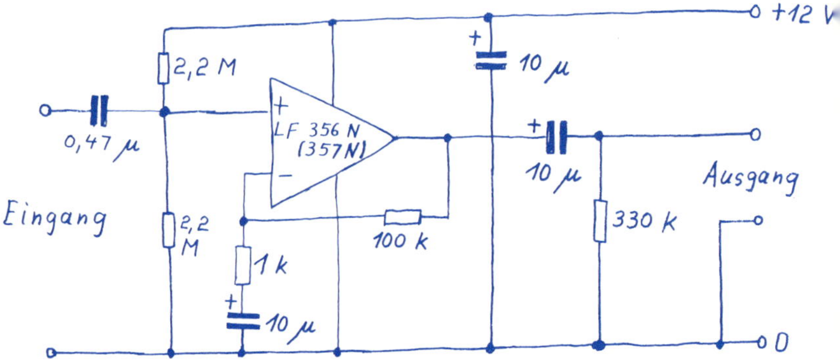

Abb. 2.14 JFET-OPV als Wechselspannungsverstärker

quenzen ist sie höher. Verwendet man anstelle des LF 356 N den OV-Typ LF 357 N, so erhält man eine obere Grenzfrequenz von 220 kHz. Bei dieser Frequenz ist eine Aussteuerung bis zu 5 V_{ss} möglich, bei 10 kHz eine solche bis zu 8 V_{ss}. – Das 25-kΩ-Potentiometer dient zum Nullspannungsabgleich.

Man kann die Schaltung auch als Wechselspannungsverstärker aufbauen, womit sich die zweite Speisespannungsquelle und das Potentiometer für den Offsetspannungsabgleich erübrigen *(Abb. 2.14)*. Aussteuerbarkeit und obere Grenzfrequenz sind die gleichen wie in *Abb. 2.13;* die untere Grenzfrequenz beläuft sich auf 15 Hz. Der Eingangswiderstand ist wegen der beiden Spannungsteilerwiderstände zu je 2,2 MΩ natürlich erheblich kleiner und beträgt 1,1 MΩ.

Nachstehend sind die Daten des Operationsverstärkers LF 357 N angegeben:

Grenzdaten		*Kenndaten*			
U_b	= ±18 V	I_b	= 5 mA	I_{Qs}	= 25 mA
U_{id}	= ±30 V	R_i	= 10^{12} Ω	v_o	= 80 dB
P_{tot}	= 500 mW	I_i	= 30 pA	B_1	= 20 MHz
T_u	= 0–70 °C	U_{io}	= 3 mV	$\frac{dU_Q}{dt}$	= 50 V/µs
		I_{io}	= 3 pA		

2.9 CMOS-Verstärker

Integrierte Schaltkreise in CMOS-Technik zeichnen sich unter anderem durch ihren verhältnismäßig kleinen Strombedarf aus. Einen extrem niedrigen Ruhestrom nimmt der OV des Typs ICL 7611 DCPA auf, mit dem die Verstärkerschaltung in *Abb. 2.15* versehen ist.

Das IC besitzt einen Anschluß I_Q SET (Pin 8), mit dem der Ruhestrom I_b auf drei verschiedene Werte eingestellt werden kann, und zwar auf 10 µA, 100 µA und 1 mA. Im ersten Fall ist Pin 8 an die positive Speiseleitung anzuschließen, im letzteren an die Nulleitung. Werden 100 µA ge-

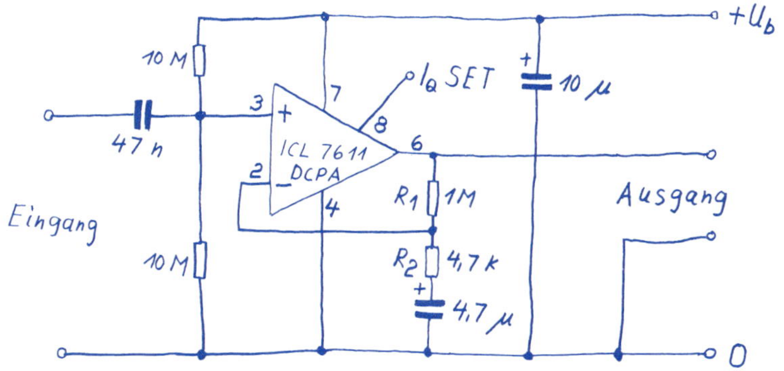

Abb. 2.15 CMOS-Verstärker

wünscht, so legt man Anschluß 8 auf die halbe Speisespannung, was mittels zweier Spannungsteilerwiderstände geschehen kann. Die drei Stromwerte sind weitgehend unabhängig von der Speisespannung, wobei die erzielbare Ausgangsspannungsamplitude sowohl in positiver als auch in negativer Richtung bis auf wenige Millivolt an die Versorgungsspannung heranreicht. Etwa 70% von I_b werden von der Ausgangsstufe des OV aufgenommen.

Den elektrotechnischen Gesetzen zufolge bedingt ein kleiner Ruhestrom eine niedrigere obere Grenzfrequenz und einen höheren Ausgangswiderstand des Verstärkers als ein großer Ruhestrom. Zum Erzielen maximaler Ausgangsspannungsamplituden bei niederohmigen Lasten ist deshalb I_b auf 1 mA einzustellen.

Der Verstärkungsfaktor der Schaltung beträgt aufgrund des Widerstandsverhältnisses $R_1/R_2 = 1\ M\Omega/4{,}7\ k\Omega$ rein rechnerisch etwa 200. Dieser Wert ist mit $I_b = 10\ \mu A$ natürlich nicht erreichbar; immerhin wurde bei $U_b = 8$ V und $U_i = 50\ mV_{ss}$ (1 kHz) eine Verstärkung von 40 gemessen.

Mit $I_b = 1$ mA, $U_b = 15$ V und $U_i = 50\ mV_{ss}$ ergaben sich in Abhängigkeit von der Frequenz folgende Ausgangsspannungs- und Verstärkungswerte:

f (Hz)	U_a (V_{ss})	v
10	8	160
100	10	200
1000	10	200
6250	7	140
10000	5	100

Wählt man das Widerstandsverhältnis R_1/R_2 kleiner als 200, so erfolgt der Verstärkungsabfall erst bei entsprechend höheren Frequenzen. Bei Belastung des Ausgangs mit 470 Ω ging bei f = 1 kHz die Ausgangsspannung von 10 V_{ss} auf 8,8 V_{ss} zurück, während der Strom I_b von 1 mA auf 17 mA anstieg.

Die Daten des ICL 7611 DCPA sind folgende:

Grenzdaten	*Kenndaten*	
$U_b = \pm 9$ V	$I_b = 1$ mA	$I_{io} = 0{,}5$ pA
$U_i = \pm U_b$	$R_i = 10^{12}\ \Omega$	$v_o = 100$ dB
$U_{id} = 2 \cdot U_i$	$I_i = 1$ pA	$B_1 = 1$ MHz
$T_u = 0\text{–}70\ °C$	$U_{io} = 15$ mV	$\frac{dU_Q}{dt} = 1{,}6\ V/\mu s$

3 NF-Verstärker

3.1 Rauscharmer Vorverstärker

Durch die Wärmebewegung der Elektronen bildet sich an jedem ohmschen Widerstand eine Rauschspannung, deren Leistungsdichte von den tiefsten bis zu den höchsten Frequenzen annähernd die gleiche ist. Diese Spannung wächst mit der Temperatur und dem Widerstandswert und läßt sich nach der Formel

$$U_r = 4 \cdot 10^{-3} \cdot \sqrt{R \cdot B}. \qquad (U_r \text{ in } \mu V, R \text{ in } k\Omega, B \text{ in } Hz).$$

berechnen. Darin bedeutet U_r die Rauschspannung in V, k die Boltzmannsche Konstante (= $1{,}38 \cdot 10^{-23}$ W·s/K), T die absolute Temperatur in K und B die Bandbreite in Hz, innerhalb derer U_r ermittelt werden soll.

Für die Praxis ist diese Formel etwas umständlich. Nimmt man als Temperatur einen Wert von 20 °C an, so vereinfacht sie sich zu

$$U_r = 4 \cdot 10^{-3} \cdot \sqrt{R \cdot B}. \ (U_r \text{ in } \mu V, R \text{ in } k\Omega, B \text{ in } Hz).$$

Die Rauschspannung ist unabhängig vom Material des Widerstandes, solange in diesem kein Strom fließt. Es entsteht aber zum Beispiel in einem Kohleschichtwiderstand unter sonst gleichen Bedingungen ein stärkeres Rauschen als in einem Metallschichtwiderstand, wenn Stromfluß vorliegt.

Es bedarf keiner Frage, daß auch Halbleiter-Bauelemente und, weil daraus aufgebaut, Operationsverstärker rauschen. Zur Bestimmung des Rauschgrades gibt man hier die sogenannte *Eingangsrauschspannung* U_{ir} in der Maßeinheit $nV/\sqrt{Hz}$ an. Daraus errechnet sich dann in Abhängigkeit von der Bandbreite B die am Eingang selbst vorhandene Rauschspannung zu

$$U_r = \frac{\sqrt{B} \cdot U_{ir}}{\sqrt{Hz}}.$$

Es leuchtet ein, daß zum Beispiel das Rauschen eines Vorverstärkers in allen nachfolgenden Stufen weiterverstärkt wird. Deshalb ist es manchmal vorteilhaft, gerade in der ersten Stufe einen besonders rauscharmen OV zu benutzen.

Ein solcher Typ steht mit dem Operationsverstärker NE 5534 N zur Verfügung. Sein Rauschen beträgt mit ca. 4 nV/$\sqrt{\text{Hz}}$ nur etwa ein Fünftel im Vergleich zu nicht-rauscharmen OPVs.

Nehmen wir einmal an, der NE 5534 N solle zum Aufbau eines Verstärkers mit einer Bandbreite von 10000 Hz verwendet werden. Dann ergibt sich die Rauschspannung am Eingang zu

$$U_r = \frac{\sqrt{B} \cdot U_{ir}}{\sqrt{\text{Hz}}} = \frac{\sqrt{10000\,\text{Hz}} \cdot 4\,\text{nV}}{\sqrt{\text{Hz}}} = \frac{\sqrt{10000} \cdot \sqrt{\text{Hz}} \cdot 4\,\text{nV}}{\sqrt{\text{Hz}}} =$$

$$\frac{100 \cdot \sqrt{\text{Hz}} \cdot 4\,\text{nV}}{\sqrt{\text{Hz}}} = 400\,\text{nV}.$$

Diese Rauschspannung tritt am Verstärkerausgang natürlich um den Faktor v verstärkt auf.

Die vollständige Schaltung eines mit dem NE 5534 N bestückten rauscharmen Vorverstärkers ist in *Abb. 3.1* wiedergegeben. Der Faktor v beläuft sich hier auf 100, der Eingangswiderstand auf 11 kΩ. Die Ausgangsimpedanz unmittelbar am Anschluß 6 des OV beträgt etwa 1 Ω. Die untere Grenzfrequenz wurde zu 20 Hz ermittelt, die obere zu 150 kHz (bei C_c =

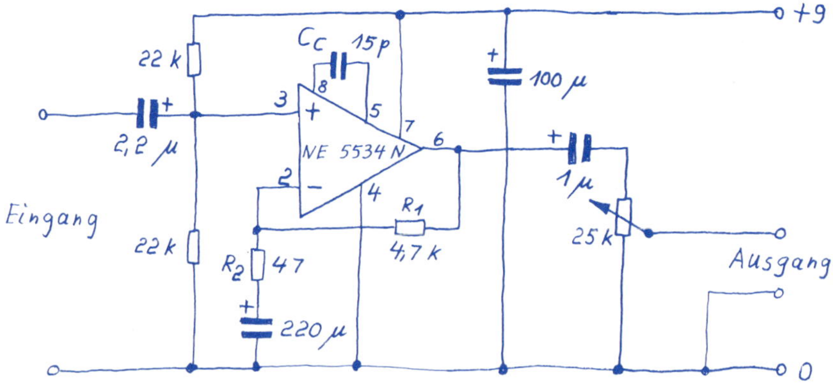

Abb. 3.1 Rauscharmer Vorverstärker

15 pF). Bemißt man den Frequenzgangkorrektur-Kondensator C_c größer, so nimmt die obere Grenzfrequenz ab. Ohne den Kondensator C_c würde die Schaltung schwinganfällig sein. Bei der gewählten Speisespannung von 9 V ist der Verstärker bis zu 5 V_{ss} aussteuerbar.

Zum Rauschen des Operationsverstärkers kommt natürlich noch das der Widerstände hinzu, mit denen er beschaltet ist. Um dieses klein zu halten und so die guten Rauscheigenschaften des OPV richtig zur Geltung zu bringen, muß der Gegenkopplungszweig einen möglichst niedrigen Gesamtwiderstand aufweisen. (Das Rauschen nimmt bekanntlich mit dem Widerstandswert ab). Da nun der Widerstand R_1 einerseits und die Reihenschaltung von R_2 mit dem 220-µF-Kondensator andererseits wechselstrommäßig eine Parallelschaltung bilden, entspricht der resultierende Gesamtwiderstand praktisch dem Wert von R_2. Dieser ist mit 47 Ω klein genug, um ein niedriges Widerstandsrauschen zu gewährleisten.

Die Schaltung läßt sich gut als Vorverstärker für ein dynamisches Mikrofon benutzen. Dessen Ausgangswiderstand liegt in der Größenordnung von 200 Ω, womit auch der am P-Eingang wirksame Widerstand rauschspannungsmäßig genügend klein ist.

Die Offsetspannung des NE 5534 N läßt sich mittels eines Trimmpotis von 100 kΩ kompensieren, das man mit den Anschlüssen 1 und 8 verbindet und dessen Schleifer man über einen Widerstand von 10 kΩ an die positive Speisespannungsleitung anschließt.
Der NE 5534 N weist folgende Daten auf:

Grenzdaten	*Kenndaten*	
$U_b = \pm 22$ V	$I_b = 4$ mA	$I_{Qs} = 38$ mA
$U_i = \pm U_b$	$R_i = 100$ kΩ	$v_o = 100$ dB
$U_{id} = \pm 0{,}5$ V	$I_i = 500$ nA	$B_1 = 10$ MHz
$P_{tot} = 500$ mW	$U_{io} = 5$ mV	$\frac{dU_Q}{dt} = 13$ V/µs
$T_u = 0–70$ °C	$I_{io} = 20$ nA	

3.2 Vorverstärker mit Höhen- und Tiefeneinstellung

Abb. 3.2 zeigt die Schaltung eines zweistufigen Vorverstärkers, mit dem sich Höhen und Tiefen unabhängig voneinander einstellen lassen.

Die erste Stufe ist mit drei Gegenkopplungskanälen versehen, von denen zwei frequenzabhängig arbeiten. Nach höheren Frequenzen zu nimmt

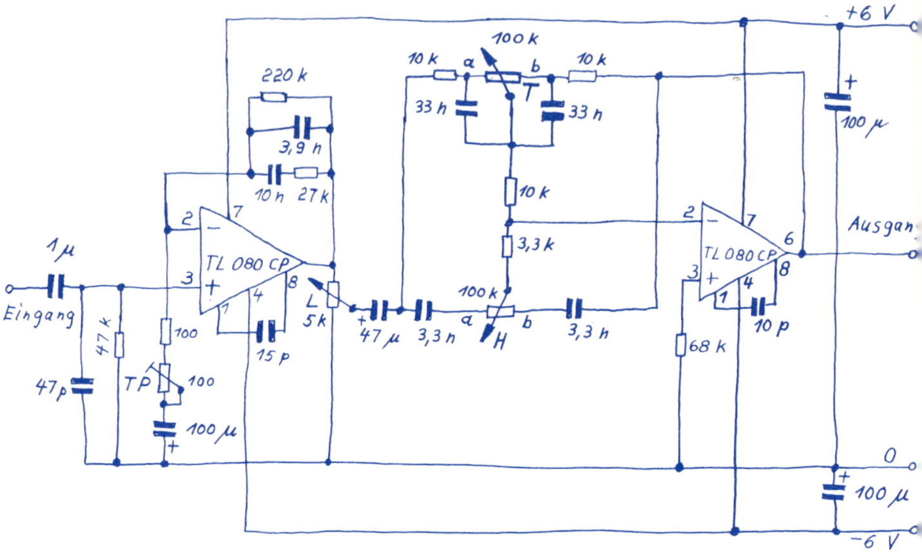

Abb. 3.2 Vorverstärker mit Höhen- und Tiefeneinstellung (nach Unterlagen der Firma Texas Instruments)

die Verstärkung mehr und mehr ab. Aufgrund dieses Frequenzgangs eignet sich die Schaltung auch gut als Verstärker für einen magnetischen Tonabnehmer.

Der Verstärkungsfaktor v der ersten Stufe läßt sich mittels des Trimmpotis TP im Verhältnis 1 : 2 verändern. In Abhängigkeit von der Frequenz f und der Eingangsspannungsamplitude U_i ergaben sich für diese Stufe folgende Meßwerte:

f	TP (Ω)	U_i (V_{ss})	U_Q (V_{ss})	v
100 Hz	100	0,02	7	350
100 Hz	0	0,01	7	700
1 kHz	100	0,08	7	87,5
1 kHz	0	0,04	7	175
10 kHz	100	0,38	7	18,5
10 kHz	0	0,19	7	37

Bei einer Speisespannung von ± 9 V statt ± 6 V ist eine verzerrungsfreie Ausgangsspannung der ersten Stufe von 11 V_{ss} statt 7 V_{ss} erreichbar.

Befinden sich die Schleifer des Höhen- und des Tiefeneinstellers in Mittelstellung, so beträgt die Verstärkung der zweiten Stufe unabhängig von der jeweiligen Frequenz der Signalspannung 1. In den Einstellungen „a" werden die Höhen bzw. die Tiefen in der Amplitude angehoben, in den Einstellungen „b" abgeschwächt. Aus nachstehender Tabelle geht hervor, in welcher Weise die Signalspannungsamplitude durch die Potentiometer H und T beeinflußt werden kann. Unter „U_i" ist hier die Spannung am Schleifer des Lautstärkepotentiometers L zu verstehen, unter „U_Q" die Ausgangsspannung der zweiten Stufe.

f	U_1 (V_{ss})	Poti T	Poti H	U_Q (V_{ss})	v
100 Hz	1,8	Mitte	beliebig	1,8	1,00
100 Hz	1,8	a	beliebig	7,0	3,90
100 Hz	1,8	b	beliebig	0,5	0,28
1 kHz	3,0	beliebig	beliebig	3,0	1,00
10 kHz	1,4	beliebig	Mitte	1,4	1,00
10 kHz	1,4	beliebig	a	7,0	5,00
10 kHz	1,4	beliebig	b	0,4	0,28

Wir erkennen aus dieser Tabelle unter anderem, daß bei Mittelstellung beider Potentiometer die Verstärkung der zweiten Stufe unabhängig von der Frequenz 1 beträgt.

Wie am Ausgang der ersten Stufe ist auch am Ausgang der zweiten bei $U_b = \pm 6$ V eine unverzerrte Signalspannung von max. 7 V_{ss} erreichbar. Da die Stromaufnahme des Verstärkers nur $\pm 4{,}5$ mA beträgt, kann man ihn auch aus zwei Transistorbatterien à 9 V speisen.

Die Daten des TL 080 CP sind folgende:

Grenzdaten	*Kenndaten*	
$U_b = \pm 18$ V	$I_b = 1{,}4$ mA	$v_o > 100$ dB
$U_i = \pm U_b$ (max. ± 15 V)	$R_i = 10^{12}\ \Omega$	$B_1 = 8$ MHz
$U_{id} = \pm 30$ V	$I_i = 30$ pA	$\frac{dU_Q}{dt} = 13$ V/µs
$P_{tot} = 680$ mW	$U_{io} = 5$ mV	
$T_u = 0–70$ °C	$I_{io} = 5$ pA	

(Der OPV ist kurzschlußfest).

Anstelle der beiden Einzel-OPVs TL 080 CP kann auch der Doppel-Typ TL 082 CP verwendet werden, der die gleichen Daten besitzt, jedoch einen Ruhestrom I_b von 2,8 mA aufnimmt.

3.3 Leitungsverstärker

Tonfrequenz- und sonstige Signalspannungen, die über längere Leitungen fortgeführt werden sollen, müssen niederohmigen Quellen entstammen. Andernfalls würden sich ihnen leicht Störspannungen überlagern. Ist jedoch ein kleiner Generatorwiderstand gegeben, so bildet dieser für die Störungen einen mehr oder weniger starken Kurzschluß und macht sie unwirksam.

Ist ein entsprechend niedriger Quellenwiderstand nicht von vornherein vorhanden, so ordnet man zwischen Generator und Leitung einen Impedanzwandler an. Wie schon in Abschn. 2.2 ausgeführt, besitzt ein solcher Wandler oder Spannungsfolger einen sehr kleinen Ausgangswiderstand. Man bezeichnet ihn in diesem Zusammenhang auch als *Leitungsverstärker*.

Eine derartige Schaltung ist in *Abb. 3.3* wiedergegeben. Die Eingangsspannung gelangt zunächst zu einer Vorstufe, wo sie um den Faktor 11 verstärkt wird. Die Widerstände R_1 und R_2 zu je 100 kΩ bewirken eine Teilung der Speisespannung, so daß der P- und der N-Eingang des OPV auf je +4,5 V zu liegen kommen. Vom Anschluß 14 aus wird die Signal-

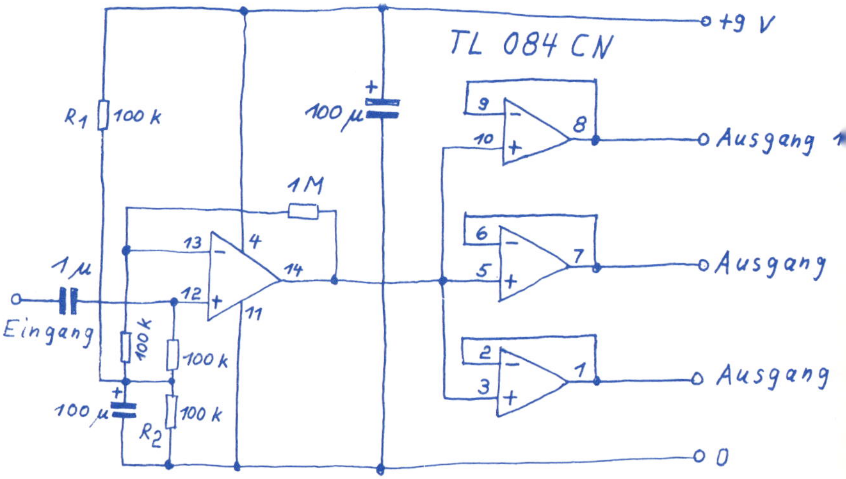

Abb. 3.3 Leitungsverstärker (nach Unterlagen der Firma Texas Instruments)

spannung drei Impedanzwandlern zugeleitet, so daß drei voneinander unabhängige Ausgänge zur Verfügung stehen. Die Vorverstärkung verbessert zusätzlich das Verhältnis Nutzspannung/Störspannung.

Der Leitungsverstärker ist aussteuerbar bis zu 4,2 V_{ss}. Seine Bandbreite erstreckt sich von 10 Hz bis 160 kHz. Die IS vom Typ TL 084 CN ist ein Vierfach-Operationsverstärker, der die gleichen Daten wie der TL 080 CP besitzt; lediglich der Ruhestrom I_b ist mit 5,6 mA um den Faktor 4 größer.

3.4 4-W-Verstärker

Außer den Operationsverstärkern, die in der Regel nur verhältnismäßig geringe Leistungen abgeben können, bietet die Industrie integrierte NF-Verstärker mit Ausgangsleistungen bis zu 10 W und höher an. Solchen Schaltungen brauchen im allgemeinen nur wenige externe Bauelemente hinzugefügt zu werden.

In *Abb. 3.4* ist die Schaltung eines Tonfrequenz-Verstärkers mit dem IC Typ TCA 830 A wiedergegeben, der auf einen Lautsprecher von 4 Ω arbeitet. Die erzielbare Ausgangsleistung ist um so größer, je höher man die Speisespannung $+U_b$ wählt und beträgt maximal 4,5 W.

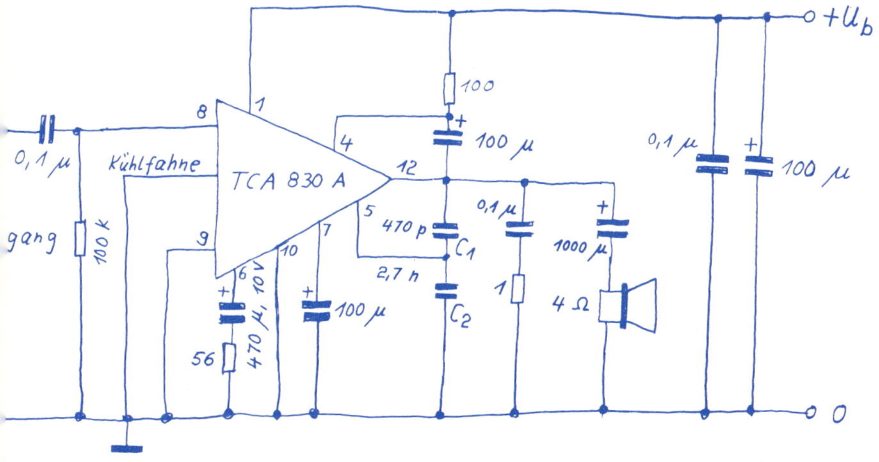

Abb. 3.4 4-W-Verstärker (nach Unterlagen der Firma Telefunken electronic)

Aus nachstehender Tabelle geht hervor, welche Ausgangsleistung P bei extrem kleinem Klirrfaktor in Abhängigkeit von $+U_b$ jeweils erreichbar ist und welche Sinus-Eingangsspannung U_i hierzu benötigt wird. Fernerhin ist der jeweilige Speisestrom I genannt. Die Angaben gelten für den Frequenzbereich 100 Hz -30 kHz.

P (W)	$+U_b$ (V)	U_i (V_{ss})	I (A)
2,0	12	0,13	0,40
3,4	15	0,15	0,54
4,5	18	0,18	0,63

Das IC besitzt ein Spezialgehäuse mit doppellaschiger Montage-Kühlfahne und wird zur Wärmeabfuhr an einem senkrecht aufzubauenden Aluminiumblech $80 \times 80 \times 2$ mm^3 festgeschraubt. Zur Aufnahme des IC-Gehäuses ist zuvor in der Mitte der Aluplatte ein Ausschnitt von 20×11 mm^2 anzubringen. Die Kühlfahne erhält durch die Montage automatisch elektrische Verbindung mit dem Blech. Die externen Bauteile können auf zwei Keramik-Lötleisten untergebracht werden, die man ebenfalls an der Kühlplatte anschraubt. Alle Masseleitungen sind sternpunktförmig mit dem Blech zu verbinden, was mittels Lötfahnen geschehen kann. Die Zählfolge der IC-Anschlüsse ist die gleiche wie bei Schaltungen im DIL-Gehäuse.

Der Verstärker TCA 830 A weist folgende Daten auf:

Grenzdaten		*Kenndaten*
U_b	= +20 V	I_b = 7 mA
I_Q (Spitze)	= 1,5 A	R_i = 5 MΩ
P_{tot} (T_u = 55 °C)	= 1 W	I_i = 0,5 µA
P_{tot} ($T_{Gehäuse}$ = 90 °C)	= 5 W	v_o = 75 dB

3.5 7-W-Verstärker

Rein schaltungsmäßig unterscheidet sich der 7-W-Verstärker nach *Abb. 3.5* nicht von dem zuvor besprochenen 4-W-Verstärker. Es wird jedoch ein anderes IC benutzt (Typ TBA 810 AS), bei dem eine höhere Verlustleistung zulässig ist, was zugleich eine größere Nutzleistung bedeutet. Außer-

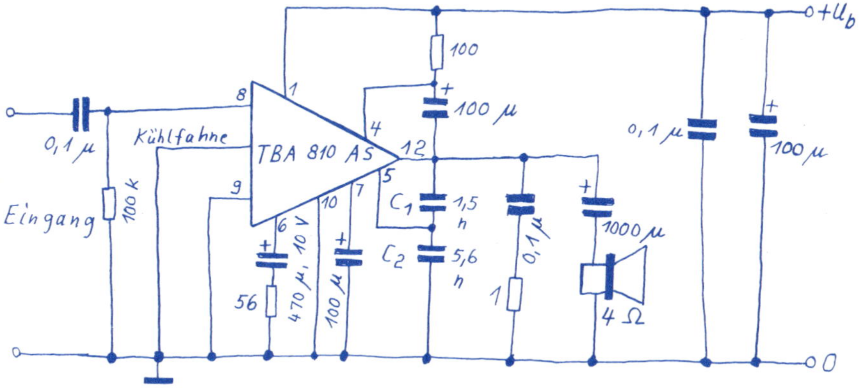

Abb. 3.5 7-W-Verstärker (nach Unterlagen der Firma Telefunken electronic)

dem weisen die Kondensatoren C_1 und C_2 andere Werte als in der Schaltung *Abb. 3.4* auf.

Die Montage der Schaltung erfolgt ebenfalls auf einem senkrecht aufzubauenden und an Nullpotential anzuschließenden Kühlblech $80 \times 80 \times 2$ mm^3, das zugleich mit zwei Keramik-Lötleisten zur Aufnahme der externen Bauteile versehen wird. Um die Leisten keiner Erwärmung durch das Blech auszusetzen, sollte man sie mit ewa 15 mm Abstand davon montieren. Der TBA 810 AS besitzt das gleiche Gehäuse und die gleiche Anschlußbelegung wie der TCA 830 A.

Nachfolgende Tabelle zeigt auf, welche Ausgangsleistung P bei extrem kleinem Klirrfaktor in Abhängigkeit von der Speisespannung $+U_b$ jeweils erzielt werden kann und welche Sinus-Eingangsspannung U_i dazu benötigt wird. Fernerhin ist der Speisestrom I genannt. Die Angaben gelten für einen Frequenzbereich von etwa 1–20 kHz.

P (W)	$+U_b$ (V)	U_i (V_{ss})	I (A)
2,5	12	0,18	0,45
3,7	15	0,22	0,54
5,4	18	0,27	0,67
7,0	20	0,30	0,74

Die Daten des Verstärkers TBA 810 AS sind folgende:

Grenzdaten		*Kenndaten*
		I_b = 12 mA
U_b	= +20 V	R_i = 5 MΩ
I_Q (Spitze)	= 2,5 A	I_i = 0,4 µA
P_{tot} ($T_{Gehäuse}$ = 100 °C)	= 5 W	v_o = 80 dB

3.6 12-W-Verstärker

Abb. 3.6 zeigt die Schaltung eines 12-W-Tonfrequenzverstärkers mit dem Baustein TDA 2030. Als Kühlkörper kann ein Alu-Blech von mindestens $100 \times 100 \times 2$ mm^3 benutzt werden, das senkrecht anzuordnen ist. Die übrigen Bauteile lassen sich auf zwei keramischen Lötleisten unterbringen, die mit etwa 15 mm Abstand ebenfalls am Kühlblech befestigt werden. Die Anschlußbelegung des TDA 2030 geht aus *Abb. 3.7* hervor.

Eine Besonderheit des Verstärkers liegt darin, daß er ausgangsseitig mit zwei Dioden beschaltet ist. Die „obere" davon bewirkt, daß der Ausgang nicht positiver als die positive Versorgungsleitung werden kann, und die „untere", daß er nicht negativer als die Nulleitung wird. Positive bzw.

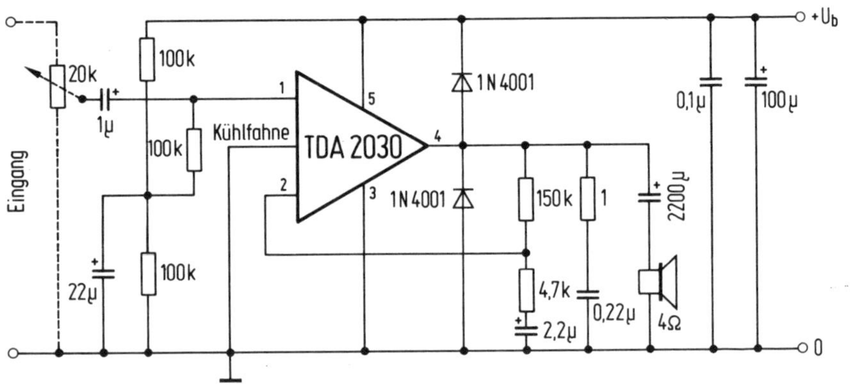

Abb. 3.6 12-W-Verstärker (nach Unterlagen der Firma Telefunken electronic)

negative Spannungsspitzen am Ausgang bleiben also auf „$+U_b$" bzw. auf „0" begrenzt.

Aus nachstehender Tabelle geht hervor, welche Ausgangsleistung P bei sehr kleinem Klirrfaktor in Abhängigkeit vom Wert der Speisespannung $+U_b$ jeweils erreicht werden kann und welche Sinus-Spitzen-Eingangsspannung U_i dazu erforderlich ist. Weiterhin ist der Speisestrom I genannt. Die Angaben beziehen sich auf den Frequenzbereich 1-30 kHz.

P (W)	$+U_b$ (V)	U_i (V_{ss})	I (A)
7,2	24	0,6	0,75
12,3	30	0,65	1

Der Verstärker TDA 2030 weist folgende Daten auf:

Grenzdaten

U_b = ± 18 V

I_Q (Spitze) = 3,5 A

P_{tot} ($T_{Gehäuse}$ = 90 °C) = 20 W

Kenndaten

I_b = 40 mA

R_i = 5 MΩ

I_i = 0,2 µA

v_o = 90 dB

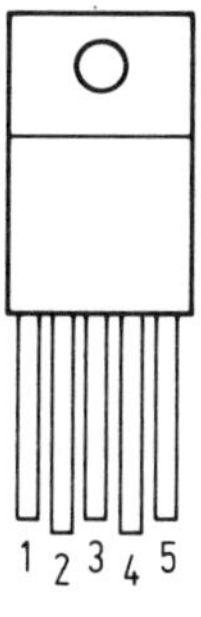

Abb. 3.7 Anschlußbelegung des TDA 2030

4 Meßschaltungen

4.1 Einweg-Meßgleichrichter, nichtinvertierend

An jedem Gleichrichter wie überhaupt an jeder Diode fällt im Betrieb die sogenannte *Durchlaß-* oder *Anlaufspannung* ab; ihr Wert ist stromabhängig und beträgt bei Germanium-Dioden im Mittel etwa 0,3 V, bei Silizium-Dioden 0,6 V. Soweit die gleichzurichtende Wechselspannung groß gegenüber der Durchlaßspannung ist, kann man deren Einfluß vernachlässigen. Handelt es sich jedoch um eine kleinere Wechselspannung und soll diese aus der gleichgerichteten Spannung ermittelt werden, so verursacht die Anlaufspannung einen verhältnismäßig großen Fehler.

Abb. 4.1 zeigt die Schaltung eines nichtinvertierenden Meßgleichrichters, bei dem die Durchlaßspannung mit hoher Genauigkeit kompensiert wird. Die Diode am Ausgang des OPV ist so gepolt, daß von der Eingangs-Wechselspannung nur die positiven Halbwellen zum Schaltungsausgang gelangen, die negativen dagegen unterdrückt werden. Polt man die Diode um, so ergeben sich umgekehrte Verhältnisse.

Zum Verständnis der Wirkungsweise brauchen wir uns nur zu vergegenwärtigen, daß bei einem Operationsverstärker im normalen Betrieb die Spannung am N-Eingang die gleiche ist wie die am P-Eingang. Da nun der N-Eingang hier auch den Schaltungsausgang bildet, entspricht die Ausgangsspannung in bezug auf die positiven Halbwellen genau der Eingangsspannung. Wir können uns diesen Effekt auch damit erklären, daß der Operationsverstärker unter Abzug der Dioden-Anlaufspannung ja voll gegengekoppelt ist und so einen Spannungsfolger für die positiven Halbwellen darstellt.

Der Meßgleichrichter ist innerhalb des Frequenzbereiches 10 Hz–1 kHz für Sinus-Eingangsspannungen von 2–5 V_{ss} geeignet. Bei Einhalten dieser Werte entsprechen die positiven Halbwellen am Ausgang in Form und Amplitude exakt den positiven Halbwellen der Eingangsspannung.

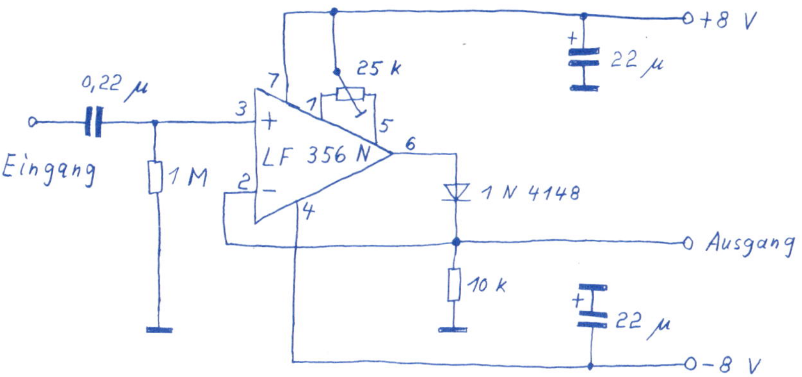

Abb. 4.1 Einweg-Meßgleichrichter, nichtinvertierend

Die Offsetspannung am Verstärkerausgang wirkt sich auf den Ausgang des Meßgleichrichters nur sehr wenig aus, und zwar bei negativer Offsetspannung überhaupt nicht, weil die Diode dann sperrt, und bei positiver lediglich in Differenz zur Dioden-Durchlaßspannung. Man wird aber trotzdem ein Kompensations-Potentiometer verwenden, da eine Meßschaltung ja mit möglichst guter Genauigkeit arbeiten soll.

Eine höhere Belastbarkeit des Gleichrichters wird erreicht, indem man die Ausgangsspannung nicht unmittelbar, sondern über einen Spannungsfolger abgreift.

4.2 Einweg-Meßgleichrichter, invertierend

Der Meßgleichrichter nach *Abb. 4.2* besteht aus einem invertierenden Verstärker, dem zwei Dioden D_1 und D_2 zugeordnet sind. Bei den positiven Halbwellen des Eingangssignals treten am OPV-Ausgang negative Halbwellen auf, die über D_2 zum Ausgang der Schaltung gelangen. Die Gegenkopplung erfolgt allein über den Widerstand R_2, da D_1 sperrt. Die negativen Halbwellen der Eingangsspannung rufen infolge der Invertierung am Operationsverstärker-Ausgang positive Signale hervor. Diese werden jedoch durch die Diode D_1 stark gegengekoppelt und durch D_2 dem Schaltungsausgang ferngehalten, womit dessen Potential auf Null zu liegen

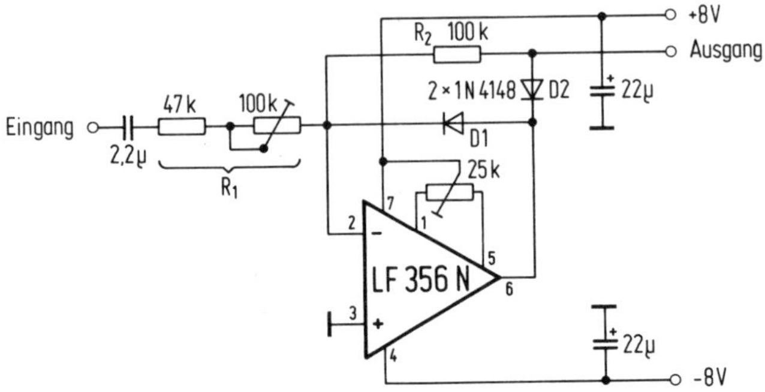

Abb. 4.2 Einweg-Meßgleichrichter, invertierend

kommt. - Will man positive Ausgangssignale erhalten, so sind die Dioden umzupolen.

Die Ausgangsspannung ist bei gegebener Eingangsspannung um so höher, je größer man den Widerstand R_2 gegenüber R_1 bemißt. Wird R_1 oder ein Teil davon durch ein Potentiometer gebildet, so ergibt sich der Vorteil, daß man in verschiedenem Maßstab gleichrichten kann. Bei $R_1 = R_2$ beträgt der Verstärkungsfaktor 1.

Innerhalb des Frequenzbereiches 10 Hz–2,5 kHz und bei Sinus-Eingangsspannungen zwischen 1,2 und 5 V_{ss} arbeitet der Meßgleichrichter mit sehr guter Genauigkeit ($R_1 = R_2$).

4.3 Vollweg-Meßgleichrichter

Bei dem Vollweg- oder Zweiweg-Meßgleichrichter nach Schaltung *Abb. 4.3* ergeben sowohl die positiven als auch die negativen Halbwellen der Eingangsspannung positiv gerichtete Ausgangssignale gleicher Form und gleichen Wertes. Der Operationsverstärker OV 1 arbeitet in bekannter Weise als invertierender Meßgleichrichter, OV 2 als invertierender Addierer (vgl. Abschn. 11.1).

Zum Verständnis der Wirkungsweise sind in *Abb. 4.4* die Eingangsspannung U_i sowie die Spannungen U_{Q1} und U_{Q2} dargestellt, von denen U_{Q2} die Ausgangsspannung ist. Eine positive Halbwelle am Eingang ruft

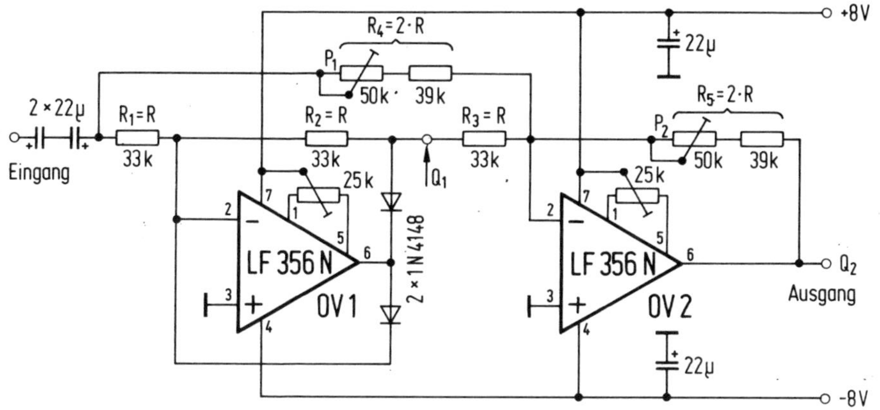

Abb. 4.3 Vollweg-Meßgleichrichter

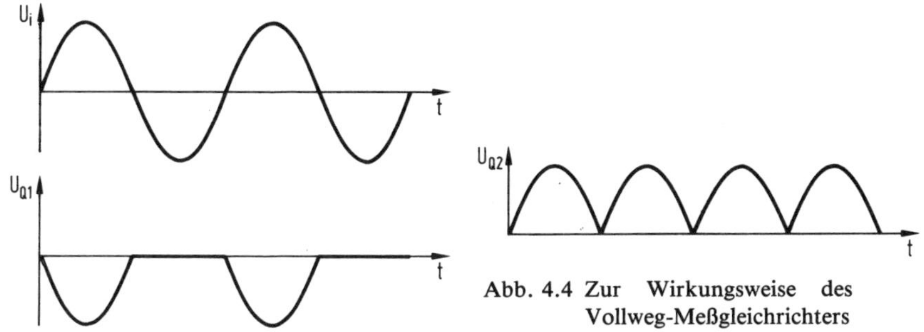

Abb. 4.4 Zur Wirkungsweise des Vollweg-Meßgleichrichters

aufgrund des Widerstandsverhältnisses R_2/R_1 eine gleich große negative Schwingung am Punkt Q_1 hervor. Diese gelangt über R_3 zum N-Eingang des Operationsverstärkers OV 2, der über R_5 gegengekoppelt ist. Da R_5 einen doppelt so hohen Wert wie R_3 aufweist, würde am Ausgang von OV 2 normalerweise auch eine doppelt so große positive Halbwelle auftreten, wie an Punkt Q_1 als negative Halbwelle ansteht. Da aber vom Eingang her über R_4 zugleich ein positives Signal zum N-Eingang von OV 2 gelangt und so das Ausgangssignal an Q_2 auch in negativer Richtung verschoben wird, zieht sich der eine Signalwert vom anderen ab, womit die positive Halbwelle an Q_2 den gleichen Wert wie die am Eingang besitzt.

Bei negativer Eingangs-Halbwelle kommt Punkt Q_1 auf Null zu liegen. Die Schwingung gelangt aber über R_4 auch zum N-Eingang von OV 2, so daß an dessen Ausgang wiederum eine positive Halbwelle entsteht.

Zum Abgleich der Schaltung wird an den Eingang eine Sinusspannung von beispielsweise 2 V_{ss} und 100 Hz angelegt. Danach werden mit dem Trimmpoti P1 die positiven Halbwellen des Ausgangs auf untereinander gleichen Wert eingestellt. (Ohne diese Einstellung sind immer nur die 1., 3. und 5. bzw. die 2., 4. und 6. Halbwelle einander gleich.) Anschließend ist P2 so einzuregulieren, daß die Halbwellen am Ausgang den gleichen Wert wie die am Eingang aufweisen. Die beiden 25-kΩ-Trimmpotis dienen zum Kompensieren der Offsetspannung. Der Meßgleichrichter ist im Bereich 10 Hz–2,8 kHz für Sinus-Eingangsspannungen zwischen 1 V und 5 V_{ss} geeignet.

4.4 Voltmeter mit Elektrometerverstärker

Ein Elektrometerverstärker zeichnet sich durch hohen Eingangs- und niedrigen Ausgangswiderstand aus; er eignet sich daher in besonderer Weise zum Messen von Spannungen hochohmiger Quellen mittels eines relativ niederohmigen Voltmeters.

Die Schaltung eines solchen Verstärkers ist in *Abb. 4.5* wiedergegeben. Sein Eingangswiderstand beträgt etwa 10^{12} Ω, sein Ausgangswiderstand weniger als 1Ω. Es gilt die Formel

$$U_Q = (1 + \frac{R_2}{R_1}) \cdot U_i.$$

Bei Einstellung von R_2 auf 9 kΩ ist also eine Spannungsverstärkung von 10 gegeben.

Die Schaltung arbeitet sehr exakt zwischen $U_i = -1{,}3$ V und $U_i = +1{,}3$ V, was einer Ausgangsspannung U_Q zwischen -13 V und $+13$ V entspricht. Das Voltmeter sollte somit einen Meßbereich von 10 V aufweisen. Will man die Schaltung für Aufgaben benutzen, bei denen es auf gute Genauigkeit ankommt, so sollten die Festwiderstände Metallschicht-Typen und die beiden Trimmpotis Cermet-Mehrgang-Typen sein.

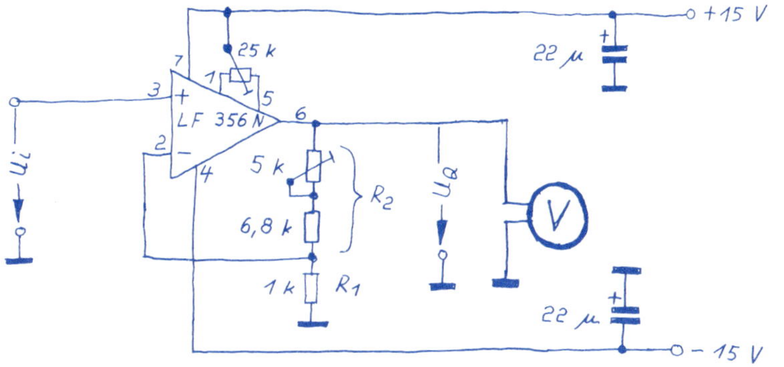

Abb. 4.5 Voltmeter mit Elektrometerverstärker

4.5 Millivoltmeter

Abb. 4.6 zeigt die Schaltung eines Gleichspannungs-Millivoltmeters mit den Meßbereichen 1, 10, 100, 1000 und 10000 mV. Zur Anzeige des Meßwertes dient ein Drehspulinstrument mit 1 mA Vollausschlag, das im Gegenkopplungszweig des Operationsverstärkers liegt. Die fünf umschaltbaren Widerstände 1 Ω–10 kΩ sollten im Interesse einer guten Genauigkeit des Gerätes eine Toleranz von nicht mehr als 1% besitzen.

Bemerkenswert bei dieser Schaltung ist, daß der Innenwiderstand des Strommessers in die Messung nicht eingeht und deshalb von beliebigem Wert sein kann. Machen wir uns dies anhand einer kurzen Überlegung klar. Beträgt die zu messende Eingangsspannung beispielsweise +1 V, so kommt infolge der Selbstregelung des Operationsverstärkers außer dem P-Eingang auch der N-Eingang auf +1 V zu liegen. Dies bedeutet, daß der dem 1-V-Bereich zugehörige Meßwiderstand vom Strom $I = \frac{U}{R} = \frac{1\ V}{1\ k\Omega} =$ 1 mA durchflossen wird. Da dieser Strom nur vom Ausgang des Operationsverstärkers her kommen kann, fließt auch im Drehspulinstrument unabhängig von dessen Eingangswiderstand genau 1 mA.

Der 100-kΩ-Widerstand und der 0,1-μF-Kondensator bilden ein Siebglied. Dessen Aufgabe ist es, etwaige Stör-Wechselspannungen auf der

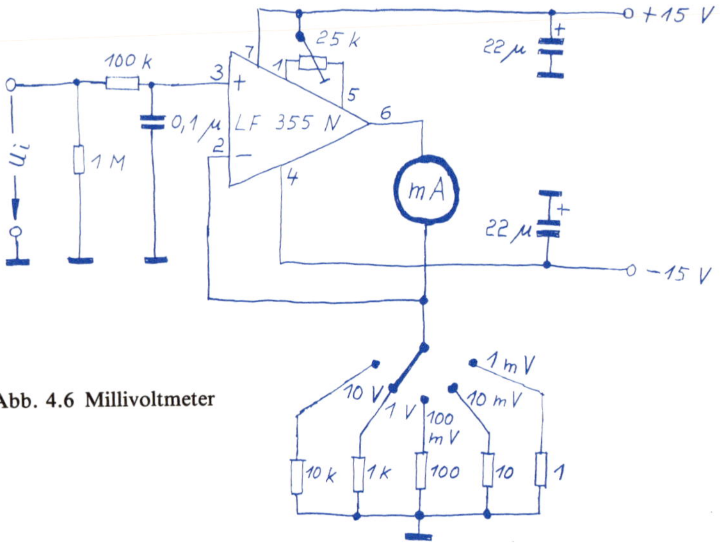

Abb. 4.6 Millivoltmeter

Meßleitung vom Verstärkereingang fernzuhalten. Der 1-MΩ-Widerstand dient zum Entladen des Kondensators.

Der Offsetspannungsabgleich sollte im kleinsten Meßbereich durchgeführt werden, da er hier am meisten kritisch ist. Änderungen der Umgebungstemperatur machen in diesem Bereich für genaues Messen möglicherweise eine Änderung des Offsetspannungsabgleichs erforderlich. Im übrigen arbeitet die Schaltung stabil und mit hoher Linearität.

4.6 Mikroamperemeter

Die Wirkungsweise des Mikroamperemeters nach *Abb. 4.7* ist im Prinzip die gleiche wie die des zuvor beschriebenen Millivoltmeters. Es wird ebenfalls ein nichtinvertierender Verstärker mit einem Drehspulinstrument von 1 mA Vollausschlag im Gegenkopplungszweig benutzt. Die Meßwiderstände liegen hier jedoch nicht am N-, sondern am P-Eingang, der zugleich Schaltungseingang ist. Sie werden von dem zu messenden Strom I

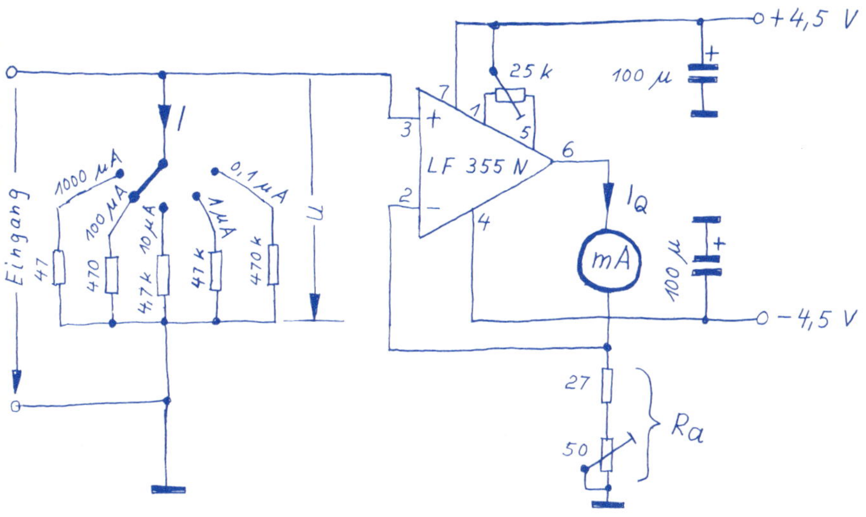

Abb. 4.7 Mikroamperemeter

durchflossen und sind so dimensioniert, daß in allen der fünf Bereiche (0,1, 1, 10, 100 und 1000 µA) bei maximalem I-Wert jeweils eine Spannung U von 0,047 V an ihnen abfällt. Diese wird vom Operationsverstärker in den Strom I_Q von 1 mA umgesetzt. Es gilt die Beziehung

$$I_Q = \frac{U}{R_a}$$, aus der sich R_a zu

$$R_a = \frac{U}{I_Q} = \frac{0{,}047\ \text{V}}{1\ \text{mA}} = 47\ \Omega$$

ergibt. Um den Instrumentenkreis optimal auf den Eingangsteil abstimmen zu können, sollte R_a regulierbar sein.

Zum Abgleich des Mikroamperemeters stellt man zunächst bei offenen Eingangsklemmen das 25-kΩ-Trimmpoti für die Offsetspannung so ein, daß der Strom I_Q Null beträgt. Anschließend speist man in einem beliebigen Meßbereich den entsprechenden Nennstrom in den Eingangsteil ein und gleicht das 50-Ω-Trimmpoti so ab, daß I_Q genau 1 mA beträgt. Damit stimmen automatisch auch alle übrigen Bereiche, vorausgesetzt, daß die Meßwiderstände genügend kleine Toleranzen besitzen (1% oder weniger).

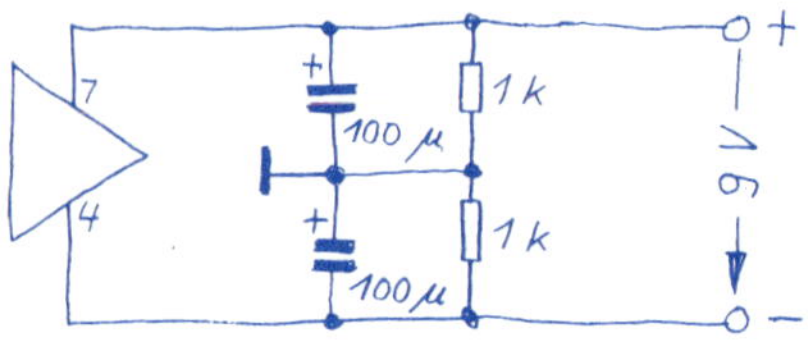

Abb. 4.8 Speisen des Mikroamperemeters mit einer 9-V-Transistorbatterie

Die beiden Trimmpotis sollten möglichst Cermet-Mehrgang-Typen sein, da solche eine besonders hohe Einstellgenauigkeit besitzen.

Die Schaltung arbeitet recht präzise und gut linear. Man kann sie statt mit ±4,5 V auch an einer 9-V-Transistorbatterie betreiben, wobei die Speiseleitungen gemäß *Abb. 4.8* mit einem Spannungsteiler zum Erzeugen der Mittelpunktspannung und mit einem zusätzlichen Abblockkondensator zu beschalten sind. Die Stromaufnahme ist durch den Teiler natürlich etwas höher (insgesamt ca. 7 mA).

Bei dem Operationsverstärker handelt es sich um einen JFET-Typ mit vernachlässigbar kleinem Eingangsruhestrom. Bipolare Typen führen einen sehr viel höheren Biasstrom und sind deshalb für ein solches Gerät nicht geeignet. Dieser Strom würde besonders in den niedrigen Bereichen mit den relativ großen Meßwiderständen einen zusätzlichen Spannungsabfall hervorrufen und so das Meßergebnis verfälschen.

4.7 Multimeter

Das Vielfachmeßgerät in *Abb. 4.9* besitzt sechs Gleichspannungs- und sechs Gleichstrombereiche (0,3/1/3/10/30/100 V und 0,3/1/3/10/30/100 mA). Die Anzeige erfolgt durch ein Drehspulinstrument mit 1 V Vollausschlag. Dieses sollte im Hinblick auf eine leichte Ablesbarkeit mit den Teilungen 1 und 3 als jeweiligem Bereichs-Endwert versehen sein. Der Eigenwiderstand darf nicht weniger als 330 Ω betragen, da andernfalls die Meßgenauigkeit beeinträchtigt würde.

Zum Wechsel von Spannungs- auf Strommessung dient der zweipolige Kipp-Umschalter S1a/S1b. Die Meßbereiche selbst werden durch den 6stufigen Zweifach-Umschalter S2a/S2b gewählt. Um zu vermeiden, daß beim Betätigen des U/I-Schalters der P-Eingang des Operationsverstärkers kurzzeitig auf undefiniertes Potential zu liegen kommt, ist der Pol

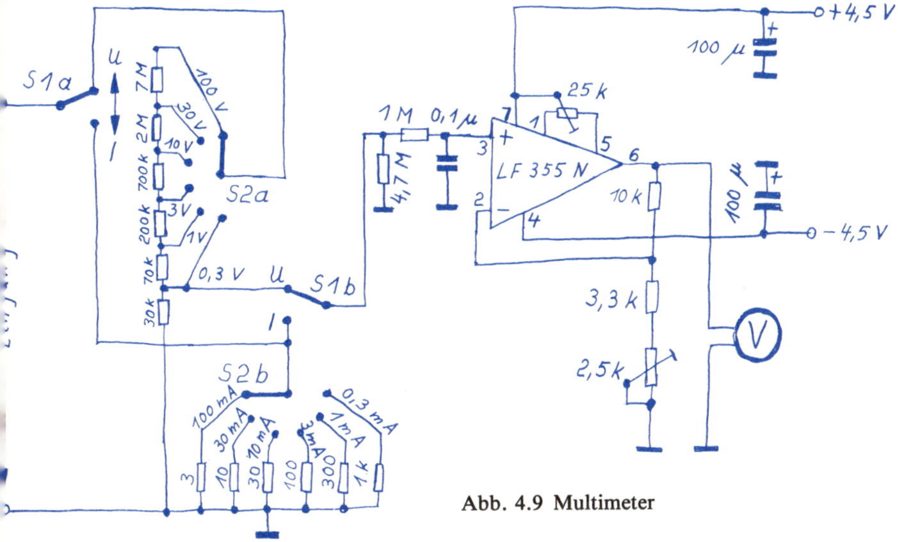

Abb. 4.9 Multimeter

des Schalters S1b über einen Widerstand von 4,7 MΩ mit Masse verbunden.

Die Eichung des Multimeters erfolgt in einem beliebigen Meßbereich mit dem 2,5-kΩ-Trimmer. Vorauszugehen hat der Abgleich der Offsetspannung mittels des 25-kΩ-Potentiometers.

Das Meßgerät arbeitet mit hoher Genauigkeit und Temperaturstabilität. Eine Temperaturerhöhung des Schaltkreises um 30 °C ergibt bei Vollausschlag eine Änderung der Anzeige um nicht mehr als 1 Promille. Die Toleranz der Meßwiderstände sollte höchstens 1% betragen. In den Spannungsbereichen beläuft sich die Empfindlichkeit des Gerätes auf 100 kΩ/V. Der Spannungsabfall in den Strombereichen ist mit je 0,3 V verhältnismäßig niedrig.

4.8 Widerstandsmeßgerät mit Linearskala

Bei der Ohmmeterschaltung *Abb. 4.10* liegt in Reihe mit dem zu messenden Widerstand R_x ein sehr viel höherer Widerstand R_v. Innerhalb des je-

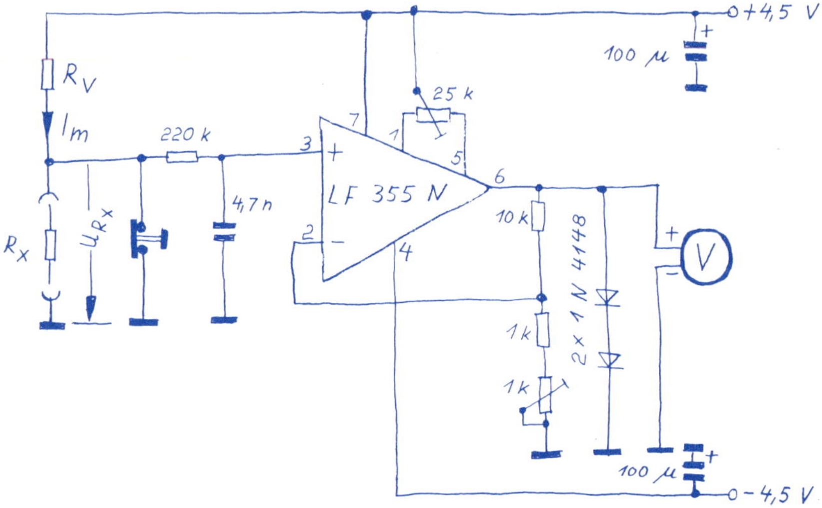

Abb. 4.10 Widerstandsmeßgerät mit Linearskala

weiligen Meßbereiches fließt daher unabhängig vom R_x-Wert nahezu der gleiche Strom I_m. Dieser Strom ruft an R_x den Spannungsabfall U_{R_x} hervor, der R_x proportional ist. Die Spannung U_{R_x} gelangt zum P-Eingang des Operationsverstärkers, wird hier nichtinvertierend verstärkt und danach von einem Drehspulvoltmeter mit 1 V Vollausschlag zur Anzeige gebracht. Die beiden Dioden begrenzen im Fall einer Fehlbedienung des Gerätes die Spannung am Instrument auf 1,5 V. Der Ruhekontakt-Taster verhindert, daß bei offenen R_x-Klemmen die Spannung am P-Eingang auf +4,5 V ansteigt. Er wird erst nach dem Anschließen von R_x zum Messen betätigt.

Das Gerät besitzt 12 Meßbereiche. Der im Schaltbild aus Gründen der Übersichtlichkeit nicht mit eingezeichnete Stufenschalter zum Umschalten der 12 Vorwiderstände R_v ist an die positive Speiseleitung und nicht an die Meßbuchse anzuschließen, um die Zuleitung zum P-Eingang des Operationsverstärkers weitgehend störspannungsfrei zu halten.

Die Einteilung der Meßbereiche und die zugehörigen Werte von R_v, I_m und U_{R_x} gehen aus nachstehender Tabelle hervor:

R_x	R_v	I_m	U_{Rx}
0- 10 Ω	330 Ω	13,6 mA	0-0,136 V
0- 30 Ω	990 Ω	4,5 mA	0-0,136 V
0-100 Ω	3,3 kΩ	1,36 mA	0-0,136 V
0-300 Ω	9,9 kΩ	0,45 mA	0-0,136 V
0- 1 kΩ	33 kΩ	0,136 mA	0-0,136 V
0- 3 kΩ	99 kΩ	45 µA	0-0,136 V
0- 10 kΩ	330 kΩ	13,6 µA	0-0,136 V
0- 30 kΩ	990 kΩ	4,5 µA	0-0,136 V
0-100 kΩ	3,3 MΩ	1,36 µA	0-0,136 V
0-300 kΩ	9,9 MΩ	0,45 µA	0-0,136 V
0- 1 MΩ	33 MΩ	0,136 µA	0-0,136 V
0- 3 MΩ	99 MΩ	45 nA	0-0,136 V

Die Toleranz der Widerstände R_v sollte möglichst nicht größer als ±1% sein. Wenn nicht unbedingt die optimale Meßgenauigkeit erreicht werden soll, kann man statt der 99er-Widerstände auch 100er verwenden, weil solche Werte handelsüblich sind.

Bei abnehmendem R_x wird in dem jeweiligen Bereich ein etwas höherer Widerstandswert als tatsächlich gegeben angezeigt, weil der Strom I_m dann geringfügig steigt. Dies spielt aber insofern nur eine untergeordnete Rolle, als man wegen der verhältnismäßig feinen Abstufung der Meßbereiche das untere Bereichsdrittel gar nicht zu benutzen braucht. In diesem Teil ist ohnehin auch die Anzeige des Drehspulinstruments nicht mehr so genau, dessen Güteklasse bekanntlich nur für den Skalenendpunkt gilt. Um sowohl in den 10er- als auch in den 30er-Bereichen den Meßwert leicht ablesen zu können, sollte die Skala des Instruments mit zwei Teilungen versehen sein.

Die Offsetspannung des Operationsverstärkers ist bei nichtbetätigtem Taster auf Nullanzeige des Spannungsmessers abzugleichen. Die Eichung des Gerätes erfolgt in der Weise, daß man in einem beliebigen 10er-Bereich einen 8,2er-Widerstand hoher Genauigkeit an die R_x-Klemmen anschließt und das Instrument bei gedrücktem Taster mittels des 1-kΩ-Trimmpotis auf Anzeige „8,2" einstellt. Es sind damit automatisch auch alle übrigen Bereiche richtig abgeglichen. Die positive Speisespannung muß selbstverständlich gut stabilisiert sein, da andernfalls der Strom I_m nicht konstant bliebe.

4.9 Temperaturmeßgerät mit Temperatur/Spannungs-Umsetzer

Der Fühler STP 35 des Temperaturmeßgerätes nach *Abb. 4.11* wird durch eine spezielle Z-Diode verkörpert, deren Z-Spannung linear um 10 mV/K steigt. Ihre Ausgangsspannung beläuft sich also bei 0 °C auf 273 · 10 mV = 2,73 V, denn 0 °C entsprechen 273 K. Die Fühlerspannung wird dem N-Eingang eines Operationsverstärkers zugeleitet und nach entsprechender Verstärkung von einem Drehspul-Voltmeter angezeigt.

Der Feldeffekt-Transistor BF 244 B arbeitet als Konstantstromquelle für die Z-Diode ZPD 5,1. Auf diese Weise wird erreicht, daß selbst bei Änderungen der positiven Speisespannung um ± 1 V die am Schleifer des 1-kΩ-Potentiometers abgegriffene Kalibrierspannung gut stabil bleibt.

Mit einem Meßbereich des Voltmeters von 0–3 V ist ein Temperatur-Meßbereich von 0–30 °C erzielbar, mit einem solchen von 0–10 V ein Temperatur-Meßbereich von 0–100 °C.

Der Nullabgleich der Schaltung erfolgt in der Weise, daß man bei 0 °C (STP 35 in Eiswasser) das 1-kΩ-Trimmpoti auf Nullanzeige des Drehspulinstruments einstellt. Bei etwa 40 °C (Wasser dieser Temperatur in offener Thermosflasche, gemessen mit Fieberthermometer) wird das Meßinstrument mittels des 500-kΩ-Trimmpotis auf eben diese Anzeige eingestellt. Sicherheitshalber sollte man beide Abgleichvorgänge wiederholen.

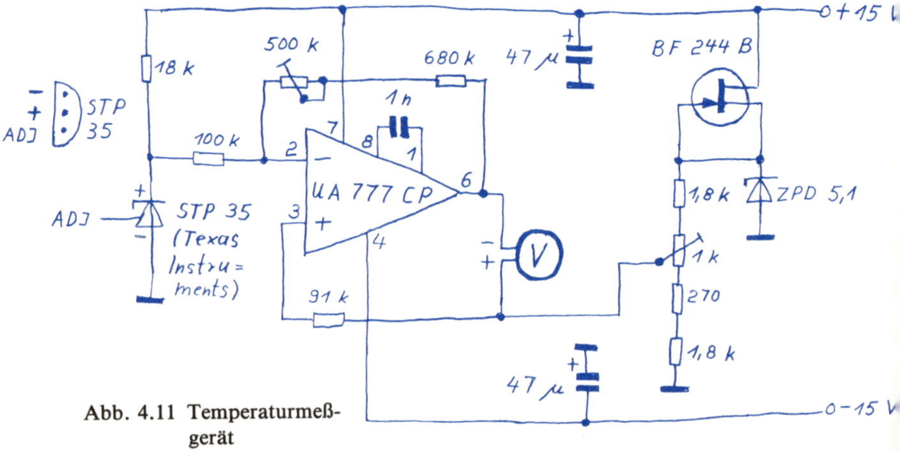

Abb. 4.11 Temperaturmeßgerät

Bei Benutzung eines Digital-Voltmeters mit Vorzeichen-Anzeige kann man in eleganter Weise auch negative Temperaturen messen.

Der Linearitätsfehler des Fühlers wird vom Hersteller (Texas Instruments) im Bereich von − 10 °C bis + 100 °C mit ± 0,5 °C angegeben. Bei kleinerem Meßumfang ist der durch die Nichtlinearität bedingte Fehler entsprechend geringer. Die absoluten Grenzwerte für den Arbeitsbereich des Fühlers sind − 40 °C und + 125 °C.

Die Daten des UA 777 CP sind folgende:

Grenzdaten		*Kenndaten*			
U_b	= ± 22 V	I_b	= 1,9 mA	I_{io}	= 0,7 nA
U_i	= ± U_b (max. ± 15 V)	R_i	= 2 MΩ	I_{Qs}	= 25 mA
U_{id}	= ± 30 V	I_i	= 25 nA	$\frac{dU_Q}{dt}$	= 5,5 V/µs
P_{tot}	= 500 mW	R_Q	= 100 Ω		
T_u	= 0–70 °C	U_{io}	= 5 mV		

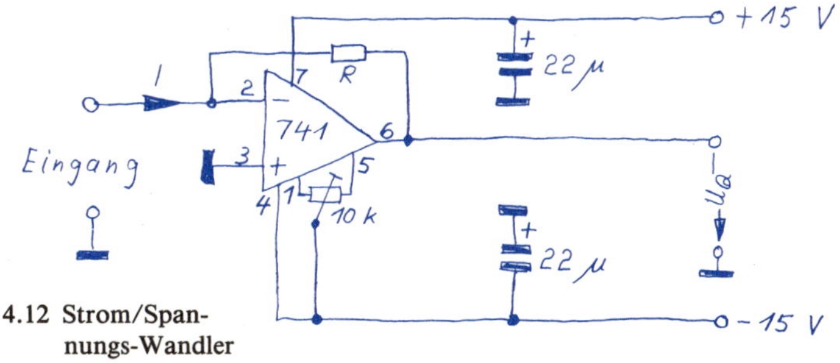

Abb. 4.12 Strom/Spannungs-Wandler

4.10 Strom/Spannungs-Wandler

Wie wir wissen, kommen N- und P-Eingang eines Operationsverstärkers infolge automatischer Regelung zwangsläufig auf gleiches Potential zu liegen. In *Abb. 4.12* stellt also der N-Eingang eine virtuelle oder scheinbare Masse dar, was zugleich einen extrem kleinen Eingangswiderstand bedeutet.

Der Eingangsstrom I bleibt somit in seinem Wert vom Wandler selbst unbeeinflußt. Er nimmt seinen Weg von der Klemme her über den Widerstand R und erzeugt daran einen Spannungsabfall, der die Ausgangsspannung bildet. Diese errechnet sich zu

$$U_Q = -I \cdot R.$$

Die Schaltung ist damit in geradezu idealer Weise zum maßstabsgerechten Umwandeln eines Stromes in eine Spannung geeignet. Man spricht hier auch von einem *Strom/Spannungs-Wandler* oder *-Konverter*. Nachstehend sind einige Zahlenwerte genannt, die sich aus einer Meßreihe ergaben:

I	R	U_Q
0	1 kΩ	0
+5 mA	1 kΩ	−5 V
−1,2 mA	10 kΩ	+12 V
−0,1 mA	100 kΩ	+10 V
+12 µA	1 MΩ	−12 V

Mit der angegebenen Speisespannung von ±15 V läßt sich U_Q absolut linear bis zu ±12 V aussteuern.

Mit kleiner werdendem Strom I macht sich natürlich der Eingangsruhestrom I_i des Operationsverstärkers bemerkbar und führt zu einer Veränderung des Stromes im Widerstand R, womit sich auch die Spannung U_Q verändert. Will man daher sehr kleine Ströme wandeln, wozu entsprechend hohe R-Werte erforderlich sind, wird man anstelle eines bipolaren OPV einen JFET-Typ benutzen, dessen Eingangsruhestrom um mehrere Größenordnungen niedriger ist.

4.11 Spannungs/Strom-Wandler

In umgekehrter Weise arbeitet der *Spannungs/Strom-Wandler* nach *Abb. 4.13*. Die Eingangsspannung U_i am P-Eingang ist auf dem Weg vom OPV-Ausgang her auch am N-Eingang vorhanden. Der Ausgangsstrom ergibt sich also zu

$$I_Q = \frac{U_i}{R_1}$$ und ist damit der Spannung U_i verhältnisgleich.

Als Widerstand R_2 kann in den Gegenkopplungszweig ein Strommesser eingefügt werden (Drehspulinstrument oder Digital-Einbaumeßgerät). Der angezeigte Strom ist dann ein Maß für die Spannung U_i. Hierbei spielt

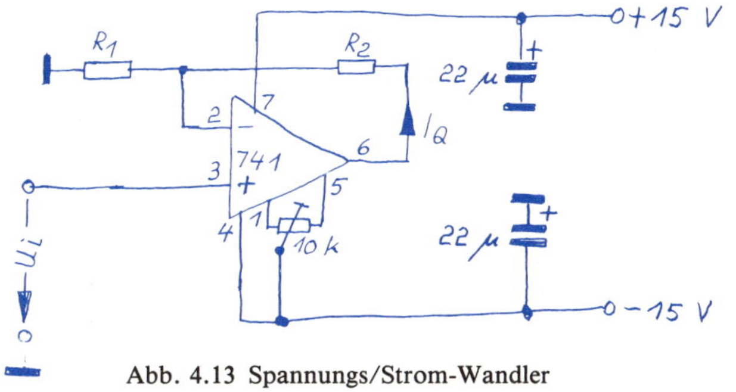

Abb. 4.13 Spannungs/Strom-Wandler

keine Rolle, welchen Eigenwiderstand das Instrument aufweist. Der Eingangswiderstand der Schaltung ist gleich dem Widerstand R_1. Die Ergebnisse einer Meßreihe sind in nachstehender Tabelle zusammengefaßt:

U_i	R_1	I_Q
0	1 kΩ	0
+13 V	1 kΩ	+13 mA
−5 V	10 kΩ	−0,5 mA
+14 V	10 kΩ	+1,4 mA
−12 V	100 kΩ	−0,12 mA

Mit der benutzten Speisespannung von ± 15 V folgt der Strom I_Q der Eingangsspannung U_i absolut linear bis zu einem U_i-Wert von ± 14 V.

4.12 Spannungs/Strom-Wandler für geerdeten Lastwiderstand

Bei dem zuletzt vorgestellten Spannungs/Strom-Wandler lag der Lastwiderstand R_2 mit beiden Anschlüssen „hoch", was je nach Aufgabenstellung manchmal unvorteilhaft ist. Nachstehend wird ein U/I-Wandler beschrieben, bei dem der Lastwiderstand (R_Q) einseitig an Masse liegt *(Abb. 4.14)*.

Sofern die einander gleichen Widerstände R_1 sehr viel größer als R sind, ergibt sich der Ausgangsstrom in Abhängigkeit von der Eingangsspannung U_i zu

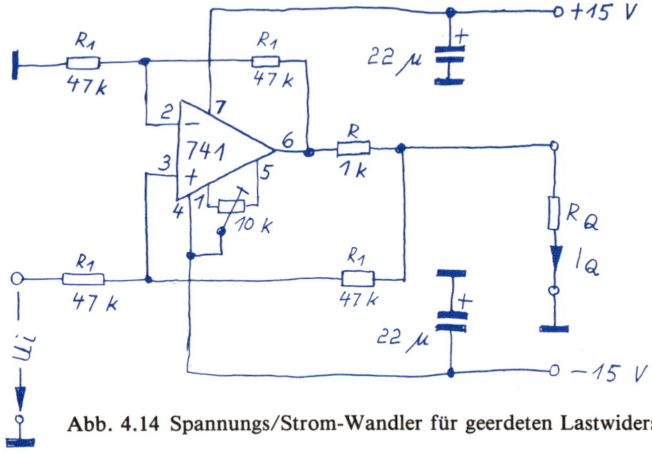

Abb. 4.14 Spannungs/Strom-Wandler für geerdeten Lastwiderstand

$$I_Q = \frac{U_i}{R}$$

und der Spannungsabfall an R zu $U_R = I_Q \cdot R = U_i$.

Daß diese Aussage richtig ist, sei anhand eines Rechenbeispiels nachgewiesen. Die Spannung U_i möge 3 V betragen, der Widerstand R 1 kΩ. Der Strom I_Q beläuft sich somit auf 3 mA (unabhängig von R_Q) und die Spannung U_R auf 3 V. Nehmen wir die Spannung U_{R_Q} am Widerstand R_Q zu 1 V an, so sind am Ausgang des Operationsverstärkers 1 V + 3 V = 4 V zu messen. Der N-Eingang kommt also aufgrund der Spannungsteilung durch die Widerstände R_1 auf 2 V zu liegen. Da andererseits die Spannung U_i 3 V und die Spannung U_{R_Q} 1 V beträgt, erhält der P-Eingang infolge Teilung durch die beiden „unteren" Widerstände R_1 ebenfalls ein Potential von 2 V. Damit ist der Beweis erbracht, denn wie wir wissen, ist im normalen Betrieb die Spannungsdifferenz zwischen P- und N-Eingang stets Null.

Als Lastwiderstand R_Q kann beispielsweise ein digitales Einbau-Milliamperemeter benutzt werden. Für solche Geräte findet man oft sehr preisgünstige Angebote. Man kann natürlich auch auf ein Drehspulinstrument zurückgreifen.

Mit R = 1 kΩ ergibt sich eine recht gute Linearität des Wandlers bei Eingangsspannungen zwischen + 12 V und − 12 V. Die Ausgangsströme I_Q betragen dabei zwischen + 12 mA und − 12 mA.

4.13 Spannungs/Frequenz-Wandler

Mit dem U/f-Wandler nach *Abb. 4.15* können Gleichspannungen zwischen 0 und + 3 V in Frequenzen zwischen 0 und 30 kHz umgesetzt werden. Der Wandler arbeitet im gesamten Bereich mit hoher Linearität.

Die Eingangsspannung U_i gelangt über zwei 15-kΩ-Widerstände zum N- und P-Eingang des Operationsverstärkers OV 1. Der Gegenkopplungswiderstand besitzt ebenfalls 15 kΩ, womit die Verstärkung 1 beträgt. Der Feldeffekttransistor BF 244 B ist ein selbstleitender Typ. Befindet er sich im gesperrten Zustand, so beläuft sich die Verstärkung von OV 1 auf + 1, im umgekehrten Fall auf − 1.

Gehen wir davon aus, daß der FET im Augenblick leite; dann ruft die positive Eingangsspannung U_i am Ausgang von OV 1 eine gleichgroße, aber negative Spannung hervor. Sie gelangt zum Integrator mit dem Operationsverstärker OV 2 und läßt an dessen Anschluß 6 eine in positiver Richtung zeitlinear ansteigende Spannung entstehen, die den N-Eingang

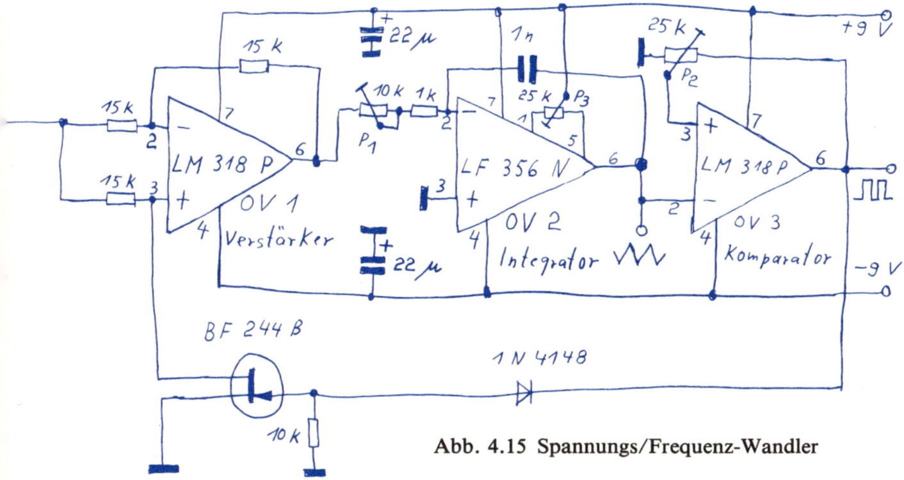

Abb. 4.15 Spannungs/Frequenz-Wandler

des Komparators (OV 3) steuert. Sobald diese einen definierten Schwellwert, der durch die Einstellung von P_2 gegeben ist, überschreitet, schaltet OV 3 um und liefert ein negatives Signal zum Gate des FET, der hierdurch sperrt. Daraufhin wird die Spannung U_i um den Faktor „ – 1" verstärkt und der Integrator erhält ein positives Eingangssignal, das ausgangsseitig eine in negativer Richtung zeitlinear ansteigende Spannung hervorruft. Diese läßt nach Erreichen eines bestimmten Wertes den Komparator abermals ansprechen, so daß der FET in den leitenden Zustand überführt wird. Damit ist wieder der Ausgangszustand hergestellt und das Spiel beginnt von vorn.

Der Integrator liefert also eine Dreieckschwingung, der Komparator eine Rechteckschwingung. Je höher nun die Spannung U_i ist, desto steiler verlaufen die Dreiecksignale und in desto kürzeren Zeitintervallen läßt der Komparator den FET umschalten. Dies heißt nichts anderes, als daß die Schwingungen entsprechend schneller ablaufen. Der Wandler erzeugt mithin Dreieck- und Rechtecksignale, deren Frequenz der Spannung U_i proportional ist. (Nähere Angaben über die Wirkungsweise von Integratoren oder Integrierern sind in den Abschnitten 11.4 und 11.5 des vorliegenden Buches zu finden).

Die Kalibrierung erfolgt bei einer Eingangsspannung von 1,5 V mittels der Trimmpotis P1 und P2 auf die Frequenz 15 kHz. Anschließend wird ein Nachabgleich in der Weise vorgenommen, daß man bei U_i = 5 mV die Signalfrequenz mit dem Offsetspannungs-Trimmpoti P3 auf 50 Hz einstellt. Hiermit ist ein exaktes Arbeiten des Wandlers auch bei verhältnismäßig kleinen Eingangsspannungen sichergestellt. (Beim Mustergerät kamen die Schleifer von P1 und P2 durch den Abgleich jeweils etwa in Bereichsmitte zu stehen.)

Abb. 4.16 zeigt den Zusammenhang zwischen der Eingangsspannung U_i und der Frequenz f grafisch auf. Die Rechteckspannung des Komparators verläuft symmetrisch und beträgt durchgehend 13 V_{ss}. Die Schaltung läßt sich auch als spannungsgesteuerter Oszillator zum Erzeugen von Dreieck- und Rechteckschwingungen verwenden.

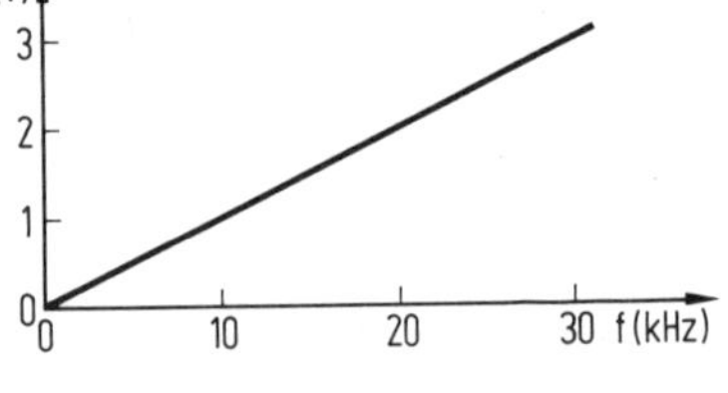

Abb. 4.16 Frequenz f des U/f-Wandlers in Abhängigkeit von der Eingangsspannung U_i

4.14 Frequenz/Spannungs-Wandler

Der f/U-Wandler nach *Abb. 4.17* setzt Frequenzen von 0–20 kHz in Gleichspannungen von 0–10 V um, wobei die Ansprechschwelle der Eingangsstufe 1,5 V_{ss} beträgt. *Abb. 4.18* zeigt die Abhängigkeit der Ausgangsspannung U_Q von der Frequenz f grafisch auf.

Die Eingangsspannung kann eine beliebige Kurvenform aufweisen. Sie gelangt zu einem Schmitt-Trigger mit dem Operationsverstärker TBB 0748 B, der sie in eine Rechteckspannung mit definierten Flanken und gleichbleibender Amplitude von 25 V umwandelt. (Nähere Angaben über die Arbeitsweise von Schmitt-Triggern sind in den Abschnitten 8.1, 8.2 und 8.4 des vorliegenden Buches zu finden). Die Rechteckspannung wird über eine Diode dem Schaltkreis HEF 4047 BP zugeleitet, der einen monostabilen Multivibrator darstellt. Er liefert ebenfalls Rechteckschwingungen, deren Tastverhältnis aber frequenzabhängig ist. Mit zunehmender Frequenz werden deren positive Scheitel breiter gegenüber den negativen, womit das Voltmeter am Ausgang des Bessel-Tiefpasses 2. Ordnung mit dem Operationsverstärker LF 355 N eine entsprechend höhere Spannung anzeigt. Der Tiefpaß als solcher hat hier allein die Aufgabe, die vom Mo-

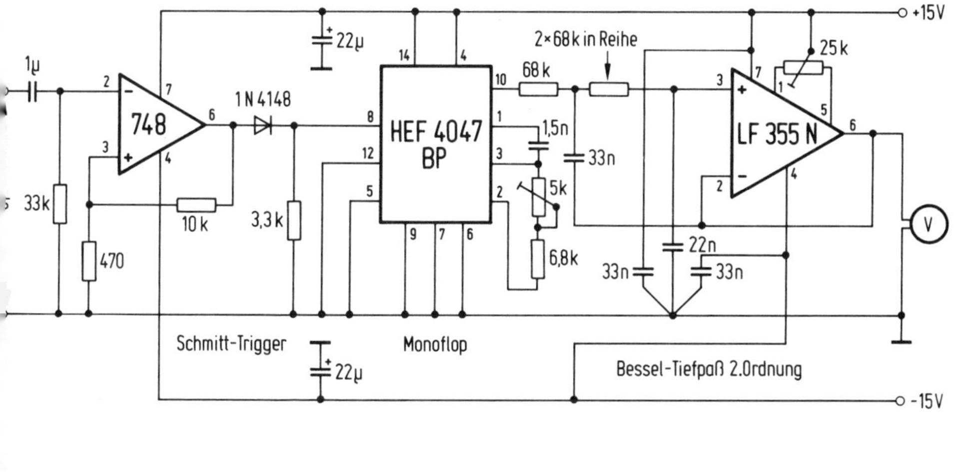

Abb. 4.17 Frequenz/Spannungs-Wandler

noflop abgegebenen Rechteckschwingungen zu glätten. Bei f = 20 kHz (Anzeige = 10 V) beträgt deren Tastverhältnis etwa 2:1 (positiv/negativ).

Vom Schaltungsaufbau her bestehen bei dem f/U-Wandler keine Probleme. Es ist aber unbedingt darauf zu achten, daß die drei an Masse führenden Kondensatoren des Tiefpasses sternpunktförmig daran angeschlossen werden, wie im Schaltbild schon angedeutet. Andernfalls neigt diese Stufe zu Eigenschwingungen. Die Diode 1 N 4148 schützt das Monoflop vor negativen Eingangsimpulsen, die es zerstören würden.

Zum Abgleich des Wandlers ist bei f = 0 (offener Eingang) das 25-kΩ-Trimmpoti für die Offsetspannung auf Nullanzeige des Instrumentes einzustellen. Danach wird bei f = 10 kHz der 5-kΩ-Trimmer so justiert, daß das Meßgerät 5 V anzeigt. Damit stimmt die Kalibrierung automatisch auch für alle übrigen Werte innerhalb des Bereiches 0–20 kHz.

Als Spannungsmesser kann entweder ein Drehspulvoltmeter mit 10 V Vollausschlag oder ein Digital-Einbauvoltmeter mit einem Meßbereich bis 19,99 V verwendet werden, der dann eben nur zur Hälfte ausgenutzt wird. Ausführlicher ist die Wirkungsweise von Tiefpässen in den Abschnitten 12.1 bis 12.4 und 12.7 dieses Buches erklärt.

Die Daten des TBB 0748 B sind folgende:

Grenzdaten	*Kenndaten*	
$U_b = \pm 18$ V	$I_b = 1{,}7$ mA	$v_o = 100$ dB
$U_i = \pm U_b$ (max. ± 15 V)	$R_i = 2$ MΩ	$B_1 = 3$ MHz
$U_{id} = \pm 30$ V	$I_i = 80$ nA	$\frac{dU_Q}{dt} = 5{,}5$ V/µs
$T_u = 0$–70 °C	$R_Q = 75$ Ω	
	$U_{io} = 6$ mV	
	$I_{Qs} = 18$ mA	

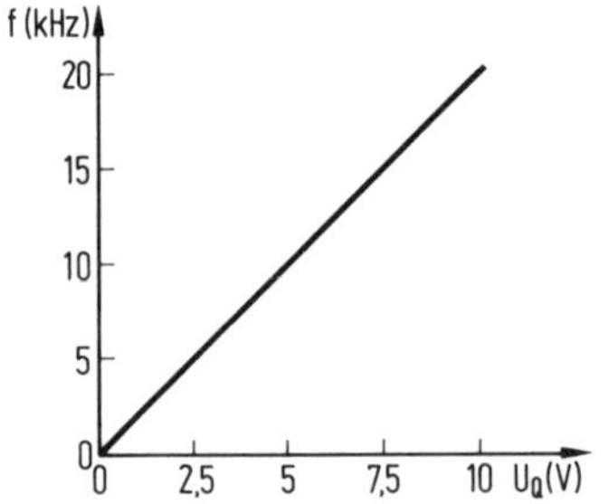

Abb. 4.18 Ausgangsspannung U_Q des f/U-Wandlers in Abhängigkeit von der Frequenz f

5 Oszillatoren

5.1 Multivibrator

In *Abb. 5.1* ist die Schaltung eines Multivibrators angegeben, der Rechteckschwingungen mit der Periodendauer $T \approx 2{,}2 \cdot R \cdot C$ erzeugt. Die Dauer T ergibt sich in s, wenn man R in Ω und C in F bzw. R in MΩ und C in µF einsetzt. Die Gleichung hat zur Voraussetzung, daß $R_1 \approx R_2$ ist, wobei R_2 aus der Parallelschaltung der beiden 4,7-kΩ-Widerstände besteht.

In einer Meßreihe wurden bei verschiedenen R- und C-Werten folgende Frequenzen ermittelt:

R	C	f
47 kΩ	0,1 µF	100 Hz
47 kΩ	1 nF	10 kHz
10 kΩ	150 pF	166 kHz
10 kΩ	100 pF	220 kHz

Die Schwingungsamplitude ergab sich jeweils zu 8 V_{ss}. Bei entsprechend kleineren R- und C-Werten läßt sich die Frequenz bis auf über 1 MHz stei-

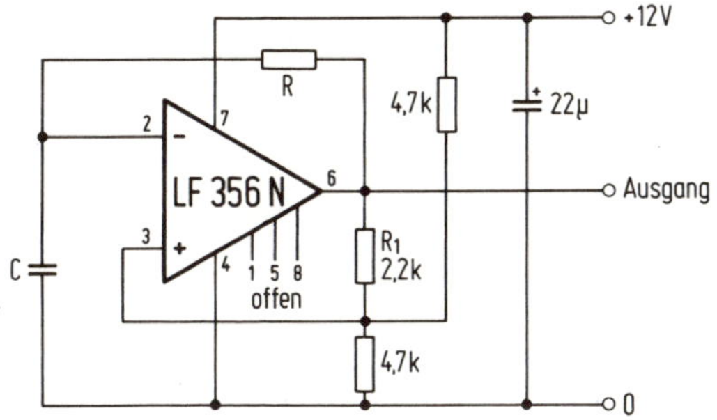

Abb. 5.1 Multivibrator

gern. Gleichzeitig wird die Form der Schwingungen jedoch mehr und mehr verschliffen und die Amplitude nimmt ab. Der Multivibrator arbeitet mit einer Speisespannung ab +4 V. Bei diesem Wert beträgt die Ausgangsspannungsamplitude 2 V_{ss}.

5.2 Taktgenerator mit Periodendauer 5 µs–2 min

Wird an die Schaltung in *Abb. 5.2* die Speisespannung angelegt, so ist der Kondensator C zunächst entladen und das Potential am N-Eingang des Operationsverstärkers beträgt Null. Die Spannung am Ausgang springt daher sogleich auf einen hohen positiven Wert. Nunmehr setzt vom Anschluß 5 her über den Widerstand R eine Aufladung von C ein, womit der N-Eingang zunehmend positiver wird. Erreicht die Spannung an C dann denjenigen Wert, der am P-Eingang herrscht, so schaltet der Operationsverstärker um und sein Ausgang kommt auf Nullpotential zu liegen. Daraufhin beginnt C sich über R zu entladen. Ist dieser Vorgang genügend weit fortgeschritten, schaltet der OPV abermals um, und das Spiel beginnt von neuem.

Es entstehen so nahezu symmetrische Rechteckimpulse mit einer Amplitude von etwa 10 V_{ss}, deren Periodendauer sich zu $T \approx 2{,}2 \cdot R \cdot C$ ergibt. Mit C-Werten zwischen 10 µF und 100 pF lassen sich also Zeiten von ungefähr 120 s bis zu 5 µs erreichen. Dies entspricht Frequenzen zwischen 8 mHz und 200 kHz, wobei ab etwa 100 kHz die Anstiegsflanken der Rechteckimpulse an Steilheit verlieren.

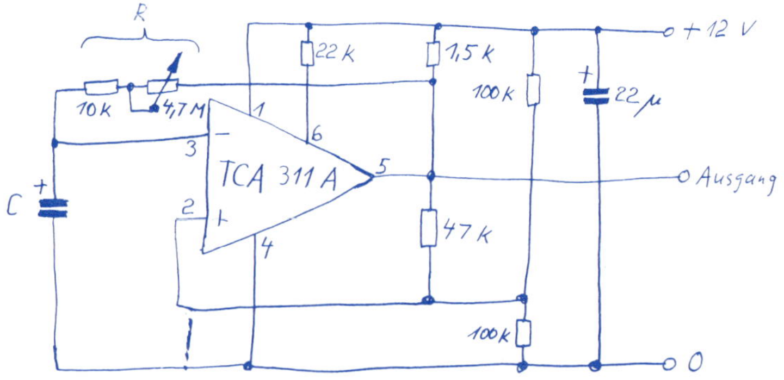

Abb. 5.2 Taktgenerator mit Periodendauer 2 min ... 5 µs

Bei einem Vorwiderstand von 10 kΩ ist der Einstellbereich des 4,7-MΩ-Potentiometers verhältnismäßig groß und die Einstellgenauigkeit entsprechend gering. Soll diese gesteigert werden, so empfiehlt es sich, den Vorwiderstand größer und das Poti kleiner zu bemessen. Die beste Einstellgenauigkeit und die höchste Frequenzkonstanz, auch in bezug auf Änderungen der Umgebungstemperatur, werden bei Verwendung eines Cermet- bzw. Mehrgang-Potis und eines Vorwiderstandes in Metallschicht-Ausführung erzielt. Der Kondensator sollte ein hochwertiger Typ mit kleinem Leckstrom sein.

Der Operationsverstärker ist mit Darlington-Eingang und zwei offenen Ausgängen versehen (Anschlüsse 5 und 6). Letztere benötigen deshalb je einen externen Arbeitswiderstand (1,5 kΩ, 22 kΩ). - Die Schaltung kann mit 5-30 V betrieben werden. Auf die Frequenz hat der Speisespannungswert so gut wie keinen Einfluß.

Der Operationsverstärker TCA 311 A weist folgende Daten auf:

Grenzdaten	*Kenndaten*	
$U_b = \pm 15$ V	$I_b = 1{,}5$ mA	$v_o = 85$ dB
$U_{id} = \pm U_b$ (max. ± 13 V)	$R_i = 3$ MΩ	$B_1 = 80$ kHz
$I_Q = 70$ mA	$I_i = 30$ nA	$\frac{dU_Q}{dt} = 30$ V/µs
$T_u = 0\text{–}70$ °C	$U_{io} = 15$ mV	
	$I_{io} = 10$ nA	

5.3 Astabile Kippstufe mit Timer

Die integrierte Schaltung in *Abb. 5.3* stellt einen sogenannten „Timer" oder Zeitschalter dar. Er enthält zwei Komparatoren, ein Ausgangsgatter und eine Entladestufe für den zeitbestimmenden Kondensator C. Man kann ihn vorteilhaft auch zum Erzeugen von Rechteckschwingungen benutzen.

Das Aufladen des Kondensators erfolgt über die Widerstände R_1 und R_2, das Entladen über den Widerstand R_2, wobei Anschluß 7 intern auf Masse geschaltet wird. Die Periodendauer errechnet sich zu

$$T \approx 0{,}7 \cdot (R_1 + 2 \cdot R_2) \cdot C.$$

Bei $R_1 = R_2 = 100$ kΩ und $C = 3{,}3$ nF ist also

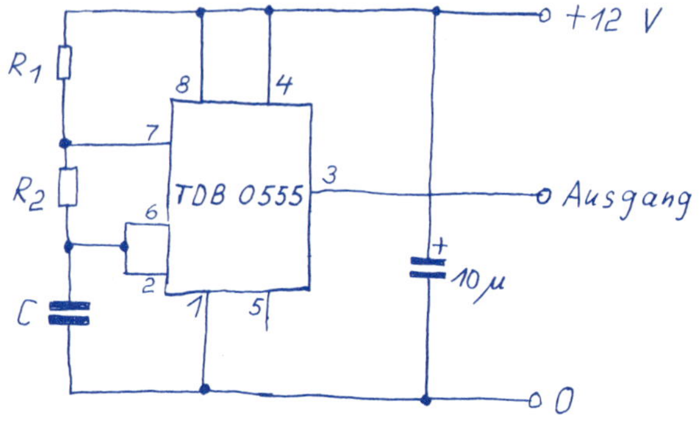

Abb. 5.3 Astabile Kippstufe mit Timer

$$T \approx 0{,}7 \cdot (100\ \text{k}\Omega + 2 \cdot 100\ \text{k}\Omega) \cdot 3{,}3\ \text{nF} = 0{,}7 \cdot 3 \cdot 10^5\ \Omega \cdot 3{,}3 \cdot 10^{-9}\ \text{F} = 0{,}7\ \text{ms},$$

was einer Frequenz von 1,43 kHz entspricht.

Ist $R_1 = R_2$, so beträgt das Tastverhältnis 2:1, das heißt, die positiven Scheitel der Rechteckspannung sind doppelt so breit wie die negativen. Je kleiner man R_1 gegenüber R_2 wählt, desto mehr nähert sich das Tastverhältnis dem Wert 1. Mit $R_1 = 470\ \Omega$, $R_2 = 4{,}7\ \text{k}\Omega$ und $C = 1$ nF wurde eine Oszillatorfrequenz von 170 kHz bei einem Tastverhältnis von 1,1 gemessen. R_1 sollte maximal etwa 10 MΩ betragen, R_2 470 kΩ.

Die Kippstufe arbeitet auch dann, wenn der Reset-Eingang (Anschluß 4) offen ist. Verbindet man ihn mit Masse, so werden die Schwingungen blockiert und der Ausgang des Timers kommt auf Nullpotential zu liegen.

Die Daten des Timers TDB 0555 (= 555) sind folgende:

Grenzdaten	*Kenndaten*
U_b = 16 V	I_b = 8 mA
I_Q = 225 mA	I_i = 0,1 µA
P_{tot} = 600 mW	
T_u = 0–70 °C	

5.4 Netzsynchroner Rechteckgenerator

Die Schaltung *in Abb. 5.4* ist ebenfalls mit einem Timer versehen, der hier als monostabiler Multivibrator mit externer Triggerung arbeitet. Die Steu-

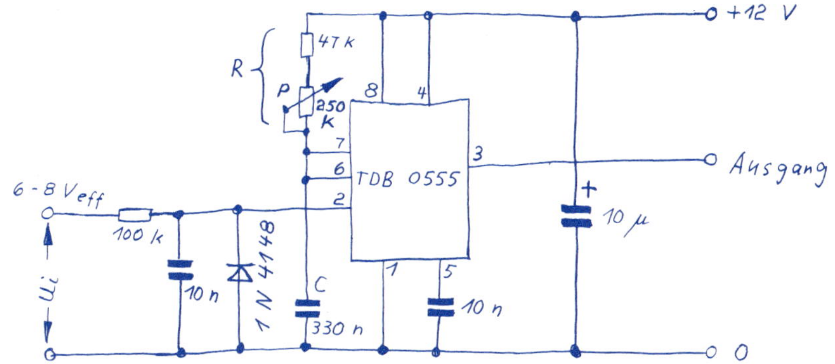

Abb. 5.4 Netzsynchroner Rechteckgenerator (nach Unterlagen der Siemens AG)

erimpulse entstammen einem Netz-Trenntransformator mit 6–8 V Ausgangsspannung, deren negative Halbwellen durch eine Gleichrichterdiode unwirksam gemacht werden.

Bei einer Frequenz von 50 Hz beträgt die Schwingungsdauer $T = \frac{1}{f} = \frac{1}{50\ \text{Hz}} = 20\ \text{ms}$. Stellt man das Potentiometer P so ein, daß die Aufladung des Kondensators C bis zum Schwellenwert des Timers innerhalb von 20 ms abgeschlossen ist, so wird das IC durch die netzsynchronen Steuerimpulse jeweils nach 20 ms zum Ansprechen gebracht, womit ausgangsseitig Rechteckimpulse mit einer Periodendauer T von ebenfalls 20 ms entstehen. Erteilt man P indessen eine solche Einstellung, daß die Aufladung von C zwischen 20 und 40 ms dauert, so kann die Triggerung nur durch jeden zweiten Impuls erfolgen. Damit beläuft sich die Periodendauer T auf 40 ms. Bei weiterer Veränderung von P zu höheren Ohmwerten hin verlängert sich T auf 60, 80, 100 ms und so fort bis zu maximal 200 ms, immer in Schritten von 20 ms.

Die Rechteckschwingungen, deren Verlauf in *Abb. 5.5* wiedergegeben ist, sind also starr netzsynchronisiert und deshalb von hoher Frequenzkonstanz. Die Summe der Zeiten t_1 und t_2 entspricht jeweils der Periodendauer T, wobei t_2 gleichbleibend 7 ms beträgt. Lediglich bei T = 20 ms ist t_2 kleiner und beläuft sich auf 2,5 ms. Die Dauer des positiven Scheitels errechnet sich zu $t_1 \approx 1{,}1 \cdot R \cdot C$.

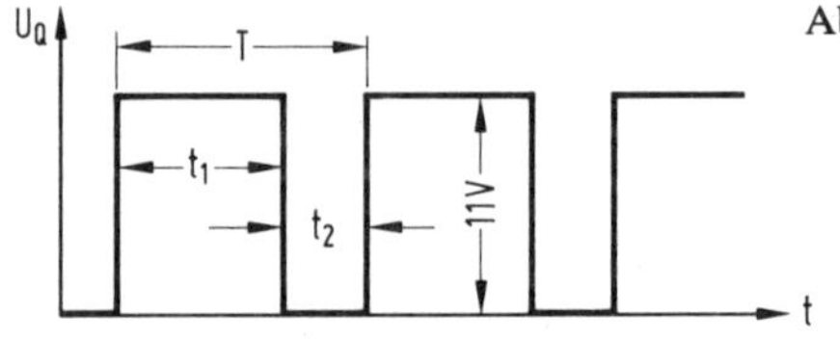

Abb. 5.5 Ausgangsspannung des netzsynchronen Rechteckgenerators

5.5 Rechteckgenerator mit einstellbarem Tastverhältnis

Der Operationsverstärker IC_1 in der Schaltung nach *Abb. 5.6* arbeitet als Dreieckgenerator nach dem Integrationsprinzip; IC_2 stellt die zugehörige Schaltstufe dar. Die Dreieckschwingungen gelangen zu einem Komparator mit IC_3, der sie in Rechteckwellen umsetzt. Deren Tastverhältnis läßt sich mittels des Potentiometers P2 in einem verhältnismäßig weiten Bereich verändern, und zwar von 10 : 1 (positiver zu negativem Scheitel) über 1 : 1 bis zu 1 : 10 (negativer zu positivem Scheitel). Je mehr der Schleifer von P2 nach „unten" hin verstellt wird, desto breiter werden die positiven Anteile der Rechteckimpulse und desto schmaler die negativen. Dreht man den Schleifer in die entgegengesetzte Richtung, so nehmen die negativen Scheitel an Breite zu und die positiven ab.

Die Frequenz wird durch die Werte von R und C bestimmt. Sie wurde bei R = 54,7 kΩ und C = 10 nF zu 4,2 kHz ermittelt, bei R = 4,7 kΩ und

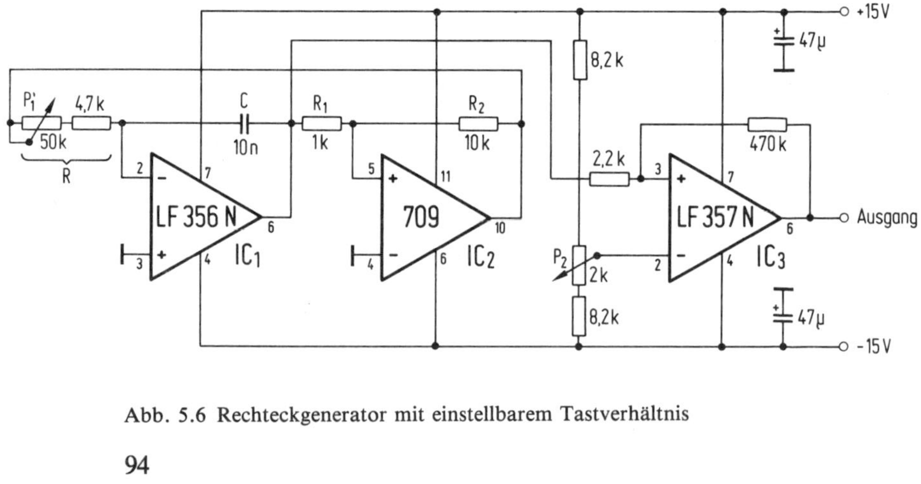

Abb. 5.6 Rechteckgenerator mit einstellbarem Tastverhältnis

$C = 10$ nF zu 45 kHz. Die Amplitude der Ausgangsspannung beträgt unabhängig von den Einstellungen der Potentiometer P1 und P2 etwa 25 V_{ss}.

Der Operationsverstärker TAA 521 A (= 709) besitzt folgende Daten:

Grenzdaten		*Kenndaten*			
U_b	$= \pm 18$ V	I_b	$= 2{,}5$ mA	I_{io}	$= 100$ nA
U_i	$= \pm U_b$ (max. ± 10 V)	R_i	$= 250$ kΩ	v_o	$= 90$ dB
U_{id}	$= \pm 5$ V	I_i	$= 0{,}3$ µA	B_1	$= 5$ MHz
P_{tot}	$= 300$ mW	R_Q	$= 150$ Ω	$\frac{dU_Q}{dt}$	$= 20$ V/µs
T_u	$= 0$–70 °C	U_{io}	$= 2$ mV		

(Bei den Angaben für das Verstärkungsbandbreiteprodukt und für die Anstiegsgeschwindigkeit handelt es sich um Maximalwerte entsprechend der äußeren Beschaltung des OPV).

5.6 LC-Oszillator

Ein LC-Oszillator erzeugt Sinusschwingungen, deren Frequenz sich aus dem Induktivitäts- und Kapazitätswert des zugehörigen Schwingkreises zu

$$f = \frac{1}{2\pi \cdot \sqrt{L \cdot C}}$$

ergibt. Diese Gleichung wird als *Thomson'sche Schwingungsformel* bezeichnet. Setzt man L in Henry ein und C in Farad, so erhält man f in Hertz.

Die Schaltung eines solchen Oszillators ist in *Abb. 5.7* angegeben. Beim Anlegen der Speisespannung wird der Kreis L–C zu Schwingungen angeregt, die über den P-Eingang des Operationsverstärkers eine Mitkopplung erfahren und deshalb aufrechterhalten werden. Dazu muß die Verstärkung größer als 1 sein. Sie beträgt hier

$$v = 1 + \frac{R_1}{R_2} = 1 + \frac{10\ \text{k}\Omega}{10\ \text{k}\Omega} = 1 + 1 = 2.$$

Die Widerstände R_1, R_2 und R_3 sind so bemesssen, daß sich bei optimaler Sinusform die größtmögliche Oszillatoramplitude ergibt. R_3 liegt dem

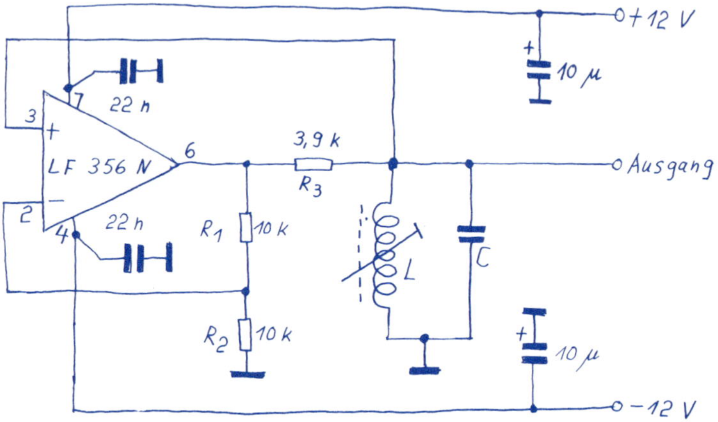

Abb. 5.7 LC-Oszillator

Schwingkreis über den niederohmigen OPV-Ausgang parallel und stellt damit eine Dämpfung für ihn dar. Wird R_3 kleiner als 1,2 kΩ gewählt, so beginnen sich Verzerrungen der Kurvenform bemerkbar zu machen. Bemißt man R_3 indessen größer als 3,9 kΩ, so nimmt zwar die externe Kreisdämpfung ab, zugleich aber auch die Amplitude der Sinuswellen, weil dann dem Schwingkreis vom Verstärkerausgang her weniger Energie zugeführt wird.

Die Spule L besteht aus 170 Windungen Kupferlackdraht von 0,2 mm ∅ auf einem Trolitul-Körper von 25 mm Länge und 6 mm Außendurchmesser mit zwei Wickelkammern sowie einem HF-Abgleich-Gewindekern M 5×0,75 mm (rosa). Ihre Induktivität beträgt bei eingedrehtem Kern 240 µH, bei ausgedrehtem 130 µH.

Eine Meßreihe ergab bei verschiedenen L- und C-Werten folgende Frequenzen und Ausgangsspannungen:

L (µH)	C (pF)	f (MHz)	U_Q (V_{ss})
130	100	1,1	2,2
240	100	0,66	4,5
130	560	0,625	4,2
240	560	0,4	8,5
140	3 300	0,25	5
240	3 300	0,166	13,6

(Bei C = 3 300 pF darf man den Spulenkern nicht ganz ausdrehen, da sonst die Schwingungen abreißen).

Will man einen niedrigeren Ausgangswiderstand erzielen, so wickelt man zur Schwingungsentnahme auf die Kreisspule zusätzlich eine Auskoppelspule. Beträgt deren Windungszahl beispielsweise $\frac{1}{10}$ der Kreisspulenwindungszahl, so steht an ihr zwar nur $\frac{1}{10}$ der Spannung zur Verfügung. Der Ausgangswiderstand geht indessen auf $\frac{1}{100}$ zurück, weil die Widerstandswandlung im Quadrat des Übersetzungsverhältnisses erfolgt.

Unmittelbar am Ausgang des Operationsverstärkers ist eine etwas verzerrte Dreieckspannung zu messen, deren Amplitude ungefähr das Doppelte der jeweiligen Sinusamplitude beträgt.

Soll der Oszillator mit nur einer Speisequelle betrieben werden, so kann man eine abgewandelte Schaltung nach *Abb. 5.8* benutzen. Da die Ausgangsspannung durch den 47-nF-Kondensator am Resonanzkreis nicht mehr erdsymmetrisch ist, wird man die Schwingungen hier über einen Auskoppelkondensator oder über eine Auskoppelspule abnehmen. Bei Frequenzen unter etwa 150 kHz ist der Kondensator C_1 größer als 100 pF zu bemessen.

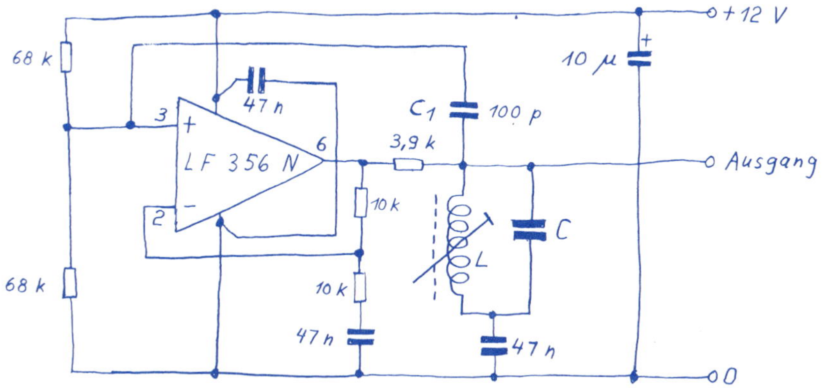

Abb. 5.8 Abgewandelte Schaltung eines LC-Oszillators

5.7 Quarzoszillator

Bei einem Schwingkreis ist im Resonanzfall der induktive Widerstand der Spule ebensogroß wie der kapazitive Widerstand des Kondensators. Für einen Serienschwingkreis bedeutet dies einen sehr kleinen, für einen Parallelschwingkreis einen sehr großen Resonanzwiderstand *(Abb. 5.9)*.

Ist eine besonders hohe Frequenzkonstanz gefordert, so wird anstelle eines Resonanzkreises mit Spule und Kondensator ein Schwingquarz benutzt, dessen Ersatzschaltung aus *Abb. 5.10* hervorgeht. Dieses zeigt auf, daß es eine Frequenz geben muß, bei welcher der Quarz als Serien-Resonanzkreis arbeitet, und eine weitere, bei der er als Parallel-Resonanzkreis wirkt. Für die Serien-Resonanzfrequenz gilt

$$f_s = \frac{1}{2\pi \cdot \sqrt{L \cdot C}}$$

und für die Parallel-Resonanzfrequenz

$$f_p = \frac{1}{2\pi \cdot \sqrt{L \cdot C}} \cdot \sqrt{1 + \frac{C}{C_p}}.$$

Diese Formeln machen deutlich, daß es vorteilhafter ist, einen Quarz in Serien-Resonanz zu betreiben, weil hier nur die Größen L und C frequenzbestimmend sind und die weniger genau definierte Schaltkapazität C_p ohne Einfluß bleibt. Die Abweichung zwischen f_s und f_p liegt in der Größenordnung von Promille, wobei eben f_s stets kleiner als f_p ist.

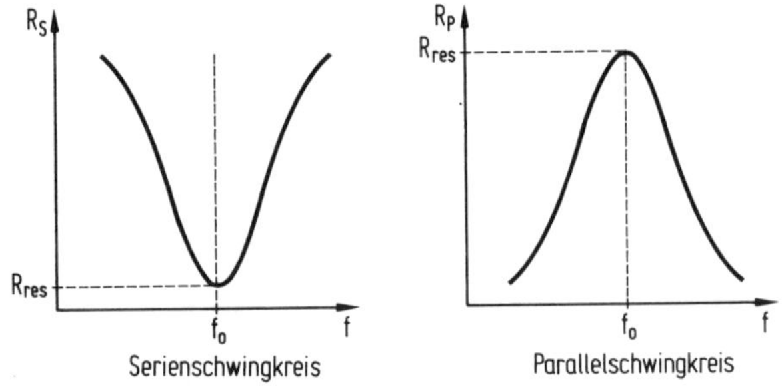

Abb. 5.9 Resonanzwiderstand eines Serien- und eines Parallelschwingkreises

Abb. 5.10 Ersatzschaltbild eines Schwingquarzes. Für einen 4-MHz-Quarz sind folgende Werte charakteristisch: L = 0,1 H, R = 100 Ω, C = 0,016 pF, C_p = 5 pF

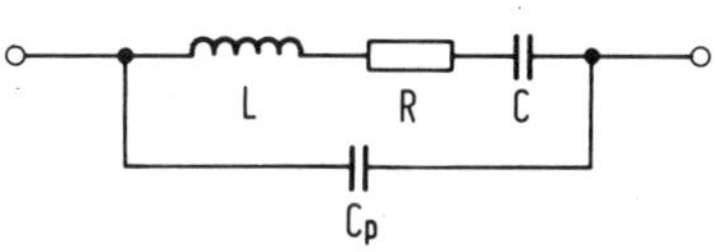

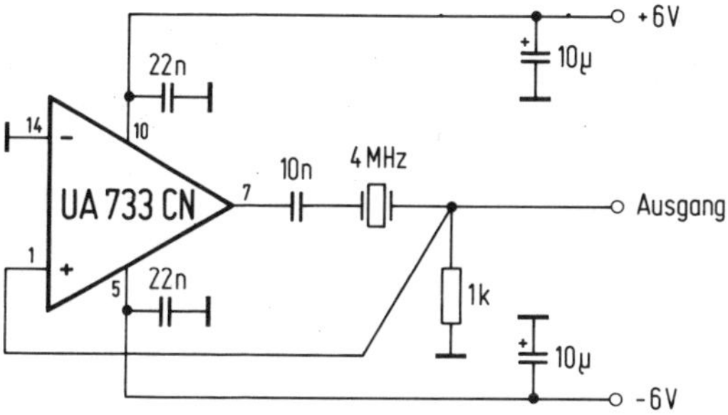

Abb. 5.11 Quarzoszillator für 4 MHz

Abb. 5.11 zeigt die Schaltung eines 4-MHz-Oszillators, bei dem der Quarz in Serienresonanz betrieben wird. Die Serienresonanz ist daran erkennbar, daß man bei Verwendung eines LC-Schwingkreises anstelle des Quarzes diesen als Serienkreis betreiben müßte, damit die Schaltung schwingt. Der Oszillator liefert nullsymmetrische Sinusschwingungen mit einer Amplitude von 1,6 V_{ss}. Der Operationsverstärker UA 733 CN weist folgende Daten auf:

Grenzdaten	*Kenndaten*	
U_b = ±8 V	I_b = 16 mA	B_1 > 300 MHz
U_i = ±6 V	R_i = 250 kΩ	
U_{id} = ±5 V	I_i = 9 µA	
I_Q = 10 mA	R_Q = 20 Ω	
P_{tot} = 500 mW	I_{io} = 0,4 µA	
T_u = 0–70 °C		

5.8 Sinusgenerator mit Wien-Robinson-Brücke

Die Prinzipschaltung eines Sinusgenerators mit Wien-Robinson-Brücke ist in *Abb. 5.12* angegeben. Der linke Brückenzweig besteht aus einem Hoch- und einem Tiefpaß, deren Widerstände und Kondensatoren jeweils gleiche Werte besitzen. ($R_1 = R_2 = R$, $C_1 = C_2 = C$). Bei einer ganz bestimmten Frequenz, die sich zu

$$f = \frac{1}{2\pi \cdot R \cdot C}$$

ergibt, weist die Ausgangsspannung U_Q die gleiche Phasenlage wie die Eingangsspannung U_i auf. Die Spannung U_Q beträgt hierbei genau ein Drittel des Wertes von U_i. Weicht die Frequenz der Spannung U_i indessen von der Frequenz f ab, so verschiebt sich die Phasenlage von U_Q gegenüber der von U_i. Dies bedingt ein Sinken der Spannung U_Q auf einen Wert unterhalb von $1/3 \cdot U_i$.

Die Widerstände R_3 und R_4 des rechten Brückenzweiges sind so bemessen, daß R_3 doppelt so groß ist wie R_4. Die Spannung U_1 beträgt also ebenfalls ein Drittel der Spannung U_i. Da es sich in diesem Zweig um rein ohmsche Widerstände handelt, ist U_1 phasengleich mit U_i.

Die Spannung U_2 stellt die Differenz der Spannungen U_Q und U_1 dar. Sie ist sehr klein und dient als Steuerspannung für den Operationsverstär-

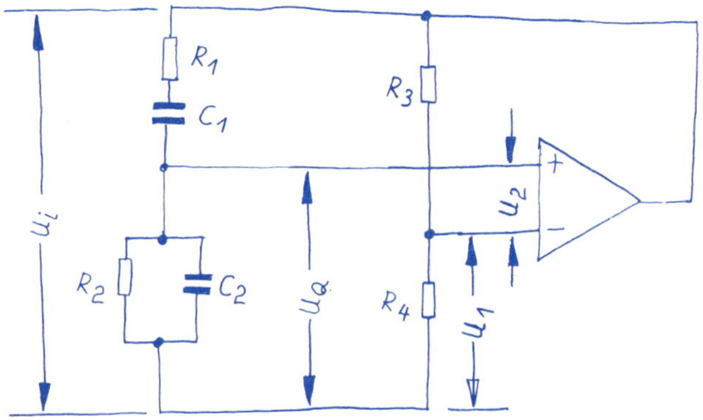

Abb. 5.12 Prinzipschaltung eines Sinusgenerators mit Wien-Robinson-Brücke

ker. Da die Spannung U_Q zum P-Eingang führt, erfährt sie im OPV keine Phasendrehung, womit die Spannung U_i wieder gleichphasig mit U_Q ist. Beläuft sich der Verstärkungsgrad auf mindestens 3, so gerät die Schaltung wegen der Rückkopplung des OPV-Ausgangssignals auf die Wien-Robinson-Brücke ins Schwingen.

Bei einem Verstärkungsfaktor von mehr als 3 können neben der Grundfrequenz f noch weitere Frequenzen entstehen, so daß die Schwingungen nicht mehr rein sinusförmig sind. Liegt die Verstärkung indessen nur sehr knapp über 3, so ergeben sich Sinuswellen von nahezu idealer Kurvenform. Es werden dann alle Frequenzen unterdrückt, die von f abweichen, weil ja die Spannung U_Q nur für f ein Drittel von U_i beträgt. Damit ist für sämtliche übrigen Frequenzen die Rückkopplungsbedingung nicht mehr erfüllt.

Eine Stabilisierung der Gesamtverstärkung auf einen Wert von wenig mehr als 3 und somit zugleich eine Stabilisierung der Schwingungsamplitude läßt sich erreichen, indem man als Widerstand R_4 beispielsweise einen entsprechend gesteuerten Feldeffekttransistor benutzt.

Dieses Verfahren wird bei dem Generator nach *Abb. 5.13* angewandt. OV 1 dient in der geschilderten Weise zum Erzeugen der Sinusschwingungen, während OV 3 als Ausgangsverstärker wirkt (v = 9,2). Die Aus-

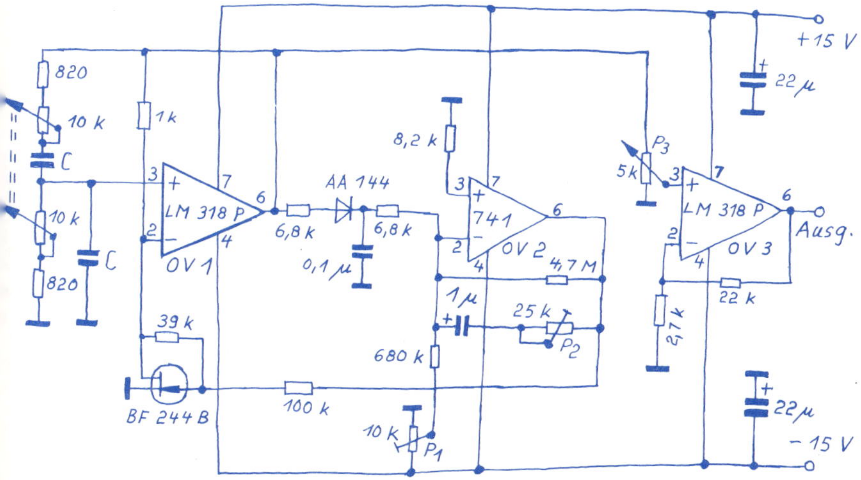

Abb. 5.13 Sinusgenerator mit Wien-Robinson-Brücke

gangsamplitude läßt sich mittels des Potentiometers P_3 zwischen 0 und einem Höchstwert von 10 V_{ss} einstellen. Das Ausgangssignal von OV 1 wird über eine Gleichrichterschaltung zugleich dem Operationsverstärker OV 2 zugeführt, der die Steuerspannung für den Feldeffekttransistor liefert.

Das Einstellen der Frequenz erfolgt mittels des Tandem-Potentiometers 2×10 kΩ. Bei Verwendung umschaltbarer Kondensatoren C lassen sich folgende Bereiche realisieren:

C	f
1,5 µF	10 Hz - 110 Hz
0,15 µF	105 Hz - 1,2 kHz
15 nF	1 kHz - 12,5 kHz
1,5 nF	10 kHz - 110 kHz
130 pF	110 kHz - 1 MHz

Der Kondensator im höchsten Frequenzbereich fällt mit 130 pF aus der gewählten Abstufung heraus, weil sich hier bereits die Kapazitäten des Schaltungsaufbaues auswirken.

Das Trimmpotentiometer P2 dient zum Einstellen der Sinuswellen auf optimale Kurvenform und auf kürzestmögliche Einschwingzeit (unter 1 s). Der Abgleich wird im unteren Frequenzbereich vorgenommen.

Die am Ausgang von OV 1 auftretende Sinusspannung läßt sich mittels des Trimmers P1 zwischen etwa 0,6 V_{ss} und 2,3 V_{ss} verändern. P1 ist so einzustellen, daß sich bei voll aufgedrehtem Potentiometer P3 am Ausgang die schon erwähnte Signalspannung von 10 V_{ss} ergibt. Die Amplitude bleibt innerhalb des gesamten Frequenzbereichs nahezu gleich.

Der minimale Lastwiderstand bei 10 V_{ss} ist 1 kΩ; er nimmt mit der Ausgangsspannung ab. Wird ein kleinerer Ausgangswiderstand des Generators gewünscht, so schaltet man ihm einen Spannungsfolger nach.

Für Meß- und Prüfzwecke ist es oft zweckmäßig, außer Sinusschwingungen auch Rechteckwellen zur Verfügung zu haben. Diese lassen sich gemäß *Abb. 5.14* mit einem Komparator des Typs LM 311 P bei nur geringem Schaltungsaufwand aus dem Sinussignal gewinnen. Der Eingang des Wandlers ist an Pin 6 von OV 1 anzuschließen. Durch die Z-Diode ZPD 4,3 bleibt die Rechteckspannung auf 4,3 V_{ss} begrenzt und kann somit auch zum Ansteuern von TTL-Schaltkreisen benutzt werden.

Der LM 311 P ist ausgangsseitig mit einem Schalttransistor versehen *(Abb. 5.15)* und weist folgende Daten auf:

Grenzdaten		*Kenndaten*	
U_b	$= \pm 18$ V	I_b	= 5 mA
U_i	$= \pm 15$ V	I_i	= 100 nA
U_{id}	$= \pm 30$ V	U_{io}	= 2 mV
P_{tot}	= 500 mW	I_{io}	= 6 nA
T_u	= 0–70 °C	$\frac{dU_Q}{dt}$	= 50 V/µs

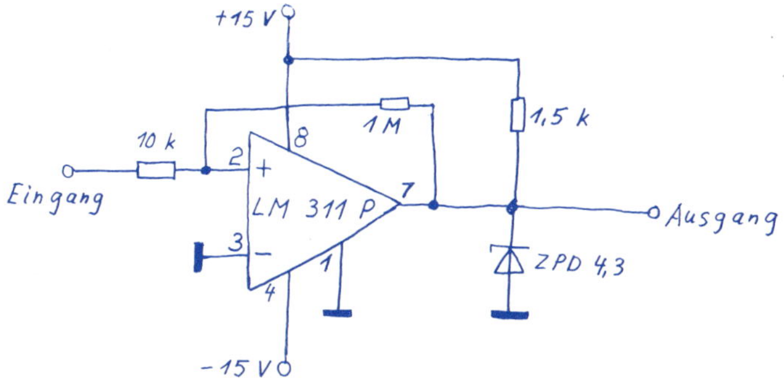

Abb. 5.14 Umwandeln von Sinus- in Rechteckschwingungen mittels des Komparators LM 311 P

Abb. 5.15 Schaltung des Komparators LM 311 P (nach Unterlagen der Firma Texas Instruments Deutschland GmbH)

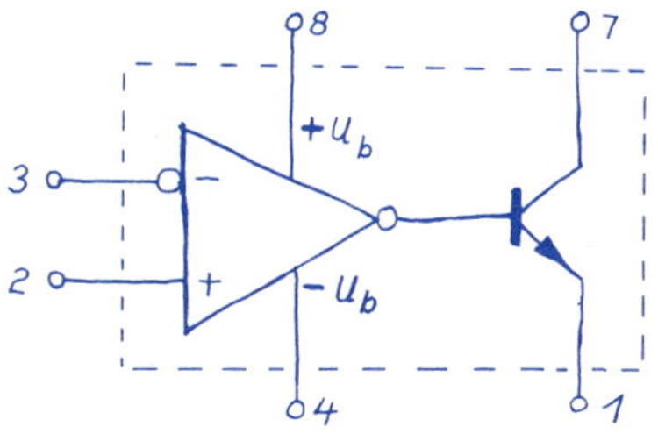

5.9 Sägezahngenerator

Bei dem Generator nach *Abb. 5.16* arbeitet der Operationsverstärker OV 1 als Integrator und OV 2 als Schaltstufe. OV 1 liefert Sägezahn- und OV 2 Rechteckschwingungen. Die Rückkopplung der Rechteckwellen vom Schleifer des Potentiometers P3 zum N-Eingang von OV 1 erfolgt

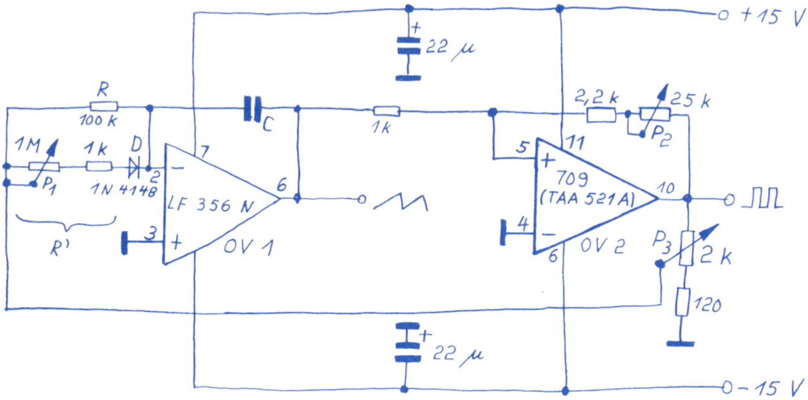

Abb. 5.16 Sägezahngenerator

auf zwei Wegen, nämlich einmal über den Widerstand R und weiterhin über den Widerstand R' in Reihe mit einer Diode D. Der letztere Weg ist nur dann wirksam, wenn die an D in Leitrichtung anliegende Spannung mindestens ebensogroß wie die Durchlaßspannung ist.

Mit dem Potentiometer P1 lassen sich das Verhältnis zwischen Anstiegs- und Abfallzeit der Sägezahnspannung und das Tastverhältnis der Rechteckspannung verändern. Beläuft sich R' auf 1 kΩ, so beträgt das Anstiegs-/Abfallzeit-Verhältnis der Sägezahnschwingungen 100:1, das Tastverhältnis der Rechteckschwingungen 1:100. Bei R' = 1 MΩ gilt für beide Verhältnisse ein Relativwert von etwa 1:1.

Mit C-Werten zwischen 10 nF und 100 pF lassen sich je nach Einstellung der Potentiometer P1–P3 Frequenzen von ungefähr 1 kHz bis zu 80 kHz erzielen, wobei die Amplitude der Sägezahnspannung 11–3 V_{ss} und die Rechteckspannung nahezu gleichbleibend um 22 V_{ss} beträgt.

5.10 Dreieck-Rechteck-Generator

Im Gegensatz zu *Abb. 5.16* liefert der Generator nach *Abb. 5.17* Dreieck- und Rechteckschwingungen symmetrischer Kurvenform. Er stellt die Ringschaltung eines Integrators und eines Schmitt-Triggers dar. Die Oszillatorfrequenz ergibt sich zu

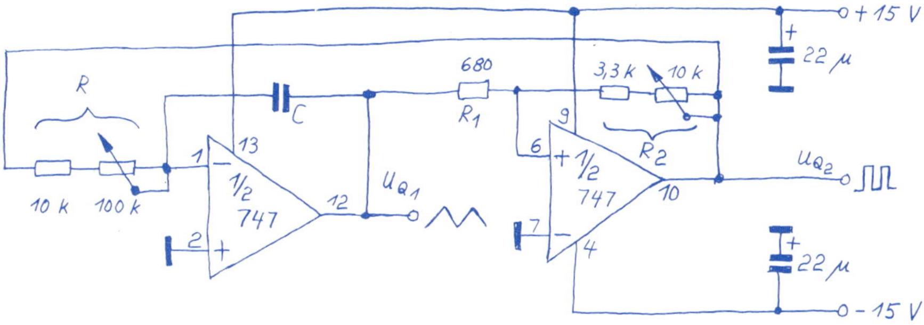

Abb. 5.17 Dreieck-Rechteck-Generator

$$f = \frac{1}{4 \cdot R \cdot C} \cdot \frac{R_2}{R_1} \; .$$

Man kann natürlich auch mit einem festen Widerstandsverhältnis R_2/R_1 arbeiten, so daß die Frequenz f nur mit R bzw. C verändert wird. In jedem Fall muß R_2 größer als R_1 sein, da sonst die Schaltung nicht schwingt.

In einer Meßreihe mit C gleich jeweils 0,1 µF wurden folgende Ergebnisse ermittelt:

R (kΩ)	R_2 (kΩ	f (kHz)	U_{Q1} (V_{ss})	U_{Q2} (V_{ss})
110	3,3	0,1	5,5	25
110	13,3	0,4	1,4	25
10	3,3	1,1	5,5	25
10	13,3	4	1,6	25

Der Doppel-Operationsverstärker TBB 0747 A (= 747) besitzt folgende Daten:

Grenzdaten

U_b = ± 18 V
U_i = ± U_b (max. ± 15 V)
U_{id} = ± 30 V
P_{tot} = 500 mW (je Verstärker allein, total 800 mW)
T_u = 0–70 °C

Kenndaten

I_b = 1,7 mA
R_i = 2 MΩ
I_i = 80 nA
R_Q = 75 Ω
U_{io} = 1 mV
I_{io} = 20 nA

I_{Qs} = 18 mA
v_o = 100 dB
B_1 = 1 MHz
$\frac{dU_Q}{dt}$ = 0,5 V/µs

5.11 Dreieck-Rechteck-Generator mit verbesserten Eigenschaften

Der Generator nach *Abb. 5.18* liefert ebenfalls symmetrische Dreieck- und Rechteckschwingungen. Auf Grund einer anderen Ausstattung sind indessen höhere Frequenzen erreichbar als mit der zuletzt beschriebenen Schaltung.

Die Frequenz läßt sich mittels der Potentiometer P1, P2 und P3 verändern, wobei mit P2 auch eine Veränderung der Dreieckamplitude bewirkt wird. Die Rechteckamplitude bleibt in jedem Fall unbeeinflußt.

Mit C-Werten zwischen 0,1 µF und 1 nF sind Frequenzen von 0,3 Hz bis zu 200 kHz bei Dreieckamplituden von 1–12 V_{ss} erzielbar. Die Rechteckamplitude beträgt gleichbleibend etwa 24 V_{ss}. Einige Meßwerte sind in nachstehender Tabelle zusammengefaßt:

C	P1	P2	P3	U_{Q1}	f
0,1 µF	100 k	0	b	10,6 V_{ss}	0,3 Hz
10 nF	100 k	0	b	11 V_{ss}	3 Hz
1 nF	100 k	0	b	11 V_{ss}	30 Hz
0,1 µF	0	25 k	a	1 V_{ss}	6,6 kHz
1 nF	0	0	a	12 V_{ss}	45 kHz
1 nF	0	25 k	a	2,5 V_{ss}	200 kHz

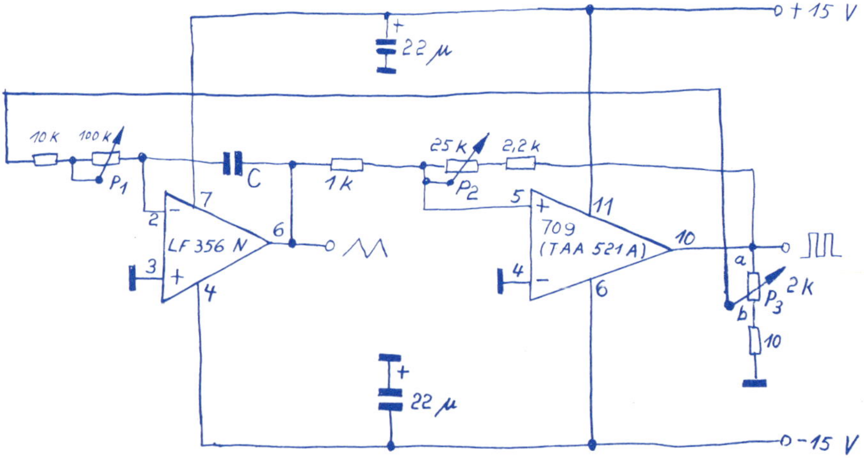

Abb. 5.18 Dreieck-Rechteck-Generator mit verbesserten Eigenschaften

5.12 Dreieck-Rechteck-Generator mit CMOS-Baustein

Der in *Abb. 5.19* vorgestellte Generator ist mit einem Doppel-Operationsverstärker in CMOS-Technik aufgebaut und nimmt daher einen Speisestrom von nicht mehr als 0,3 mA auf. Mit dem Potentiometer P lassen sich die Symmetrie der Dreieckschwingungen und das Tastverhältnis der Rechteckimpulse verändern. In Mittelstellung dieses Potis verlaufen die Dreiecke symmetrisch, während das Tastverhältnis 1:1 beträgt. Das Potentiometer R dient zum Einstellen der Frequenz.

Eine Meßreihe erbrachte bei Mittelstellung von P folgende Werte:

C	R	f (Hz)	Amplitude Rechteck (V_{ss})	Amplitude Dreieck (V_{ss})	I_b (mA)
0,1 µ	1 M	3,3	11	6,7	0,19
10 n	1 M	33	11	7,6	0,18
0,1 µ	40 k	100	11	8	0,3
1 n	1 M	300	11	8	0,18
10 n	40 k	1000	11	9	0,3
1 n	200 k	1400	11	9,6	0,2
100 p	400 k	4000	11	10,8	0,3
10 p	0	6600	11	10	0,175

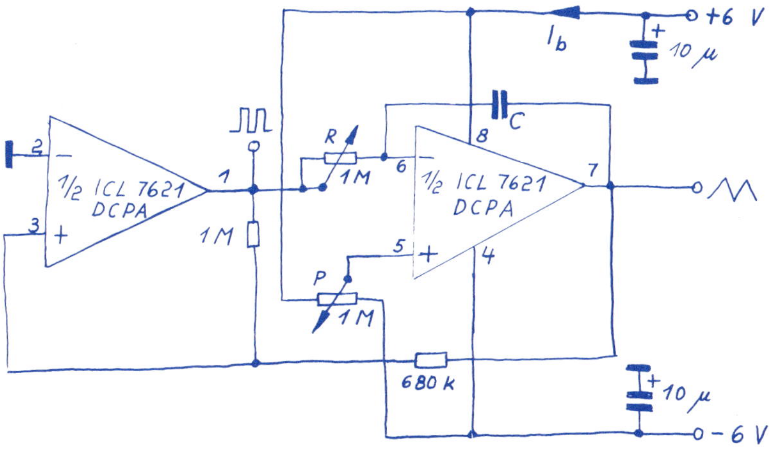

Abb. 5.19 Dreieck-Rechteck-Generator mit CMOS-Baustein

Der CMOS-Doppel-Operationsverstärker ICL 7621 DCPA weist folgende Daten auf:

Grenzdaten	*Kenndaten*	
$U_b = \pm 9\ V$	$I_b = 1\ mA$	$I_{io} = 30\ pA$
$U_i = \pm U_b$	$R_i = 10^{12}\ \Omega$	$v_o = 100\ dB$
$U_{id} = 2 \times U_i$	$I_i = 1\ pA$	$B_1 = 1{,}4\ MHz$
$T_u = 0\text{–}70\ °C$	$U_{io} = 15\ mV$	$\frac{dU_Q}{dt} = 1{,}6\ V/\mu s$

5.13 Funktionsgenerator

Der Funktionsgenerator nach *Abb. 5.20* erzeugt Dreieck- und Rechteckschwingungen bis zu Frequenzen von mehr als 1 MHz, die an Ausgängen mit 50 Ω Quellenwiderstand zur Verfügung stehen.

Der Baustein NE 566 N ist ein spannungsgesteuerter Oszillator hoher Linearität. Die Frequenz wird durch den Widerstand R und den Kondensator C sowie durch die am Steueranschluß V_c (Anschluß 5) anliegende Spannung U_c bestimmt. R sollte nicht kleiner als 2 kΩ und nicht größer als 20 kΩ sein. Die Oszillatorfrequenz ergibt sich näherungsweise zu

$$f = \frac{2 \cdot (U_b - U_c)}{R \cdot C \cdot U_b},$$

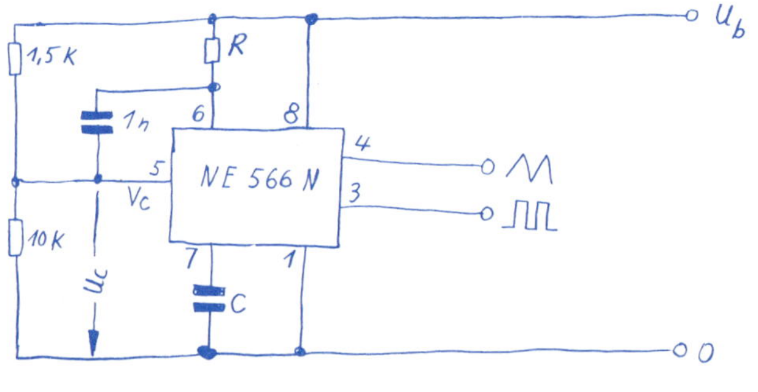

Abb. 5.20 Funktionsgenerator (nach Unterlagen der Firma Valvo)

wobei U_c größer als 0,75 · U_b und kleiner als U_b sein soll. U_b selbst kann zwischen 9 und 26 V betragen. Die Frequenzänderung in Abhängigkeit von der Speisespannung beläuft sich auf etwa 2%/V, wobei f mit zunehmendem U_b abnimmt.

Bei U_b = 15 V und verschiedenen R- und C-Werten wurden folgende Frequenzen und Amplituden gemessen:

R	C	f	Amplitude Dreieck (V_{ss})	Rechteck (V_{ss})
10 k	1 µ	33 Hz	2,8	7,6
10 k	0,1 µ	330 Hz	2,8	7,6
18 k	10 n	1,9 kHz	2,8	7,6
10 k	10 n	3,3 kHz	2,7	7,6
2,2 k	10 n	15 kHz	2,7	7,6
10 k	1 n	33 kHz	2,6	7,5
10 k	100 p	330 kHz	2,2	7,2
10 k	10 p	1,1 MHz	3,0	6,0
10 k	0	1,7 MHz	2,8	5,8

Die wichtigsten Daten des Funktionsgenerators NE 566 N sind:

Grenzdaten	*Kenndaten*
U_b = 26 V	I_b = 7 mA
P_{tot} = 300 mW	R_Q = 50 Ω
T_u = 0–70 °C	

6 Begrenzer

6.1 Begrenzer mit Ausgangssteuerung

Begrenzer haben die Aufgabe, Einzelimpulse oder stetig verlaufende Schwingungen von einem bestimmten Wert an in ihrer Höhe zu beschneiden.

Eine entsprechende Schaltung, bei der die Beschneidung ausgangsseitig mit Hilfe von Z-Dioden erfolgt, ist in *Abb. 6.1* wiedergegeben.

Der OPV arbeitet invertierend mit einer Spannungsverstärkung von 10. Wird die Eingangsspannung U_i von Null aus in positiver Richtung erhöht, so steigt die Ausgangsspannung U_Q gleichfalls von Null aus - zunächst 10fach verstärkt - negativ gerichtet an. Erreicht U_i den Wert +0,6 V, so nimmt U_Q das Potential −6 V an. Eine weitere Steigerung von U_i ruft jedoch keine Erhöhung von U_Q mehr hervor, weil bei etwa −6 V am Ausgang des OPV die Z-Diode ZPD 5,6 durchschaltet, wobei an der Diode ZPD 8,2 die Durchlaßspannung von rund 0,6 V abfällt.

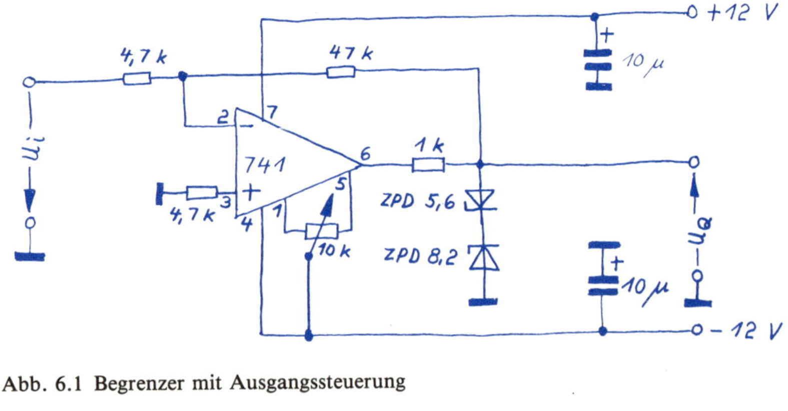

Abb. 6.1 Begrenzer mit Ausgangssteuerung

Wird anschließend die Spannung U_i von Null aus zu negativen Werten hin verändert, so steigt U_Q in positiver Richtung an, und zwar zunächst ebenfalls um den Faktor 10 verstärkt. Bei Erreichen einer Ausgangsspannung von etwa +9 V setzt abermals die Begrenzung ein, wobei jetzt die Diode ZPD 8,2 durchbricht, während an der Diode ZPD 5,6 die Durchlaßspannung auftritt.

Werden zwei Z-Dioden gleichen Typs benutzt, so ergibt sich eine symmetrische Begrenzung der Ausgangsspannung, zum Beispiel auf ungefähr ±7 V bei Verwendung von zwei Stück ZPD 6,2.

Bei nicht ausgesuchten Dioden treten wegen der zumeist etwas voneinander abweichenden Z-Spannungswerte auch entsprechend unterschiedliche Begrenzungsspannungswerte auf. Kommt es indessen auf bestmögliche Symmetrie an, so kann man eine Brückenschaltung gemäß *Abb. 6.2* benutzen, bei der die Begrenzung im positiven und im negativen Bereich durch eine einzige Z-Diode D_5 erfolgt. Diese wird durch die Siliziumdioden D_1–D_4 immer polungsrichtig betrieben, und zwar im positiven Ausgangsspannungsbereich über D_1 und D_3, im negativen über D_2 und D_4. Da die Durchlaßspannungswerte von Siliziumdioden im Gegensatz zu den Z-Spannungswerten nur sehr wenig voneinander abweichen, können auch von dieser Seite her keine Unsymmetrien entstehen.

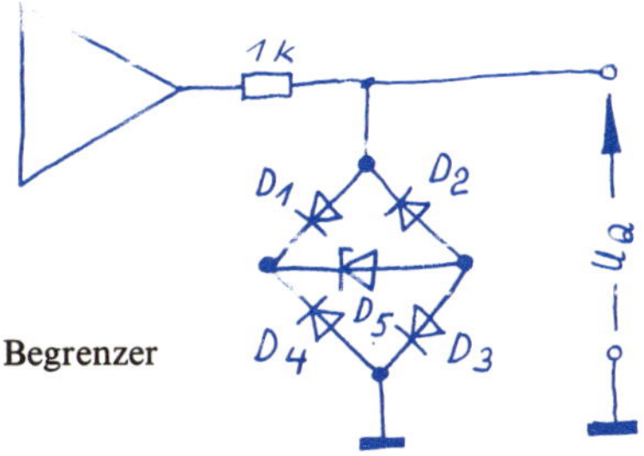

Abb. 6.2 Brückenschaltung für Begrenzer

6.2 Begrenzer mit Gegenkopplungssteuerung

Bei der Schaltung nach *Abb. 6.3* sind die begrenzenden Z-Dioden D_1 und D_2 in den Gegenkopplungszweig eingefügt. Bei entsprechend hoher positiver Ausgangsspannung bricht D_1 durch und D_2 leitet, während bei genügend großer negativer Ausgangsspannung D_2 durchbricht und D_1 leitet. In beiden Fällen bleibt die Spannung am 39-kΩ-Widerstand auf etwa 7,5 V

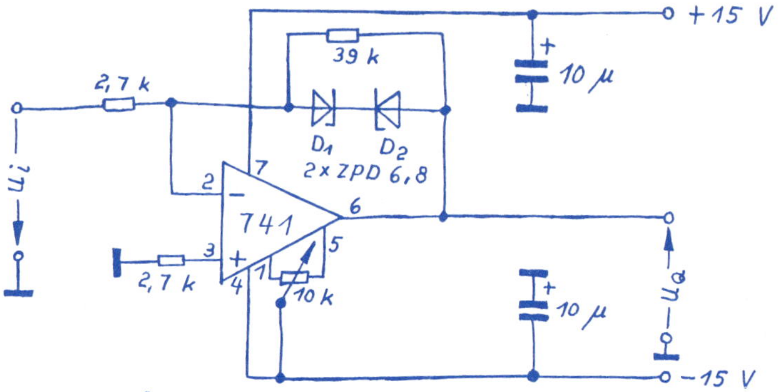

Abb. 6.3 Begrenzer mit Gegenkopplungssteuerung

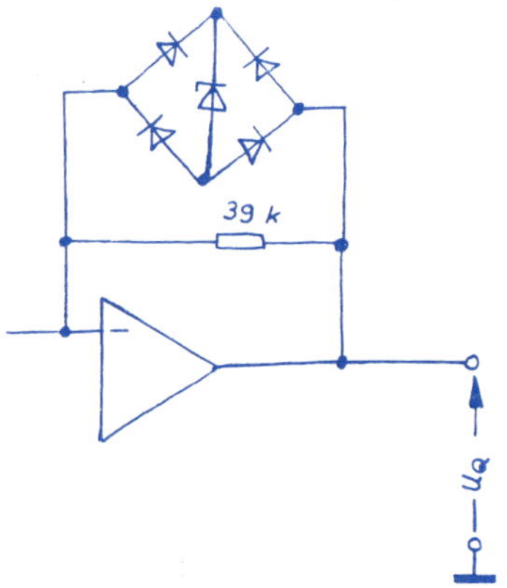

Abb. 6.4 Brückenschaltung zum Begrenzer mit Gegenkopplungssteuerung

begrenzt. Dies trifft natürlich auch für die Spannung U_Q zu, da die Eingänge des Operationsverstärkers Nullpotential führen.

Soll zur Begrenzung eine Brückenschaltung verwendet werden, so ist diese gemäß *Abb. 6.4* auszuführen.

6.3 Einstellbarer Begrenzer

Die Schaltung nach *Abb. 6.5* besitzt eingangsseitig einen Spannungsverstärker mit dem Verstärkungsgrad 11. Dieser steuert einen Impedanzwandler, so daß ein extrem niedriger Ausgangswiderstand gegeben ist.

Die Begrenzung erfolgt durch die Dioden D_1 und D_2, wobei D_1 die positiven Signalanteile beschneidet, D_2 die negativen. Je nach der Vorspan-

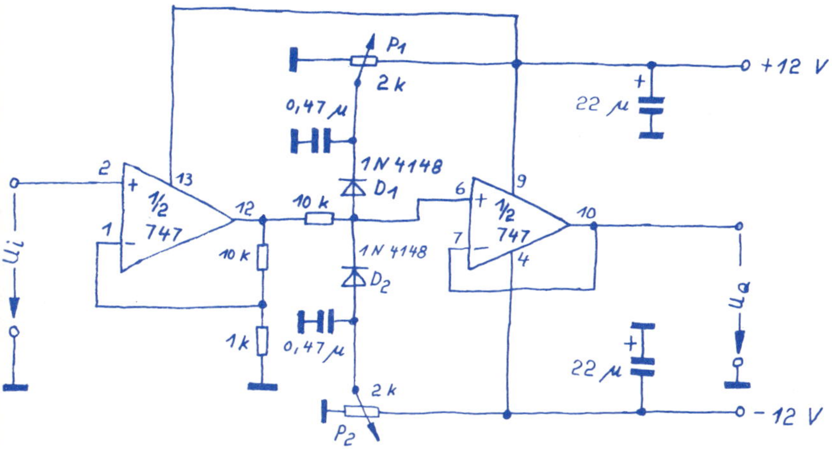

Abb. 6.5 Einstellbarer Begrenzer

nung, die man den Dioden mittels der Potentiometer P1 und P2 erteilt, lassen sich die Ansprechschwellen sowohl im positiven als auch im negativen Bereich zwischen 0,6 und 10 V unabhängig voneinander einstellen. Eine Begrenzung unterhalb von 0,6 V ist wegen der Dioden-Anlaufspannung nicht möglich.

Die obere Grenzfrequenz der Schaltung wurde mit einer Sinus-Eingangsspannung von 0,5 V_{ss} zu etwa 90 kHz ermittelt. (Bei diesem Wert geht also die Verstärkung auf 70% ihres Nennwertes zurück). Es sollten aber trotzdem keine höheren Frequenzen als 50 kHz verarbeitet werden, um Verzerrungen der Kurvenform zu vermeiden.

6.4 Präzisionsbegrenzer

Bei den bisher beschriebenen Begrenzern verlaufen sowohl im positiven als auch im negativen Bereich die Begrenzungslinien nicht absolut waagerecht. Sie weisen vielmehr eine leicht abgerundete Form auf *(Abb. 6.6)*, was durch die Stromabhängigkeit der Dioden-Durchlaßspannung bedingt ist. Auch läßt sich die Ausgangsspannung nicht auf Werte unterhalb von 0,6 V begrenzen.

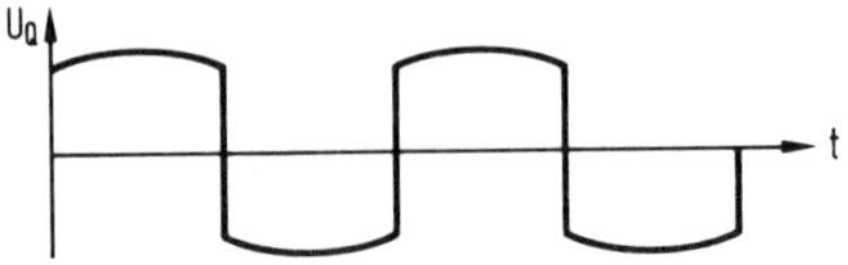

Abb. 6.6 Zum Ausgangsspannungsverlauf einfacher Begrenzerschaltungen

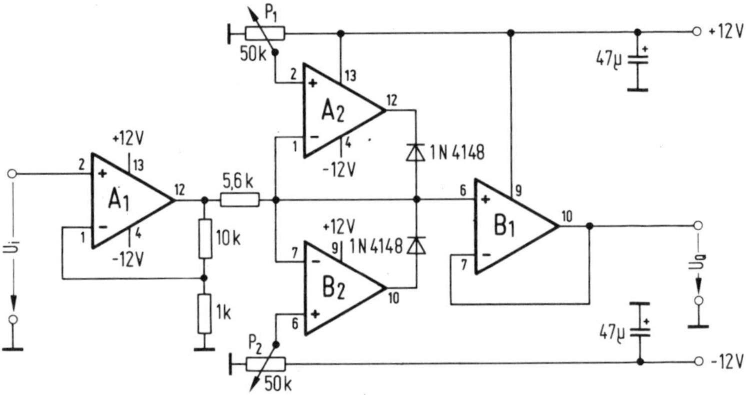

$A_1 + B_1$ = TBB 0747 A = 747 = IC Nr. 1

$A_2 + B_2$ = TBB 0747 A = 747 = IC Nr. 2

Abb. 6.7 Präzisionsbegrenzer

Vorteilhafter in dieser Beziehung arbeitet die in *Abb. 6.7* wiedergegebene Schaltung. Zwischen dem Eingangsverstärker und dem Spannungsfolger am Ausgang sind zwei weitere Operationsverstärker angeordnet, in deren Gegenkopplungszweigen jeweils eine Siliziumdiode liegt. Es wird so wie bei einem Meßgleichrichter (vgl. Abschn. 4.1–4.3) die Dioden-Durchlaßspannung kompensiert. Deshalb können auch die Potentiometer P1 und P2 hochohmiger als in *Abb. 6.5* sein, was einen kleineren Querstrom bedeutet. Die Begrenzungsschwelle läßt sich mit P1 und P2 in beiden Vorzeichenbereichen exakt zwischen 0 und 10 V verändern.

Die Schaltung ist für Sinusfrequenzen bis zu 100 Hz geeignet. Werden indessen für A_2 und B_2 anstelle des Doppel-Operationsverstärkers TBB 0747 A zwei BIFET-Einzel-Operationsverstärker LF 356 N benutzt, so kann man mit Frequenzen bis zu 2 kHz arbeiten.

7 Zeitgeber

7.1 Relais mit wählbarem Einschaltzeitpunkt

Den Zeitschaltkreis TDB 0555 (= 555) hatten wir bereits in Abschnitt 5.3 kennengelernt, wo seine Verwendung als Rechteckgenerator beschrieben ist. In der jetzt vorzustellenden Schaltung nach *Abb. 7.1* dient er zum Ansteuern eines Relais mit wählbarem Einschaltzeitpunkt.

Bei Anlegen der Speisepannung beginnt der Kondensator C sich über den Widerstand R aufzuladen und läßt nach Erreichen der Schwellenspannung den Timer ansprechen, womit das Relais Rel anzieht. Die jeweilige Verzögerungsdauer ergibt sich zu

$$T = 1{,}1 \cdot R \cdot C,$$

wobei R in Ω und C in F bzw. R in MΩ und C in μF einzusetzen sind, um

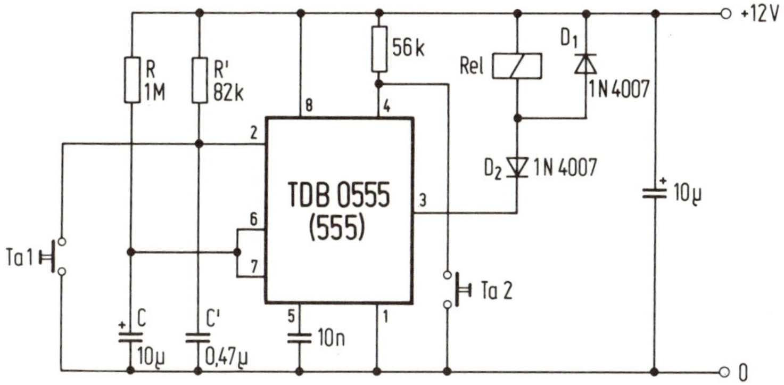

Abb. 7.1 Relais mit wählbarem Einschaltzeitpunkt

T in Sekunden zu erhalten. Mit den im Schaltbild angegebenen Werten (1 MΩ, 10 µF) beträgt die Verzögerung mithin 11 s. R darf indessen nicht größer als 20 MΩ sein. Auch sollten nur hochwertige Kondensatoren mit kleinem Leckstrom benutzt werden, also keine Aluminium-Elektrolytkondensatoren.

Wird dann die Speisespannung aus- und gleich darauf wieder eingeschaltet, so fällt das Relais natürlich sofort ab, zieht aber erst nach Ablauf der vollen Verzögerungszeit erneut an. Betätigt man vor dem Anziehen des Relais den Taster Ta 2, so spricht es sofort in diesem Augenblick an. Bei Drücken des Tasters Ta 1 fällt es ab und zieht nach Beendigung der Verzögerung selbsttätig wieder an.

Die Entladung von C geschieht auf niederohmigem Wege im IC selbst, womit eine Erholzeit der Schaltung entfällt. C' stellt einen sogenannten Pull-down-Kondensator dar, R' einen Pull-up-Widerstand. Beide zusammen bewirken, daß beim Einschalten der Speisespannung Pin 2 zunächst auf Nullpotential gezogen wird, kurz darauf aber auf +12 V zu liegen kommt.

D_1 ist eine Freilaufdiode, D_2 hält dem IC-Ausgang etwaige negative Spannungsspitzen fern. Der Timer kann einen Ausgangsstrom bis zu 225 mA liefern.

Als Relais wurde der Typ MZ/K-18 vom Fabrikat PASI benutzt (Spulenspannung 12 V, Spulenwiderstand 230 Ω, 2 Umschaltkontakte).

7.2 Relais mit wählbarem Ausschaltzeitpunkt

Bei der Schaltung nach *Abb. 7.2* bleibt nach dem Anlegen der Speisespannung das Relais Rel noch unerregt. Wird dann der Taster Ta 1 betätigt, so zieht es an, um nach Ablauf der Verzögerungsdauer $T = 1{,}1 \cdot R \cdot C$ selbsttätig wieder abzufallen. Bei Drücken des Tasters Ta 2 fällt es bereits vorzeitig ab.

Im Gegensatz zu der in *Abb. 7.1* angegebenen Schaltung ist hier das Relais nicht unmittelbar, sondern über einen Transistor an den Ausgang des Timers angeschlossen. Dies erwies sich als notwendig, um eine Rückwirkung des Relais auf den Schaltkreis zu vermeiden, die sich auf Grund der invertierten Betriebsweise ergeben kann. Nur bei einem einzigen Stück von sechs IC-Exemplaren arbeitete der Zeitgeber auch ohne den Transistor einwandfrei. Als Relais wurde wieder der PASI-Typ MZ/K-18 benutzt.

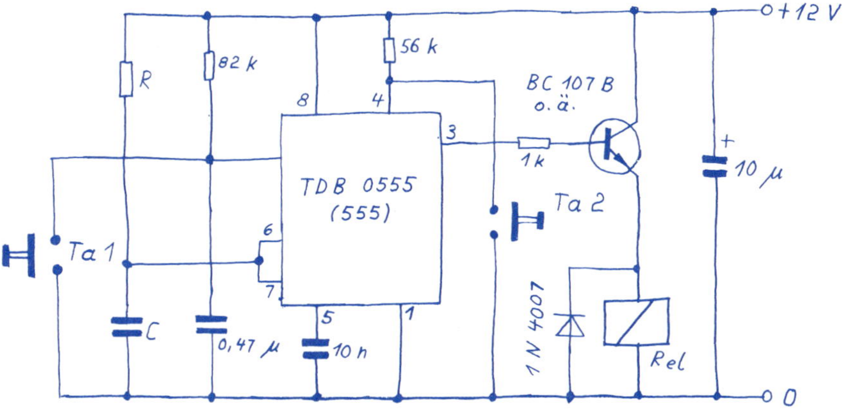

Abb. 7.2 Relais mit wählbarem Ausschaltzeitpunkt

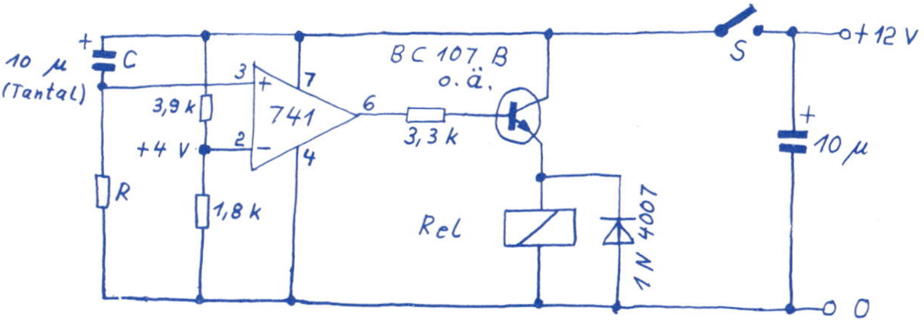

Abb. 7.3 Wischimpulsrelais

7.3 Wischimpulsrelais

Wird bei dem Wischimpulsrelais nach *Abb. 7.3* der Schalter S betätigt, so beginnt auf den Kondensator C über den Widerstand R ein Ladestrom zu fließen. Anschluß 3 des Operationsverstärkers nimmt daher im ersten Augenblick ein Potential von + 12 V an, womit dessen Ausgang das gleiche Potential erhält und das Relais sofort anzieht.

Mit zunehmender Aufladung von C wird der Spannungsabfall an R geringer und unterschreitet schließlich den am N-Eingang vorhandenen

Spannungswert von 4 V. In diesem Moment schaltet der Ausgang des OPV von +12 V auf 0 um und das Relais fällt wieder ab.

Die Einschaltdauer T ist gleich R·C. Bei R = 10 MΩ und C = 10 μF beträgt T also 100 s.

Das Wischimpulsrelais besitzt eine Erholzeit, die etwa ebensogroß wie T ist. Diese ergibt sich daraus, daß der Kondensator C ja vollständig entladen sein muß, damit bei einem erneuten Einschalten von S wieder die gleiche Verzögerung erzielt wird.

7.4 Zeitglied mit Komparator

Bei dem Zeitglied nach *Abb. 7.4* arbeitet der Operationsverstärker als Komparator. Die Verzögerungszeit beginnt abzulaufen, sobald der Schalter S betätigt wird. In diesem Augenblick setzt eine Aufladung des Kondensators C über den Widerstand R ein, womit die Spannung am N-Eingang des OPV von Null aus in positiver Richtung ansteigt. Überschreitet sie die Spannung am P-Eingang, so schaltet der Verstärkerausgang auf Null um und das Relais zieht an. Der Mitkopplungswiderstand von 15 MΩ bewirkt, daß der Umschaltvorgang schlagartig und keineswegs „schleichend" erfolgt.

Man kann das Schaltverhalten auch umkehren, indem man die Leitungen a und b, die zu den Punkten A und B führen, gegeneinander ver-

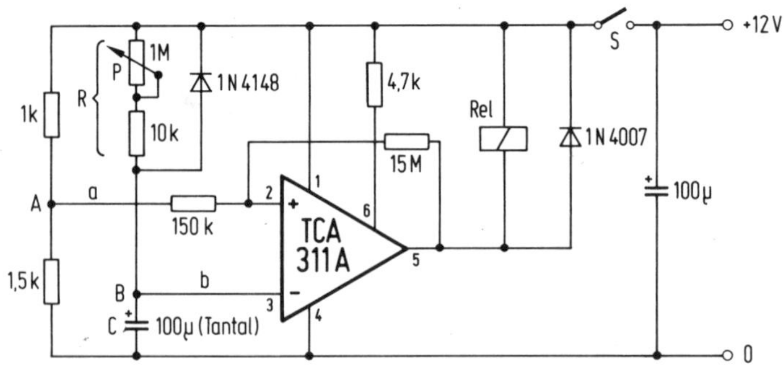

Abb. 7.4 Zeitglied mit Komparator

tauscht. In diesem Fall zieht bei Anlegen der Speisespannung das Relais sofort an und fällt nach Beendigung der Verzögerungszeit wieder ab.

Die kürzeste Verzögerung beträgt 0,3 s (P = 0 Ω), die längste 120 s (P = 1 MΩ). Die Wiederbereitschaftszeit ist kleiner als 1 s, weil nach dem Abschalten der Speisespannung der Entladestrom des Kondensators C nicht über den je nach Einstellung des Potentiometers mehr oder weniger hochohmigen Widerstand R zu fließen braucht, sondern seinen Weg über die Diode 1 N 4148 nehmen kann.

Als Relais ist der 12-V-Typ MZ/K-18 vom Fabrikat PASI geeignet (Spulenwiderstand 230 Ω, zwei Umschaltkontakte).

7.5 Timer mit Miller-Integrator

In der Schaltung nach *Abb. 7.5* arbeitet Operationsverstärker OV 1 als Integrator und OV 2 als Schmitt-Trigger, während der Transistor T zum Steuern des Relais Rel dient.

Im Ruhezustand ist der Kondensator C über den Relaiskontakt r und den 150-Ω-Widerstand kurzgeschlossen und damit der Operationsverstärker OV 1 praktisch voll gegengekoppelt. Seine Ausgangsspannung beträgt daher wie die Spannung am P-Eingang +2,5 V. Der P-Eingang von OV 2 erhält durch die zugehörigen Teilerwiderstände gegenüber dem N-Eingang eine positive Vorspannung, womit der Ausgang auf nahezu +12 V zu lie-

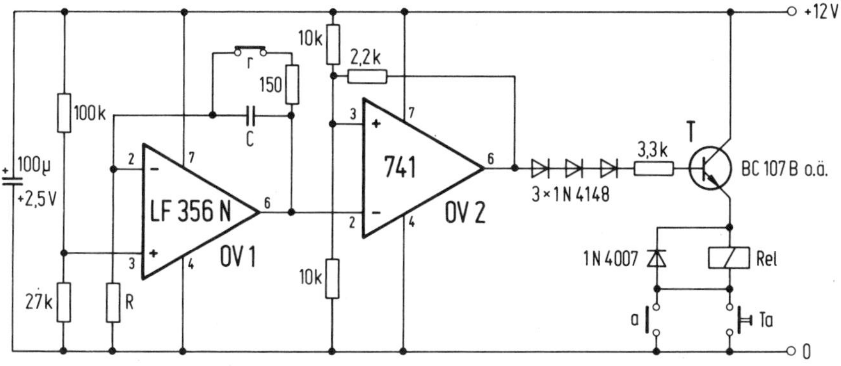

Abb. 7.5 Timer mit Miller-Integrator

gen kommt. Der Transistor würde deshalb durchgeschaltet sein, wenn nicht sein Emitterkreis unterbrochen wäre.

Betätigt man jetzt den Taster Ta, so zieht das Relais Rel an und hält sich über seinen Arbeitskontakt a selbst. Gleichzeitig öffnet der Kontakt r, so daß sich der Kondensator C über den Widerstand R aufzuladen beginnt. Infolge der Gegenkopplung von OV 1 über C steigt dabei die Ausgangsspannung des Operationsverstärkers nicht exponentiell wie die bekannte Ladespannungskurve, sondern zeitlinear an. Es ist dies der sogenannte *Miller-Effekt.*

Bei Erreichen eines Ausgangsspannungswertes von etwa +10 V schaltet der Verstärker OV 2 um, womit dessen Ausgangsspannung auf +2 V sinkt und der Transistor sperrt. Das Relais fällt also ab und der Kondensator C entlädt sich über den Ruhekontakt r. Nach erneutem Betätigen des Tasters bleibt das Relais daher wieder ebenso lange eingeschaltet wie vorher, ohne daß eine Erholzeit abgewartet werden müßte.

Bei verschiedenen R- und C-Werten wurden folgende Verzögerungszeiten gemessen:

R (MΩ)	C (µF)	t(s)
2	2,2	15
11	2,2	77
100	2,2	725
100	10	3240

Mit größeren Kapazitätswerten sind Verzögerungen bis zu mehreren Stunden erreichbar. Vorausetzung für exakt reproduzierbare Zeiten ist, daß hochwertige Kondensatoren benutzt werden.

7.6 Monostabile Kippstufe

Die Ausgangsspannung U_Q der in *Abb. 7.6* angegebenen monostabilen Kippstufe beträgt im Ruhezustand Null. Bei Triggern von Anschluß 2 mit einer negativ gerichteten Spannung, was entweder mittels des Tasters Ta_t oder durch einen externen Impuls geschehen kann, steigt U_Q auf +11 V an und fällt nach Ablauf der Verzögerungsdauer $T = 1{,}1 \cdot R \cdot C$ wieder auf Null zurück. Soll U_Q vorzeitig abfallen, so ist der Reset-Taster Ta_r zu betätigen. Ein externer Triggerimpuls muß 1/3 U_b unterschreiten.

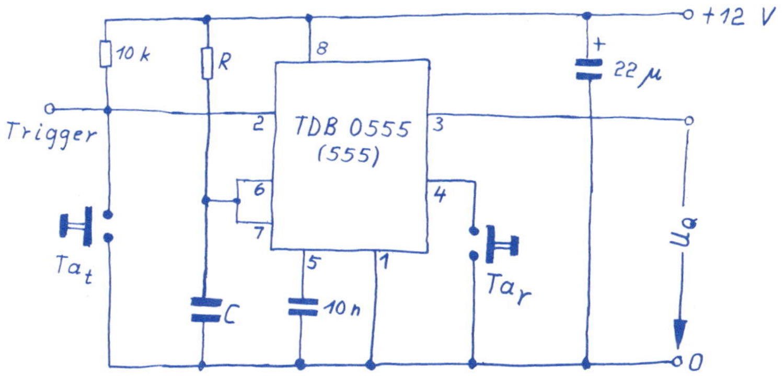

Abb. 7.6 Monostabile Kippstufe

Mit einem R-Wert von 10 MΩ und einem C-Wert von 11 μF wurde eine Verzögerungszeit von 115 s gemessen.

7.7 Langzeitgeber

Der CMOS-Timer ICM 7555 IPA weist die gleiche Anschlußbelegung auf wie der bipolare Typ 555. Er hat diesem gegenüber jedoch den Vorteil, einen extrem niedrigen Eingangsstrom von nur etwa 20 pA aufzunehmen. Man kann deshalb mit ihm auch bei Verwendung verhältnismäßig kleiner C-Werte lange Verzögerungszeiten erreichen, da eben auf Grund seiner Eigenschaften entsprechend höhere R-Werte zulässig sind.

Die Schaltung eines solchen Langzeitgebers ist in *Abb. 7.7* dargestellt. Die Ausgangsspannung beträgt im Ruhezustand 0. Wird der Taster Ta_t betätigt oder an Anschluß 2 ein negativ gerichteter Triggerimpuls eingespeist, der 1/3 des Wertes von U_b unterschreitet, so springt das Ausgangspotential auf +11 V, um nach Ablauf der durch R und C bestimmten Zeit wieder auf Null zurückzufallen. Zum vorzeitigen Umschalten der Ausgangsspannung auf Null ist der Taster Ta_r zu drücken.

Theoretisch entspricht die Verzögerungszeit dem Produkt 1,1 · R · C. Werden jedoch Widerstände in der Größenordnung von 100 MΩ und höher benutzt, so ist der Kondensator-Leckstrom, und mag er noch so winzig sein, nicht mehr völlig zu vernachlässigen. Seinetwegen dauert der La-

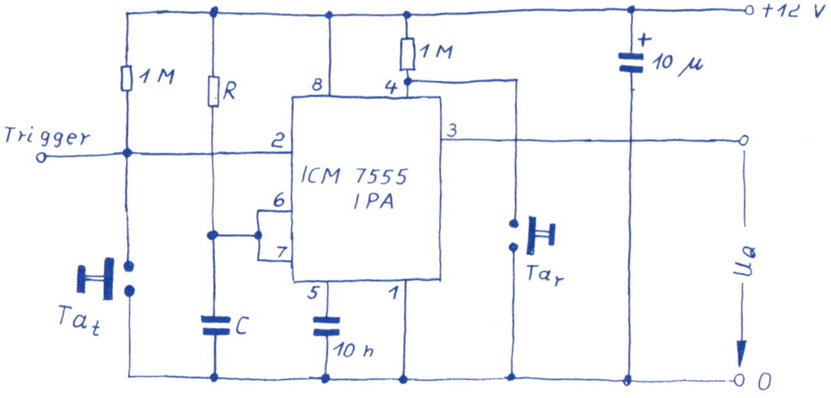

Abb. 7.7 Langzeitgeber

devorgang etwas länger, womit die Verzögerungszeit größer wird. Es versteht sich von selbst, daß in derart hochohmigen Ladekreisen nur Kondensatoren mit bestem Isolationswiderstand benutzt werden dürfen, um größere Zeitfehler zu vermeiden. Tantal-Elkos sind hier nicht geeignet.

Mit R = 1000 MΩ und C = 10 μF wurde eine Verzögerung von 14400 s (= 4 h) erzielt. Die Daten des CMOS-Timers ICM 7555 IPA sind folgende:

Grenzdaten	*Kenndaten*
U_b = 18 V	I_b = 80 μA
U_i = U_b	I_i = 20 pA
I_Q = 100 mA	
P_{tot} = 200 mW	
T_u = −20 bis +85 °C	

7.8 Programmierbarer Zeitgeber

Auf einem anderen Prinzip beruht die Arbeitsweise des Zeitschaltkreises UA 2240 CN. Hier wird in einem Oszillator, an den extern ein RC-Glied angeschlossen ist, eine Frequenz mit der Periodendauer T = R · C er-

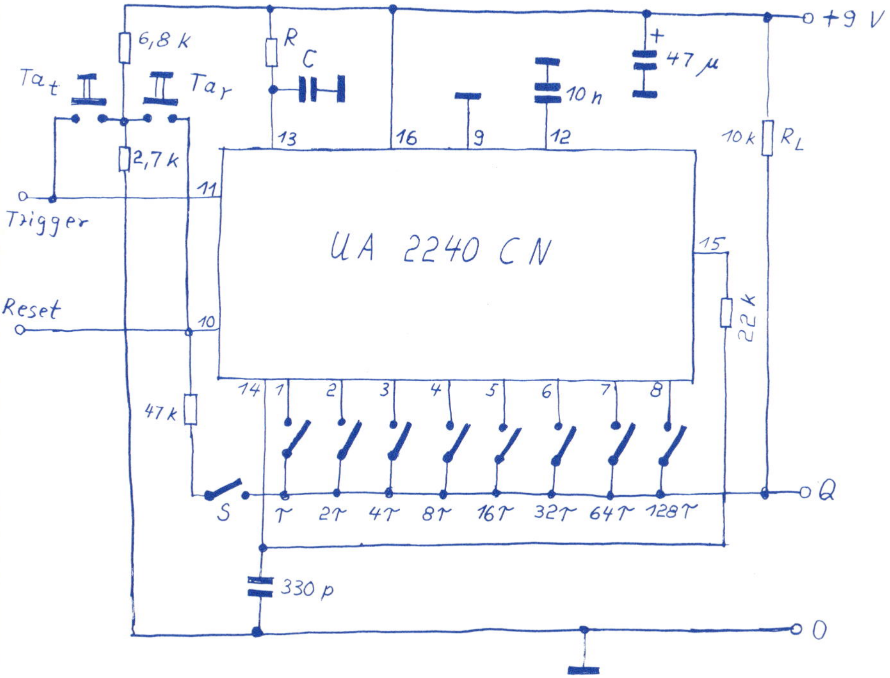

Abb. 7.8 Programmierbarer Zeitgeber

zeugt. Die Schwingungen durchlaufen einen Frequenzteiler, der sie in wählbarer Abstufung zwischen 1 und 255 T untersetzt. Auf diese Weise lassen sich Verzögerungen bis zu mehreren Tagen erzielen. Durch entsprechende Schaltungsweise kann man erreichen, daß nach Ablauf eines Zyklus der Oszillator blockiert und erst durch erneutes Triggern wieder freigegeben wird.

Bei der in *Abb. 7.8* vorgestellten Gesamtschaltung eines solchen Zeitgebers erfolgt der Start des Oszillators durch Betätigen des Tasters Ta_t bzw. durch Beaufschlagen von Anschluß 11 mit einem positiven Triggerimpuls von mindestens +1,4 bis +2 V (exemplarabhängig). Es werden damit alle Zählerausgänge (Anschlüsse 1-8) und folglich auch der Ausgang Q von „1" (ca. +8 V) auf „0" gesetzt.

Die Schwingungen gelangen intern zum Zählereingang. Da die Oszillatorstufe einen offenen Kollektorausgang besitzt (Anschluß 14), ist an diesen ein Arbeitswiderstand anzuschließen (22 kΩ), der von Anschluß 15 her eine stabilisierte Speisespannung von + 5 V erhält. Die Teilerausgänge 1–8 sind ebenfalls offen und deshalb mit einem gemeinsamen Lastwiderstand R_L versehen.

Ist die eingestellte Zählfolge abgelaufen, so nimmt Ausgang Q wieder den Zustand „1" an. Bei geschlossenem Schalter S gelangt infolgedessen ein positiver Impuls zum Reset-Eingang (Anschluß 10), womit der Oszillator blockiert wird. Ist S dagegen offen, so arbeitet der Oszillator ohne Unterbrechung weiter, wobei die Schwingungen an den einzelnen Zählerausgängen entsprechend untersetzt auftreten.

Bei laufendem Zyklus reagiert die Schaltung auf erneutes Triggern nicht. Ein vorzeitiges Rücksetzen ist durch Betätigen des Tasters Ta_r bzw. durch Zuführen eines externen Reset-Impulses an Anschluß 10 möglich. Bei gleichzeitigem Ansteuern der Eingangspunkte 10 und 11 läuft der Oszillator an. Ein Triggerimpuls hat also Vorrang vor einem Reset-Impuls.

Die Oszillatorschwingungen können durch eine Spannung an Anschluß 12 in ihrer Frequenz moduliert oder mit externen Taktsignalen synchronisiert werden.

Der 330-pF-Kondensator ist nur dann erforderlich, wenn die Betriebsspannung mehr als 7 V beträgt und dabei ein Kondensator C von weniger als 0,1 µF benutzt wird. In diesem Fall können unter Umständen die Oszillatorimpulse zu schmal sein, um den Zähler zu triggern.

Die längste Verzögerungszeit ist dann gegeben, wenn alle acht Programmierkontakte (1T–128T) geschlossen sind.

Der Zeitschalter-Baustein UA 2240 CN weist folgende Daten auf:

Grenzdaten		*Kenndaten*	
U_b	= 18 V	I_b	= 10 mA
I_Q	= 10 mA je Teilerausgang	I_i	= 10 µA
P_{tot}	= 650 mW		
T_u	= 0–70 °C		

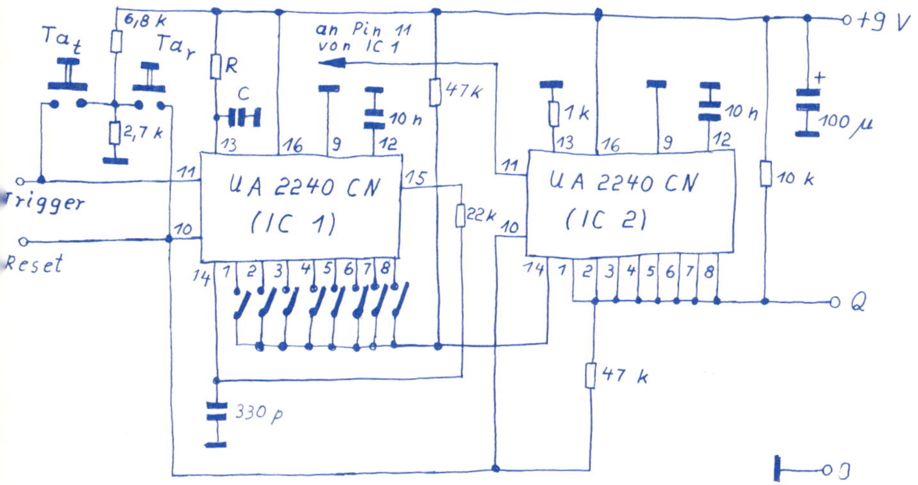

Abb. 7.9 Zeitgeber in Kaskadenschaltung

7.9 Zeitgeber in Kaskadenschaltung

An dem zuletzt beschriebenen Zeitgeber wurde bei geschlossenem Schalter τ (alle anderen sieben Programmierkontakte geöffnet) mit R = 50 MΩ und C = 44 µF eine Verzögerung von 38 min gemessen. Das entspricht ziemlich genau dem rechnerischen Wert, der 36,6 min beträgt. Aus dieser Zahl ergibt sich für den Fall, daß sämtliche Kontakte eingeschaltet sind, die beachtliche Zeit von etwa 6,5 Tagen.

Um extrem lange Verzögerungen zu erhalten, kann man zwei ICs des Typs UA 2240 CN zu einer Kaskade zusammenschalten *(Abb. 7.9)*. Es braucht hier nur einer der Bausteine programmierbar zu sein, bei dem anderen werden die Zählerausgänge direkt zusammengefaßt. Sind alle Kontakte von IC 1 geschlossen, so beläuft sich die Verzögerungsdauer auf

$$T = 255^2 \cdot R \cdot C = 65025 \cdot R \cdot C.$$

Das bedeutet bei R = 50 MΩ und C = 44 µF eine Zeit von ungefähr 4,5 Jahren. Selbstverständlich muß ein solcher Timer gegenüber Störimpulsen besonders gut abgeblockt sein, damit diese kein vorzeitiges Rücksetzen der Schaltung bewirken können.

8 Elektronische Schalter

8.1 Schmitt-Trigger, invertierend

Der Schmitt-Trigger ist ein elektronischer Schalter, dessen Ausgang in Abhängigkeit vom Eingangssignal nur zwei verschiedene Zustände annimmt: Er liegt entweder auf dem Potential der positiven oder aber auf dem Potential der negativen Speiseleitung. Man kann deshalb eine solche Stufe auch dazu benutzen, Schwingungen beliebiger Kurvenform in Rechteckwellen umzuwandeln.

Die Umschaltpegel sind nicht genau gleich. Sie weichen vielmehr um die sogenannte Hysterese ΔU_i voneinander ab. Die zugehörige Kennlinie ist in *Abb. 8.1* dargestellt. Darin bedeuten die Größen $U_{i\ ein}$ und $U_{i\ aus}$ den Ein- und den Ausschaltpegel, $U_{Q\ H}$ und $U_{Q\ L}$ den positiven und den negativen Ausgangsspannungswert.

In *Abb. 8.2* ist die Schaltung eines invertierenden Schmitt-Triggers angegeben. Es handelt sich hier um einen mitgekoppelten Operationsverstärker. Die Werte von $U_{i\ ein}$, $U_{i\ aus}$ und ΔU_i werden vom Verhältnis der Widerstände R_1 und R_2 und von der jeweiligen Ausgangsspannung in folgender Weise bestimmt:

$$U_{i\ ein} = \frac{R_1}{R_1 + R_2} \cdot U_{Q\ L}$$

$$U_{i\ aus} = \frac{R_1}{R_1 + R_2} \cdot U_{Q\ H}$$

$$\Delta U_i = \frac{R_1}{R_1 + R_2} \cdot (U_{Q\ H} - U_{Q\ L})$$

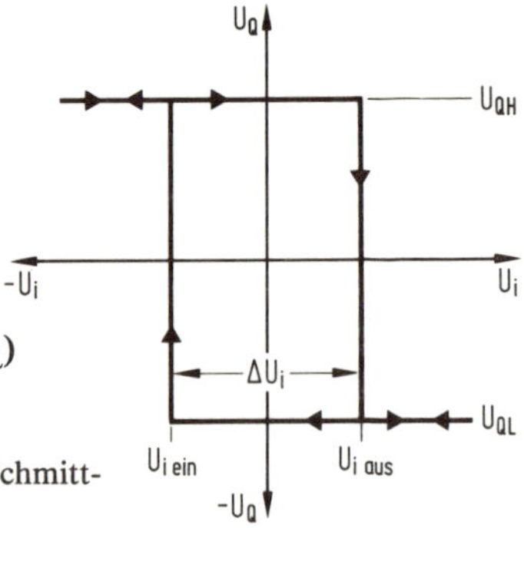

Abb. 8.1 Kennlinie eines invertierenden Schmitt-Triggers

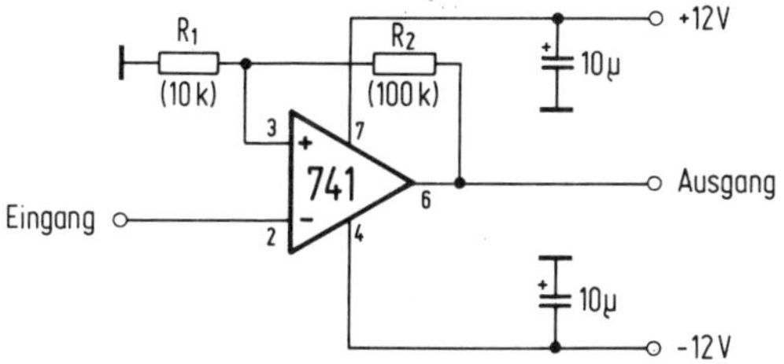

Abb. 8.2 Schmitt-Trigger, invertierend

Bei gegebenem R_1 ist also die Hysterese ΔU_i um so größer, je kleiner man den Mitkopplungswiderstand R_2 wählt. ΔU_i ergibt sich natürlich auch aus der Differenz der Ansprechwerte $U_{i\ ein}$ und $U_{i\ aus}$. Die zwei letzteren Werte wiederum entsprechen dem jeweiligen Potential am P-Eingang. - Beim Rechnen mit obigen Formeln muß der Größe $U_{Q\ L}$ selbstverständlich stets das Vorzeichen „minus" zugeordnet werden, da es sich hier ja um eine negative Spannung handelt.

Im H-Zustand der Schaltung wurde eine Ausgangsspannung von + 11,3 V ermittelt, im L-Zustand eine solche von − 10,5 V. Daraus errechnen sich der Einschaltpegel $U_{i\ ein}$ zu − 0,95 V, der Ausschaltpegel $U_{i\ aus}$ zu + 1,03 V und die Hysterese zu 1,98 V. Diese Werte wurden meßtechnisch bestätigt.

Es ist natürlich auch möglich, einen Schmitt-Trigger allein mit positiver Speisespannung zu betreiben. Dazu muß der P-Eingang des Operationsverstärkers durch einen zusätzlichen Widerstand R_3 eine Vorspannung erhalten *(Abb. 8.3)*. Hier gelten folgende Gleichungen:

$$U_{i\ ein} = \frac{U_b \cdot R_1 \cdot R_2 + U_{Q\ L} \cdot R_1 \cdot R_3}{R_1 \cdot R_3 + R_2 \cdot R_3 + R_1 \cdot R_2}$$

$$U_{i\ aus} = \frac{U_b \cdot R_1 \cdot R_2 + U_{Q\ H} \cdot R_1 \cdot R_3}{R_1 \cdot R_3 + R_2 \cdot R_3 + R_1 \cdot R_2}$$

$$\Delta U_i = \frac{(U_{Q\ H} - U_{Q\ L}) \cdot R_1 \cdot R_3}{R_1 \cdot R_3 + R_2 \cdot R_3 + R_1 \cdot R_2}$$

Abb. 8.3 Invertierender Schmitt-Trigger ohne negative Speisespannung

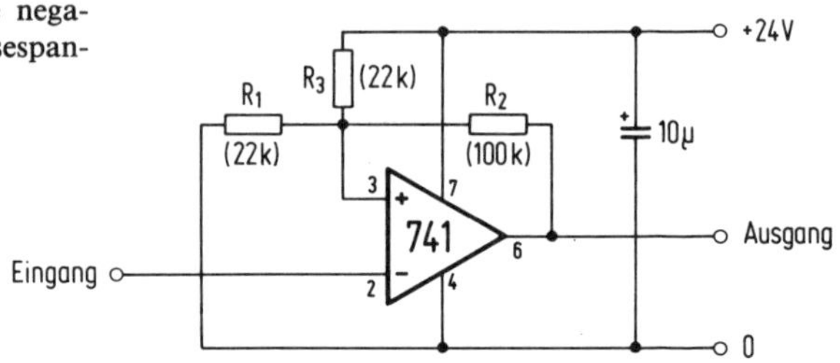

8.2 Schmitt-Trigger, nichtinvertierend

In umgekehrter Weise arbeitet die Schaltung nach *Abb. 8.4*. Steigt die Eingangsspannung U_i in positiver Richtung auf den Ansprechwert $U_{i\ ein}$ bzw. darüber hinaus an, so schaltet der Ausgang des Operationsverstärkers nahezu auf $+U_b$ um. Bei anschließendem Sinken von U_i auf den Wert $U_{i\ aus}$ nimmt der Ausgang in sehr kurzer Zeit annähernd das Potential $-U_b$ an. *Abb. 8.5* zeigt die zugehörige Kennlinie. Für die Ansprechwerte und für die Hysterese gelten folgende Gleichungen:

$$U_{i\ ein} = -\frac{R_1}{R_2} \cdot U_{Q\ L} \qquad U_{i\ aus} = -\frac{R_1}{R_2} \cdot U_{Q\ H}$$

$$\Delta U_i = \frac{R_1}{R_2} \cdot (U_{Q\ H} - U_{Q\ L})$$

Im H-Zustand des Schmitt-Triggers wurde eine Ausgangsspannung von +13,5 V gemessen, im L-Zustand eine solche von −15 V. Aus diesen Werten ergeben sich der Einschaltpegel $U_{i\ ein}$ zu +0,86 V, der Ausschaltpegel $U_{i\ aus}$ zu −0,78 V und die Hysterese ΔU_i zu 1,64 V.

Will man einen nichtinvertierenden Schmitt-Trigger ohne negative Speisespannung betreiben, so ist der N-Eingang des Operationsverstärkers gemäß *Abb. 8.6* durch zwei Teilerwiderstände R_3 und R_4 positiv vorzuspannen. Bei der angegebenen Dimensionierung wurden folgende Werte gemessen:

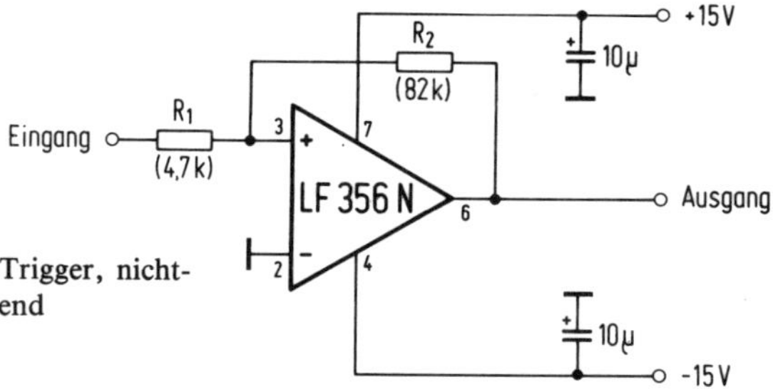

Abb. 8.4 Schmitt-Trigger, nichtinvertierend

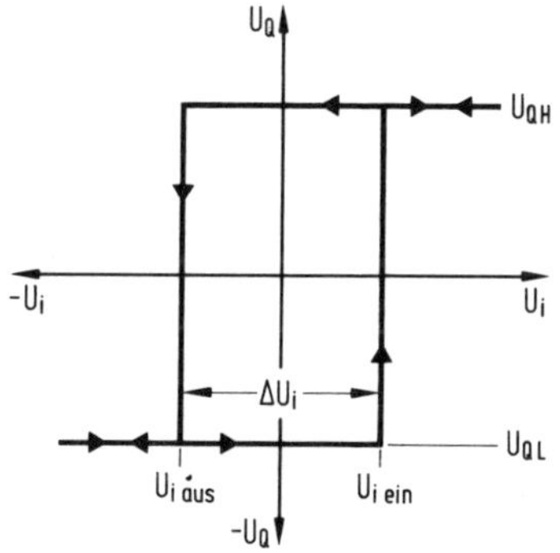

Abb. 8.5 Kennlinie eines nichtinvertierenden Schmitt-Triggers

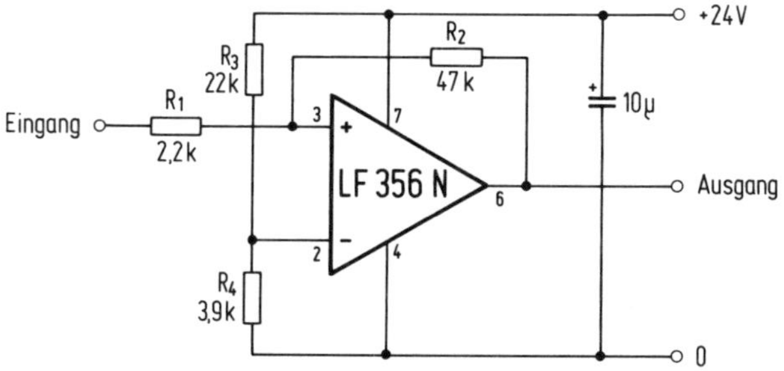

$U_{Q\,H} = 22{,}8$ V
$U_{Q\,L} = 0{,}6$ V
$U_{i\,ein} = 3{,}8$ V
$U_{i\,aus} = 2{,}7$ V
$\Delta U_i = 1{,}1$ V

Abb. 8.6 Nichtinvertierender Schmitt-Trigger ohne negative Speisespannung

Um die Schaltung rechnerisch zu erfassen, ermittelt man zunächst die Hysterese nach der Formel

$$\Delta U_i = (U_{Q\,H} - U_{Q\,L}) \cdot \frac{R_1}{R_2}.$$

Danach wird die Spannung U_{R_4} bestimmt, welche die Vorspannung des N-Eingangs bildet. Hierzu berechnet man zunächst den Strom I, der sich zu

$I = \frac{U_b}{R_3 + R_4}$ ergibt. Damit ist $U_{R_4} = I \cdot R_4$.

Die Schwellenspannung $U_{i\,ein}$ kann man nun in einfacher Weise dadurch ermitteln, daß man zu U_{R_4} die Hälfte von ΔU_i hinzurechnet. Dementsprechend ergibt sich $U_{i\,aus}$, indem man von U_{R_4} die Hälfte der Hysteresespannung ΔU_i abzieht.

Infolge unvermeidbarer Meßungenauigkeiten und Toleranzen der Widerstände weichen die genannten Meßwerte der Schmitt-Trigger-Schaltungen geringfügig von denjenigen Werten ab, die man rechnerisch erhält.

8.3 Fensterdiskriminator

Der Fensterdiskriminator TCA 965 ist ein Überwachungsbaustein, der bei Überschreiten eines wählbaren Eingangsspannungswertes $U_{i\,max}$ und bei Unterschreiten eines ebenfalls wählbaren Eingangsspannungswertes $U_{i\,min}$ an vier Ausgängen unterschiedliche Signale abgibt. Die Differenz zwischen $U_{i\,max}$ und $U_{i\,min}$ wird als *Fenster* bezeichnet. Alle Eingangsspannungsänderungen, die sich *innerhalb* der Fensterbreite vollziehen, rufen keine Zustandsänderung der Ausgänge hervor. Sie liegen damit noch im Bereich „Spannung richtig“.

Eine entsprechende Experimentierschaltung ist in *Abb. 8.7* angegeben. Mit dem Potentiometer P1 wird die Spannung $U_{i\,max}$ eingestellt, mit dem Potentiometer P3 die Spannung $U_{i\,min}$, wobei natürlich $U_{i\,min}$ nicht größer als $U_{i\,max}$ sein darf. Die eigentliche Eingangsspannung U_i wird durch P2 simuliert. In *Abb. 8.8* ist aufgezeigt, welche Zustandsänderungen an den Ausgangsanschlüssen 2, 3, 13 und 14 jeweils ausgelöst werden, wenn U_i den Wert $U_{i\,max}$ über- bzw. den Wert $U_{i\,min}$ unterschreitet. Es handelt sich

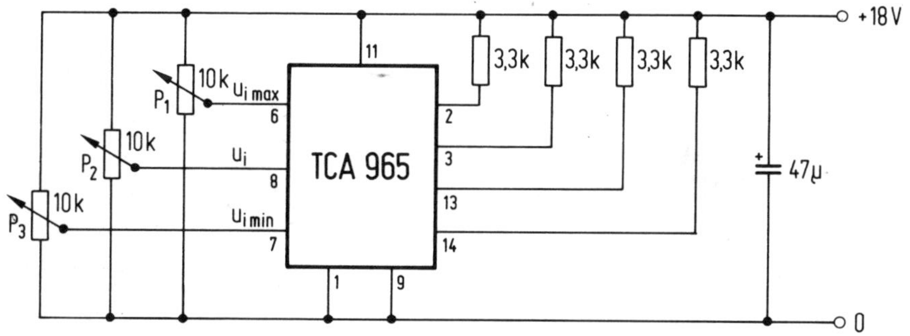

Abb. 8.7 Fensterdiskriminator

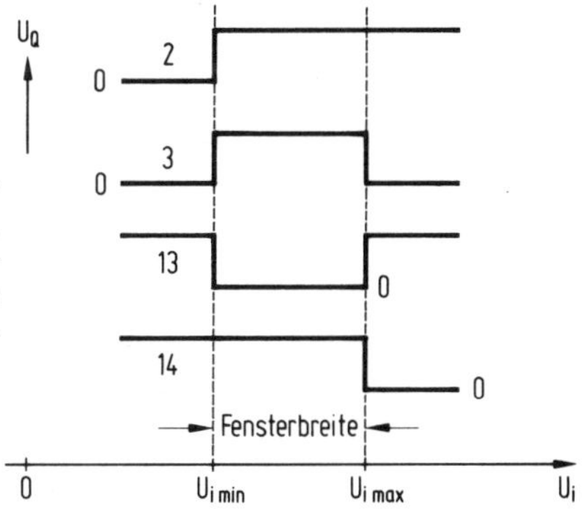

Abb. 8.8 Zustandsänderungen der Ausgangsanschlüsse 2, 3, 13 und 14 des Fensterdiskriminators TCA 965 in Abhängigkeit von der Eingangsspannung U_i

hier um sogenannte offene Ausgänge, weshalb jedem davon ein Arbeitswiderstand von 3,3 kΩ zugeordnet ist.

Soll beispielsweise bei der Eingangsspannung „richtig" (innerhalb der Fensterbreite liegend) ein Relais angezogen sein und bei der Eingangsspannung „falsch" abfallen, so ist dessen Erregerspule an Anschluß 13 und an $+U_b$ anzuschließen, wobei der betreffende Arbeitswiderstand natürlich entfallen kann.

Anschluß 9 stellt einen weiteren Eingang dar, der den Schaltkreis mit der halben Fensterbreite zum Ansprechen bringt. Er ist hier auf Masse gelegt. An den Anschlüssen 5 und 10 stehen hochstabile Referenzspannungen von +3 V und +6 V zur Verfügung. Die letztere darf maximal mit 10 mA belastet werden.

Die Daten des Fensterdiskriminators TCA 965 sind folgende:

Grenzdaten
U_b = 27 V
U_i = U_b
I_Q = 50 mA
T_u = −25 bis +85 °C

Kenndaten
I_b = 5 mA
I_i = je 20 nA (Anschlüsse 6, 7 und 8)

8.4 Schmitt-Trigger mit Fensterdiskriminator

Der Fensterdiskriminator TCA 965 kann vorteilhaft auch zum Realisieren eines Schmitt-Triggers benutzt werden, dessen Ansprechschwelle und Hysterese sich in einem verhältnismäßig weiten Bereich unabhängig voneinander einstellen lassen *(Abb. 8.9)*.

Die Schaltung besitzt zwei Ausgänge, von denen Q_1 im Ruhezustand auf 0 liegt und Q_2 auf +12 V. Wird dem Eingang ein positiver Impuls zugeleitet, dessen Amplitude mindestens ebensogroß ist wie die am Schwellen-Potentiometer P1 eingestellte Spannung zuzüglich der mittels P2 vorgewählten Hysterese, so spricht der Schmitt-Trigger an und die Potentiale an den Ausgängen kehren sich um. Unterschreitet danach der Eingangs-

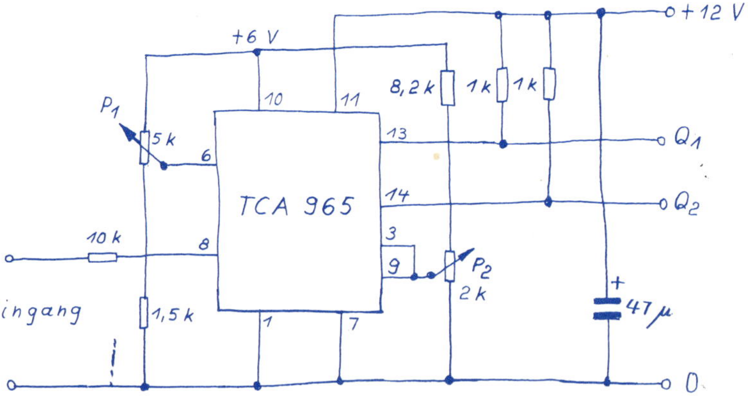

Abb. 8.9 Schmitt-Trigger mit Fensterdiskriminator

impuls den an Anschluß 6 vorhandenen Spannungswert, so werden Q_1 und Q_2 wieder in ihren ursprünglichen Zustand zurückversetzt.

Die Schaltschwelle läßt sich mit P1 zwischen +1,2 V und +6 V zuzüglich der jeweiligen Hysterese verändern. Letztere beträgt 0,025–1,15 V und entspricht der an P2 eingestellten Spannung. Die beiden Spannungsteiler für Schwelle und Hysterese werden von der im Baustein selbst erzeugten Referenzspannung +6 V (Anschluß 10) gespeist.

Seiner universalen Einstellmöglichkeiten wegen läßt sich der Schmitt-Trigger gut für Steuerungs- und Überwachungsaufgaben der verschiedensten Art verwenden. Er kann Sinusspannungen bis zu etwa 1 kHz verarbeiten. Bei höheren Frequenzen machen sich die Schaltzeiten störend bemerkbar.

8.5 Komparator

Bei dem Komparator nach *Abb. 8.10* wird die Eingangsspannung U_i mit der einstellbaren Bezugsspannung U_v verglichen. Ist U_i größer als U_v, so führt der Ausgang Q das Potential +29 V, im umgekehrten Fall das Potential +2 V. Der Komparator arbeitet exakt innerhalb des U_v-Bereiches +2,5 bis +28 V.

Die Hysterese beträgt weniger als 10 mV, womit praktisch nur ein einziger, gut definierter Schaltpunkt gegeben ist.

Ein kleinerer Einstellbereich und damit eine entsprechend größere Einstellgenauigkeit der Spannung U_v ergibt sich, indem man das Potentiometer nicht unmittelbar, sondern über je einen Begrenzungswiderstand an die beiden Speisespannungsleitungen anschließt. Werden die zu den Anschlüssen 2 und 3 des Operationsverstärkers führenden Leitungen gegeneinander vertauscht, so arbeitet der Komparator invertierend.

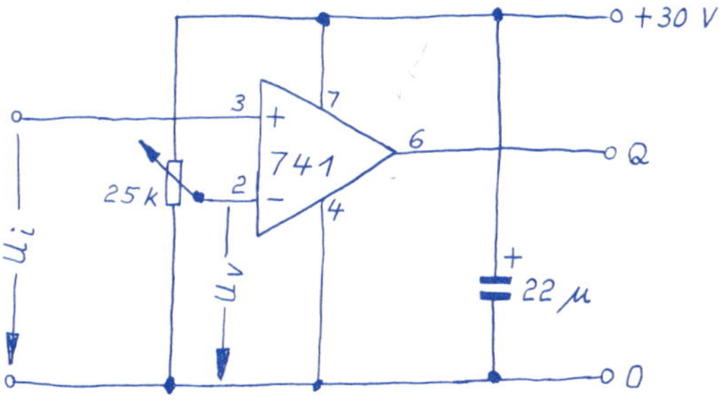

Abb. 8.10 Komparator

8.6 Spannungswächter

Überschreitet bei dem Spannungswächter nach *Abb. 8.11* die Eingangsspannung U_i die am Potentiometer P eingestellte Vergleichsspannung U_v, so schaltet der Ausgang des Operationsverstärkers von +2,5 V auf +29 V um und das Relais Rel zieht an. Die beiden Widerstände R_1 und R_2 bewirken eine Hysterese, durch welche die Abfallschwelle des OPV um 0,3 V tiefer als die Ansprechschwelle liegt. Diese Differenz wird größer, wenn man R_2 kleiner als angegeben bemißt. Entsprechendes gilt umgekehrt.

Der Wächter arbeitet mit Eingangsspannungen zwischen +2,5 V und +29 V. Will man höhere Spannungen erfassen, so ist dem Eingang ein entsprechender Teiler vorzuschalten.

Soll das Relais auch dann angezogen bleiben, wenn die Eingangsspannung die Abfallschwelle wieder unterschritten hat, so überbrückt man die Emitter-Kollektor-Strecke des Transistors mit einem seiner Arbeitskontakte, der dann als Selbsthaltekontakt wirkt. Auf diese Weise fällt das Relais erst nach Ausschalten der Speisespannung ab.

Durch die drei Dioden in der Emitterleitung wird erreicht, daß der Transistor im L-Zustand des Operationsverstärkerausgangs (U_Q = +2,5 V) absolut sicher sperrt. - Das Relais ist ein 24-V-Typ, z. B. MZ/K-19, Fabrikat PASI (2 Umschaltkontakte, Spulenwiderstand 930 Ω).

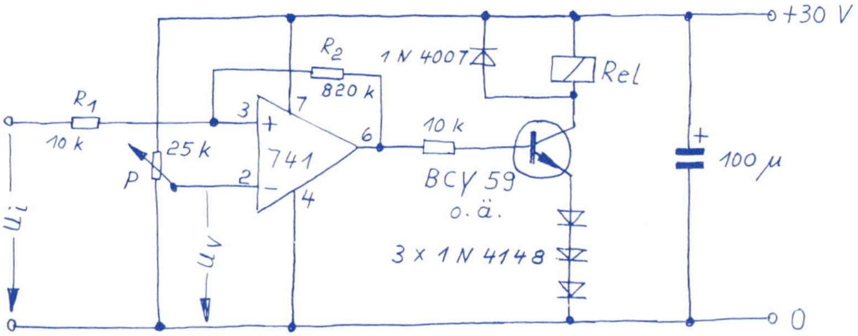

Abb. 8.11 Spannungswächter

8.7 Stromwächter

Die Stromwächterschaltung in *Abb. 8.12* stellt im Grunde nur eine Abwandlung des zuletzt beschriebenen Spannungswächters dar. Der zu erfassende Strom I_i durchfließt den Widerstand R_i, der verhältnismäßig niederohmig ist und so den Wert von I_i praktisch nicht beeinflußt. Der an R_i auftretende Spannungsabfall U_i ist ein Maß für den zu überwachenden Strom und dient zum Steuern des Operationsverstärkers. Um Änderungen der Spannung U_i in voller Höhe zum Punkt a gelangen zu lassen, steht dieser Punkt über eine Z-Diode mit R_i in Verbindung. Bei Verwendung eines ohmschen Widerstandes anstelle der Diode würden Änderungen von U_i dem Teilerverhältnis entsprechend nur mehr oder weniger stark abgeschwächt am Punkt a wirksam sein.

In Schleiferstellung „unten" des Potentiometers P zieht das Relais an, wenn der Strom I_i den Wert 15 mA übersteigt. In Stellung „oben" wurde eine Ansprechschwelle von 600 mA gemessen. Die Hysterese beträgt in beiden Fällen etwa 10 mA. Soll das Relais nach Unterschreiten des Ausschaltpegels von I_i angezogen bleiben, so schaltet man einen seiner Arbeitskontakte der Emitter-Kollektor-Strecke des Transistors als Selbsthaltekontakt parallel.

Der Spannungsteiler am N-Eingang des OPV ist so zu dimensionieren, daß das Potential am Punkt b um etwa 0,5 V höher liegt als das am Punkt a. Es wird damit eine unerwünscht hohe Empfindlichkeit der Schaltung vermieden. Je nach gewünschtem Ansprechbereich wird man den Widerstand R_i größer oder kleiner als angegeben bemessen. Dabei ist natürlich stets die erforderliche Belastbarkeit zu berücksichtigen.

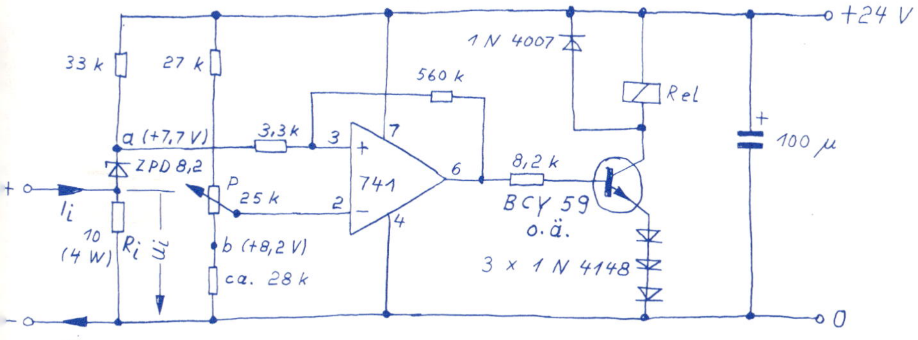

Abb. 8.12 Stromwächter

8.8 Temperaturschalter

Der Temperaturschalter nach *Abb. 8.13* ist mit dem uns bereits bekannten Fensterdiskriminator TCA 965 aufgebaut. Zum leichteren Verständnis seiner Wirkungsweise soll zunächst kurz über den benutzten Silizium-Sensor KTY 10-6 gesprochen werden.

Dieser Fühler hat die Eigenschaft, mit zunehmender Erwärmung einen höheren ohmschen Widerstand anzunehmen. Wie aus der Kennlinie in *Abb. 8.14* hervorgeht, erfolgt die Widerstandsänderung jedoch nicht ganz linear. Trotzdem läßt sich eine weitgehend temperaturproportionale Signalgabe erzielen, indem man den Fühler gemäß *Abb. 8.15* über einen sogenannten Linearisierungswiderstand (hier 4,22 kΩ) an eine konstante Spannung anschließt. Es tritt dabei ein Spannungsabfall U_f an ihm auf, der in Abhängigkeit von der Temperatur einen geradlinigen Verlauf zeigt *(Abb. 8.16)*. Bei 0 °C beträgt U_f hier 1,67 V, bei 100 °C 2,59 V.

Die Teilerwiderstände in *Abb. 8.13* sind so bemessen, daß Anschluß 7 des Schaltkreises, welcher die untere Fensterkante bestimmt, auf + 1,67 V zu liegen kommt. Dies entspricht einer Temperatur von 0 °C. Die Spannung an Anschluß 6 (obere Fensterkante) läßt sich mittels des Potentiometers P1 zwischen + 1,67 V und + 2,59 V verändern. Da andererseits die Verbindungsstelle zwischen Fühler und Linearisierungswiderstand an Anschluß 8 angeschlossen ist (Fenstermitte), können so Temperaturen im Bereich 0 °C–100 °C erfaßt werden.

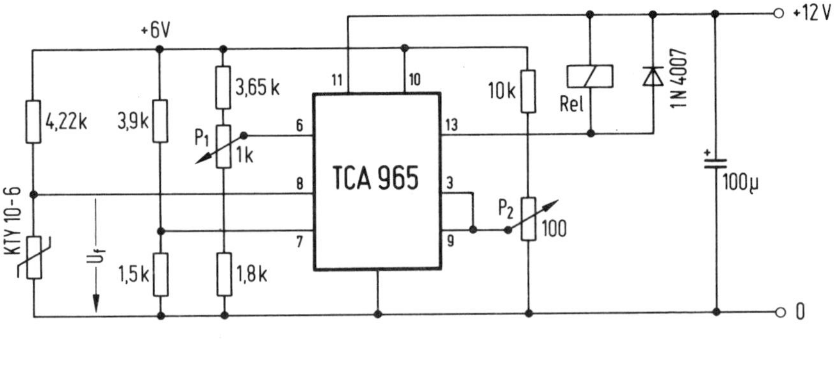

Abb. 8.13 Temperaturschalter

Das Relais Rel befindet sich folglich im Zustand „ein“, wenn die Fühlerspannung größer als die Spannung an Anschluß 7 ist und kleiner als die an Anschluß 6. Es kann zur Steuerung einer Heizung dienen, die durch den Fühler überwacht wird. Erreicht die Temperatur den vorgegebenen Sollwert, so nimmt die Spannung U_f den am Potentiometer P1 eingestellten Wert an und das Relais fällt ab. Der Arbeitsbereich des Wächters läßt sich zu tieferen Temperaturen hin erweitern, indem man die Vorspannung an Anschluß 7 entsprechend herabsetzt.

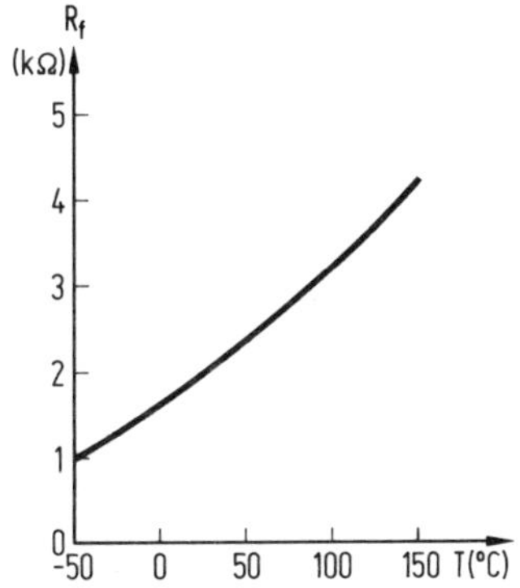

Abb. 8.14 Widerstandswert des KTY 10-6 in Abhängigkeit von der Temperatur (nach Unterlagen der Siemens AG)

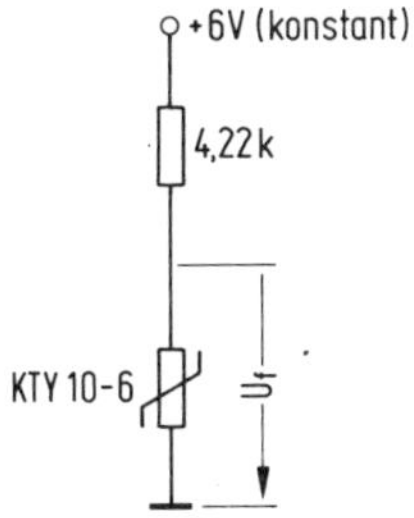

Abb. 8.15 Linearisierungsschaltung für den Temperaturfühler KTY 10-6

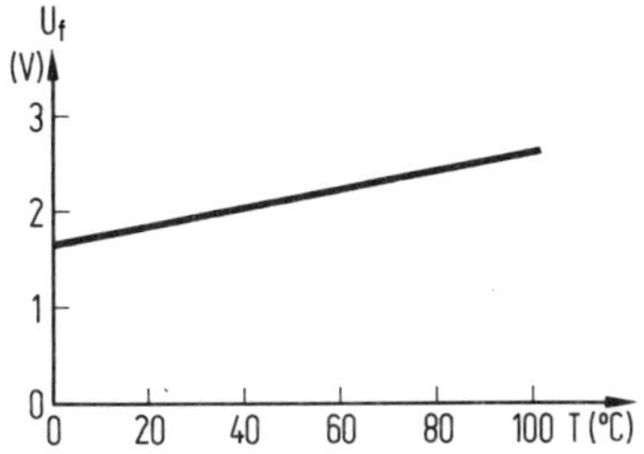

Abb. 8.16 Spannungsabfall am Sensor KTY 10-6 in Abhängigkeit von der Temperatur ($R_v = 4{,}22$ kΩ, $U_b = 6$ V)

Die Hysterese kann mit dem Trimmpotentiometer P2 zwischen 100 mV (Schleifer „oben") und 20 mV (Schleifer „unten") verändert werden. - Vorteilhaft in bezug auf die Schaltgenauigkeit wirkt sich aus, daß sämtliche Spannungsteiler von der hochstabilen Referenzspannung +6 V an Anschluß 10 gepeist sind.

Wird der Temperaturfühler kurzgeschlossen oder unterbrochen, so fällt das Relais ab. Die Schaltung arbeitet also eigensicher. - Das Relais ist ein 12-V-Typ und darf den Baustein maximal mit 50 mA belasten.

8.9 Alarmanlage

Bei der Alarmanlage in *Abb. 8.17* zum Schutz gegen Einbruch durchfließt ein Ruhestrom die Drahtschleife S, die aus mehreren in Serie geschalteten Fenster- und Türkontakten sowie Reißdrähten bestehen kann. Bei Unterbrechung der Schleife zieht ein Relais an, das eine Alarmhupe oder -lampe so lange in Betrieb setzt, bis die Anlage abgeschaltet wird. Ein Überbrükken der Unterbrechungsstelle beendet das Signal nicht.

Nach Einschalten der Speisespannung kommt der Ausgang des Operationsverstärkers nahezu auf Null zu liegen und das Relais bleibt abgefallen. Wird die Schleife dann unterbrochen, so erhält der P-Eingang über den 2,2-MΩ-Widerstand positiveres Potential und das Relais zieht an. Durch die Mitkopplung des OPV über die Diode und den 180-kΩ-Widerstand ist gewährleistet, daß es auch dann angezogen bleibt, wenn danach

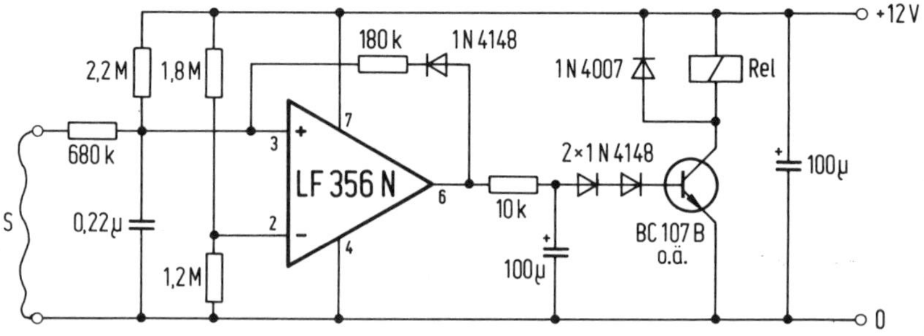

Abb. 8.17 Alarmanlage

die Schleife wieder geschlossen wird. - Ohne die Diode würde der Verstärkerausgang bei Schleifenunterbrechung nicht auf „H" umschalten können, weil dann der P-Eingang von Anschluß 6 her auf einem Potential von nur wenig über Null festgehalten würde.

Um zu vermeiden, daß durch etwaige Einschwingvorgänge beim Einschalten der Anlage das Relais kurzzeitig erregt wird, ist in die Zuleitung zur Basis des Transistors ein RC-Glied 10 kΩ/100 µF eingefügt. Im Hinblick auf optimale Bereitschaftssicherheit empfiehlt es sich, die Alarmanlage mit einem gepufferten Akkumulator zu betreiben. Die Stromaufnahme im Ruhezustand beträgt 3 mA.

8.10 Prellfreier Schalter

Zum Testen elektronischer Zähler ist ein Generator erforderlich, der positiv oder negativ gerichtete Rechteckimpulse erzeugt. Grundsätzlich könnte man hierzu eine einfache Schaltung mit Spannungsquelle, Taster und Widerstand entsprechend *Abb. 8.18 a* bzw. *8.18 b* aufbauen. Solange sich der Kontakt in Ruhestellung befindet, führt der Ausgang Q das gleiche Potential wie die Bezugsleitung. Betätigt man ihn dagegen, so wird Q mit dem Plus- bzw. mit dem Minuspol der Batterie verbunden. Damit entsteht ein positiver bzw. ein negativer Impuls, der so lange anhält, bis man den Taster wieder losläßt.

Leider arbeitet kein elektromechanischer Schalter prellfrei. In der Regel ergibt sich deshalb bei der Kontaktgabe nicht nur ein Impuls, sondern es treten je nach den Umständen gleich zwei, drei oder vier Impulsspitzen auf. Elektronischer Zähle wirken indessen so schnell, daß sie diese Impulse sämtlich separat erfassen. Ein eindeutiges Testen ist demnach so nicht möglich.

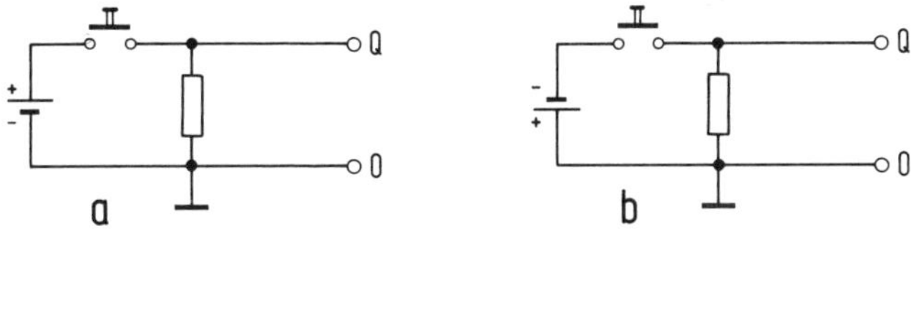

Abb. 8.18 Handbetätigter Generator für positive (a) und für negative Testimpulse (b)

Abb. 8.19 zeigt die Schaltung eines Impulsgenerators, bei dem das Kontaktprellen durch einen kleinen Trick völlig unwirksam bleibt. In Ruhestellung des Umschalttasters Ta liegt der Ausgang des Operationsverstärkers auf etwa +10 V. Beim Öffnen des Kontaktes ändert sich an diesem Zustand noch nichts, weil der N-Eingang über den zugehörigen Spannungsteiler gegenüber dem P-Eingang weiterhin eine entsprechende Vorspannung erhält. Wird dann aber der Arbeitskontakt geschlossen - ob mit oder ohne Prellen - so fällt das Potential an Anschluß 6 in steilem Sprung auf +2 V. Nach Loslassen des Tasters nimmt der Ausgang Q in gleicher Weise wieder den Wert +10 V an.

Will man anstelle der negativen Impulse positive erzeugen, so brauchen der Arbeits- und der Ruhekontakt nur miteinander vertauscht zu werden. Die Hysterese des Schalters beläuft sich auf

$$U_i = \frac{R_1}{R_1 + R_2} \cdot (U_{QH} - U_{QL}) = \frac{68\,k\Omega}{68\,k\Omega + 27\,k\Omega} \cdot (10\,V - 2\,V) =$$

$$0{,}72 \cdot 8\,V = 5{,}76\,V.$$

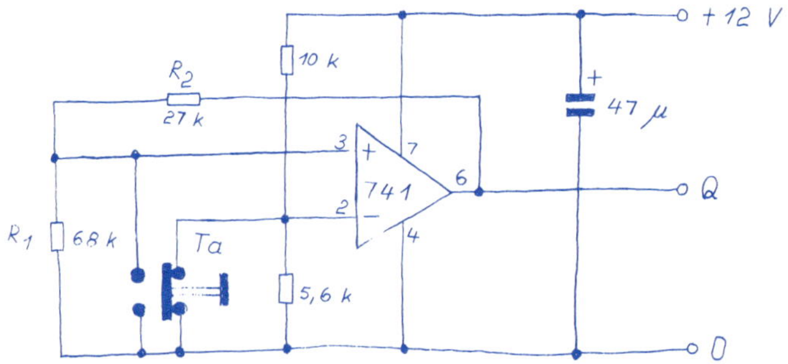

Abb. 8.19 Prellfreier Schalter

Schaltungen der Optoelektonik

9

9.1 Lichtschranke

Die Lichtschranke in *Abb. 9.1* enthält einen sogenannten Schwellenwertschalter vom Typ TCA 345 A. Dieser Baustein besteht aus einem Operationsverstärker und einem Transistor mit offenem Kollektor *(Abb. 9.2)*. Seine Charakteristik ist aufgrund der Rückkopplung vom OPV-Ausgang zum P-Eingang die eines Schmitt-Triggers.

Solange der Fototransistor T_1 belichtet wird und infolgedessen leitet, ist der Transistor des TCA 345 A durchgeschaltet, womit T_2 sperrt. Das Relais bleibt somit unerregt. Bei Abschattung von T_1 zieht es an. Das Trimmpotentiometer dient zum Verändern der Ansprechempfindlichkeit. Je höher der eingestellte Widerstandswert ist, desto mehr muß der Lichteinfall auf den Fototransistor abgeschwächt werden, damit das Relais einschaltet.

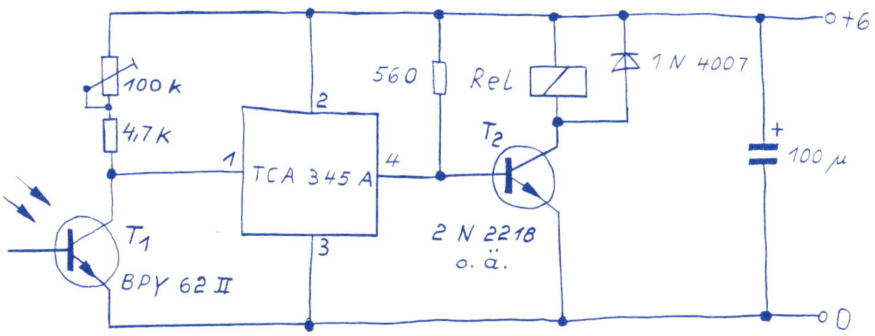

Abb. 9.1 Lichtschranke

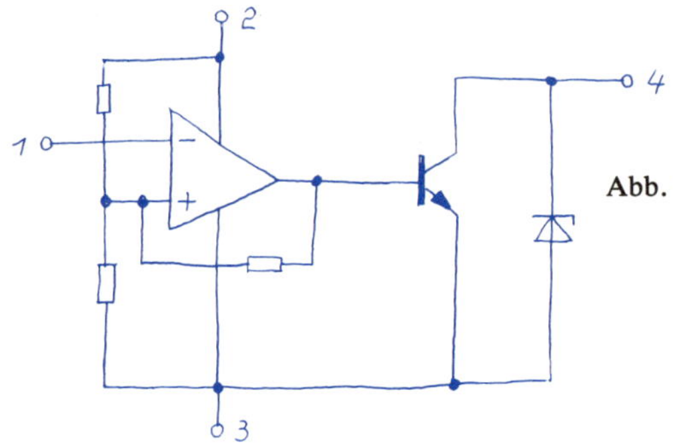

Abb. 9.2 Prinzipschaltung des TCA 345 A (nach Unterlagen der Siemens AG)

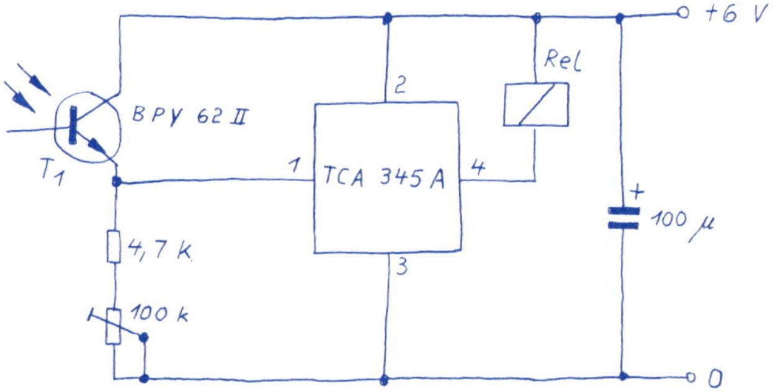

Abb. 9.3 Vereinfachte Schaltung der Lichtschranke

Beträgt dessen Erregerstrom weniger als 70 mA, so kann man auch die vereinfachte Schaltung nach *Abb. 9.3* anwenden, bei welcher der Transistor T_2 entfällt. Es müssen hier aber T_1 und die beiden Widerstände miteinander vertauscht werden, damit der Schaltsinn erhalten bleibt. Eine Freilaufdiode ist bereits im TCA 345 A einintegriert und braucht deshalb extern nicht angeschlossen zu werden. - Als Relais wird in jedem Fall ein 6-V-Typ benutzt.

Der Schwellenwertschalter TCA 345 A weist folgende Daten auf:

Grenzdaten	*Kenndaten*
U_b = 10 V	I_b = 1,35 mA
$U_i = U_b$	I_i = 10 nA
I_Q = 70 mA	$\Delta U_i = 0{,}2 \cdot U_b$
T_u = −25 bis +85 °C	

9.2 Dämmerungsschalter

Der Dämmerungsschalter in *Abb. 9.4* ist so ausgelegt, daß das Relais Rel anzieht, wenn der Lichteinfall auf den Fototransistor BPY 62 II einen bestimmten Wert unterschreitet, und wieder abfällt, wenn danach die Belichtung diesen Wert zuzüglich einer kleinen Hysterese überschreitet. Die Ansprechempfindlichkeit läßt sich mittels des Trimmpotentiometers P in einem Verhältnis von etwa 1:20 verändern. Der Operationsverstärker arbeitet als Schmitt-Trigger. Seine Steuerung erfolgt durch eine Brückenschaltung mit den Widerständen R_1–R_4, deren Diagonale die Punkte a und b darstellen.

Bei P = 2 MΩ und bei P = 0 wurden in Abhängigkeit vom Fototransistor-Strom I_F folgende Schaltpunkte ermittelt:

P (MΩ)	I_F (μA)	Relais
2	2,2	ein
2	3,4	aus
0	55	ein
0	61	aus

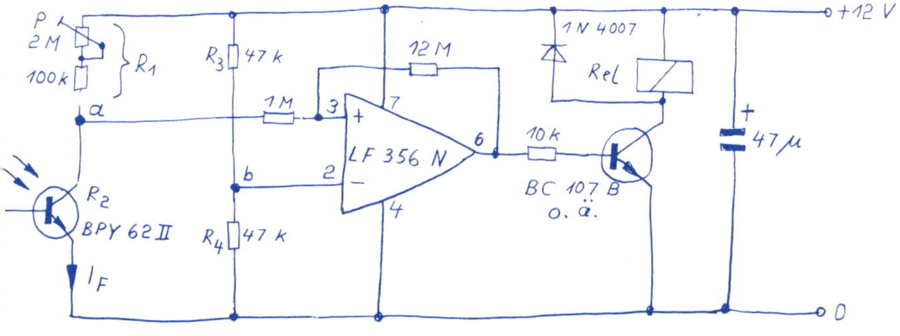

Abb. 9.4 Dämmerungsschalter

9.3 Lichtschalter

Bei Belichtung des Fototransistors BPW 13 B in *Abb. 9.5* wird dieser leitend und läßt über den Schwellenwertschalter TCA 105 das Relais Rel anziehen. Soll der Lichtschalter im umgekehrten Sinn arbeiten, so ist die Ba-

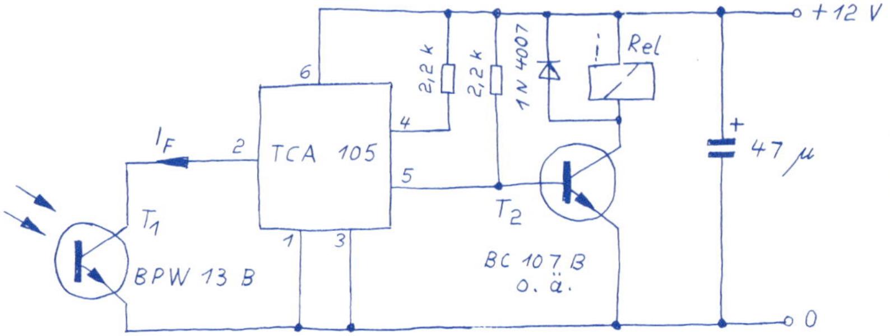

Abb. 9.5 Lichtschalter

sis des Transistors T_2 nicht mit Anschluß 5, sondern mit Anschluß 4 der integrierten Schaltung zu verbinden. Es handelt sich hier um zwei offene Ausgänge mit jeweils antivalentem Signal. Die beiden 2,2-kΩ-Widerstände stellen die Arbeitswiderstände dar.

Der Strom I_F bildet den Emitterstrom des Eingangstransistors der IS. Er beträgt bei abgedunkeltem Fototransistor 0, bei trübem Tageslicht ca. 25 µA und bei voller Belichtung mit einer Taschenlampe 185 µA. Der Schaltkreis spricht an, wenn der Strom I_F den Wert 50 µA über- bzw. unterschreitet.

Die Daten des Schwellenwertschalters TCA 105 sind folgende:

Grenzdaten	*Kenndaten*
U_b = 30 V	I_b = 3,4 mA
I_Q = 50 mA	ΔU_i = 35 mV
T_u = −25 bis +85 °C	

9.4 LED-Blinkeinrichtung

Der Warnblinker in *Abb. 9.6* ist mit zwei LEDs bestückt, die wechselseitig ein- und ausgeschaltet werden. Die Periodendauer läßt sich mittels des 1-MΩ-Potentiometers zwischen 0,2 und 2 s verändern.

Der verwendete Doppel-Operationsverstärker TAA 2761 A hat offene Ausgänge, die im Schaltbeispiel entweder voll mit Null verbunden oder

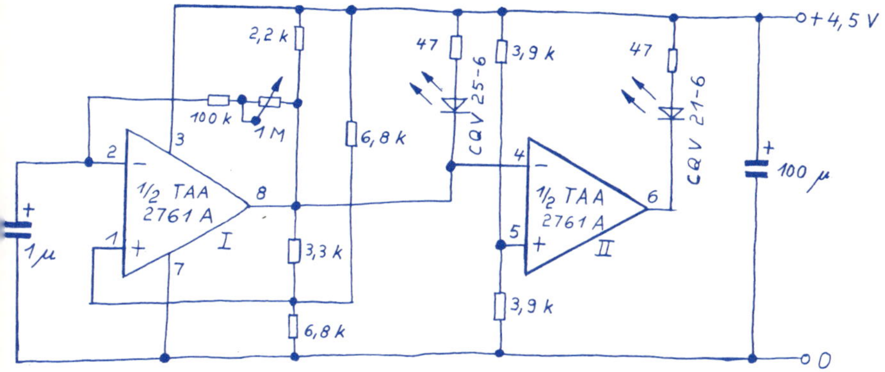

Abb. 9.6 LED-Blinkeinrichtung

aber abgeschaltet sind. Auf positives Potential können sie intern nicht zu liegen kommen. Der TAA 2761 A besitzt gegenüber den meisten OPV-Typen mit Gegentaktausgang keine Strombegrenzung und eignet sich deshalb gut zum direkten Betrieb von LEDs mit ihrem verhältnismäßig großen Strombedarf. Im Beispiel fließen jeweils 30 mA, womit sich eine gute Leuchtstärke ergibt. Teil I der IS arbeitet in bekannter Weise als astabiler Multivibrator, Teil II als Umkehrverstärker. Die LEDs sind vom Typ CQV 21-6 (rot) bzw. CQV 25-6 (grün). Bei beiden Typen ist der Katodenanschluß kürzer als der Anodenanschluß.

Der Doppel-Operationsverstärker TAA 2761 A weist folgende Daten auf:

Grenzdaten

U_b = ± 15 V
U_{id} = ± U_b
I_Q = 70 mA
T_u = 0–70 °C

Kenndaten

I_b = 0,5 mA (insgesamt)
R_i = 200 kΩ
I_i = 0,5 µA
U_{io} = 6 mV
I_{io} = 80 nA

9.5 Signalübertrager mit Optokoppler

Zum Erfüllen von Meß- und Überwachungsaufgaben ist es manchmal notwenig, zwischen der gegebenen Signalquelle und den Stufen zur Signalverarbeitung eine Potentialtrennung vorzunehmen. Hierzu eignet sich in fast idealer Weise ein *Foto-* oder *Optokoppler.*

Ein solcher Baustein besteht aus einer Lumineszenzdiode und einem Fototransistor, die galvanisch voneinander getrennt, optisch aber fest gekoppelt und gegen Fremdlicht abgeschirmt sind. Derartige Bauelemente werden von der Halbleiterindustrie in einer verhältnismäßig großen Typenvielfalt angeboten.

In *Abb. 9.7* ist eine Versuchsschaltung zur potentialfreien Signalübertragung mit dem Optokoppler CQY 80 N angegeben. Vom Eingang her wird in den Steuerkreis der Strom I_F eingespeist, der die Diode entsprechend stark leuchten läßt. Das Licht trifft auf den Fototransistor und löst in ihm den Kollektorstrom I_C aus, wozu natürlich eine Spannung U_{CE} zwischen Kollektor und Emitter angelegt sein muß. Das Verhältnis I_C/I_F stellt den Kopplungsfaktor k dar. *Abb. 9.8* zeigt auf, in welcher Weise der Kollektorstrom I_C vom Steuerstrom I_F abhängt. Den angegebenen Werten liegt eine Kollektorspannung U_{CE} von 5 V zugrunde. Diese Spannung übt indessen keinen wesentlichen Einfluß auf den Strom I_C aus. Leider verläuft die Kennlinie nicht ganz linear, was durch das physikalische Verhalten sowohl der Leuchtdiode als auch des Fototransistors bedingt ist.

Will man Änderungen von I_C in Spannungsänderungen umwandeln, so fügt man in die Kollektor- bzw. in die Emitterleitung einen Widerstand ein und greift den daran auftretenden Spannungsabfall ab.

Der Faktor k von Optokopplern beträgt typen- und exemplarabhängig 25–300%.

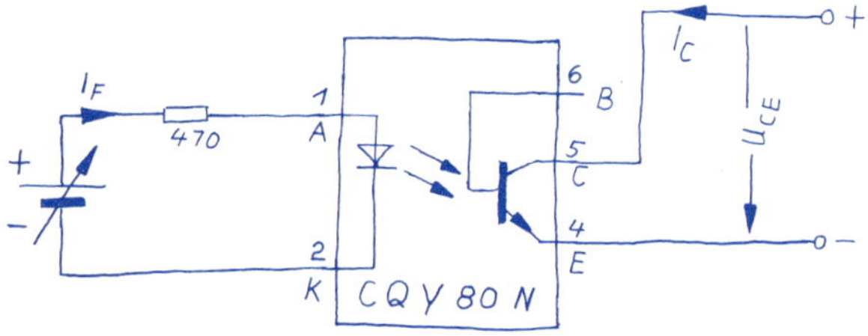

Abb. 9.7 Signalübertragung mit Optokoppler

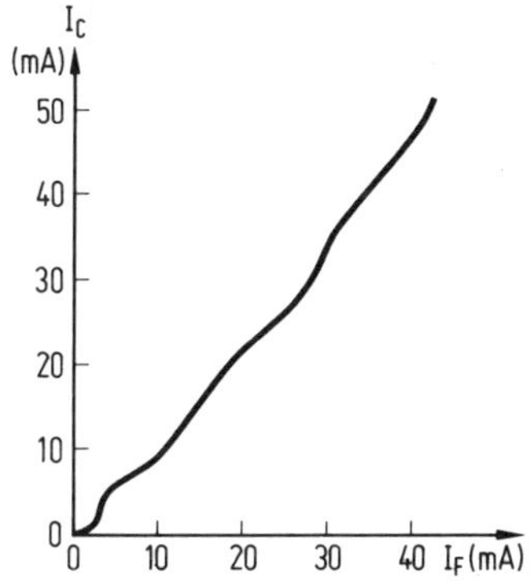

Abb. 9.8 Kollektorstrom I_C des Optokopplers CQY 80 N in Abhängigkeit vom LED-Strom I_F, gemessen bei $U_{CE} = 5$ V

Der Optokoppler CQY 80 N weist folgende Daten auf:

Grenzdaten Sender	*Grenzdaten Empfänger*
I_F = 60 mA	U_{CEO} = 32 V (Sperrspannung)
U_R = 5 V (Sperrspannung)	U_{ECO} = 7 V (Sperrspannung)
P_{tot} = 100 mW	I_C = 50 mA
	P_{tot} = 150 mW

Die Isolationsprüfspannung zwischen Sender und Empfänger beträgt 4,4 kV (Gleichspannung).

9.6 Pegelmesser mit Leuchtbandanzeige

Leuchtbandanzeigen dienen zum schnellen und übersichtlichen Erfassen von Meßwerten bei nicht allzu hohen Ansprüchen an die Genauigkeit. Sie eignen sich gut zum Anzeigen von Füllständen, Geschwindigkeiten und Aussteuerungsgraden, können aber auch als Spannungs- und Strommeßgeräte benutzt werden.

Abb. 9.9 zeigt die Schaltung eines entsprechenden Experimentieraufbaues, dessen Hauptbestandteil eine spezielle IS des Typs UAA 180 ist. Das Lichtband wird von 12 LEDs verkörpert, von denen eine um so größere Anzahl aufleuchtet, je höher die zu erfassende Spannung U_{st} in bezug

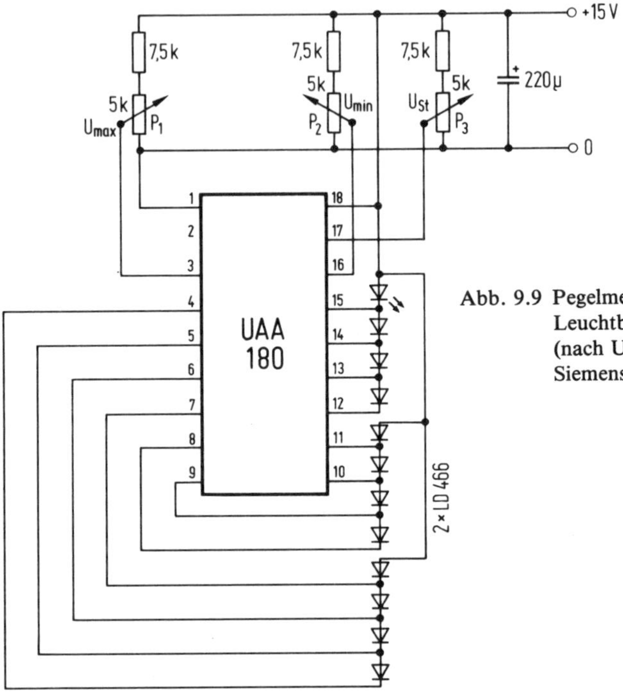

Abb. 9.9 Pegelmesser mit Leuchtbandanzeige (nach Unterlagen der Siemens AG)

auf den jeweiligen Meßbereich ist. Die Lumineszenzdioden selbst sind keine Einzelexemplare, sondern gehören zwei sogenannten *Zeilen* à 6 LEDs an (Typ LD 466).

Die zu den Anschlüssen 3 und 16 führenden Vorspannungen U_{max} und U_{min} können mittels der Potentiometer P1 und P2 zwischen 0 und +6 V verändert werden. Aus der Differenz dieser Spannungen ergibt sich der jeweilige Meßbereich, wobei U_{max} in jedem Fall größer als U_{min} sein muß. Beträgt U_{max} beispielsweise +5 V und U_{min} +2 V, so beläuft sich der Anzeigebereich für die Spannung U_{st} auf 0–3 V. Darüber hinaus kann man mittels der Potentiometer P1 und P2 den Leuchtübergang der LEDs beeinflussen. Bei einer kleien Differenz zwischen U_{max} und U_{min} gleitet das Leuchtband kontinuierlich, bei einer größeren sprunghaft.

Ist Anschluß 2 offen oder auf Masse gelegt, so beträgt der Diodenstrom je 10 mA. Man kann diesen Strom zu kleineren Werten hin variieren, indem man Anschluß 2 eine positive Vorspannung erteilt. Erreicht deren Wert etwa 10% von U_b, so geht der LED-Strom auf Null zurück.

Schaltungsmäßig sind die LEDs in Vierergruppen eingeteilt, welche jeweils gleichartige Dioden enthalten müssen, weil die Speisung der Leistungseinsparung wegen seriell erfolgt. Die Gruppen selbst brauchen untereinander nicht gleichartig zu sein. Man kann daher auch Vierergruppen verschiedener Lichtfarbe verwenden, um so den Meßbereich noch in einzelne Anzeigebereiche zu unterteilen.

Die Daten des Schaltkreises UAA 180 sind folgende:

Grenzdaten	*Kenndaten*
U_b = 18 V	I_b = 5,5 mA
U_i = 6 V	I_i = 0,3 µA
T_u = −25 bis 85 °C	

9.7 Spannungsüberwachung

Ist in *Abb. 9.10* mit dem uns bereits bekannten Fensterdiskriminator TCA 965 die zu überwachende Spannung U_{st} größer als die untere Grenzspannung U_{min} und kleiner als die obere Grenzspannung U_{max}, so leuchtet die grüne Lumineszenzdiode D_2 auf und zeigt hiermit an, daß der Wert von U_{st} innerhalb desjenigen Bereiches liegt, der durch die Potentiometer P1

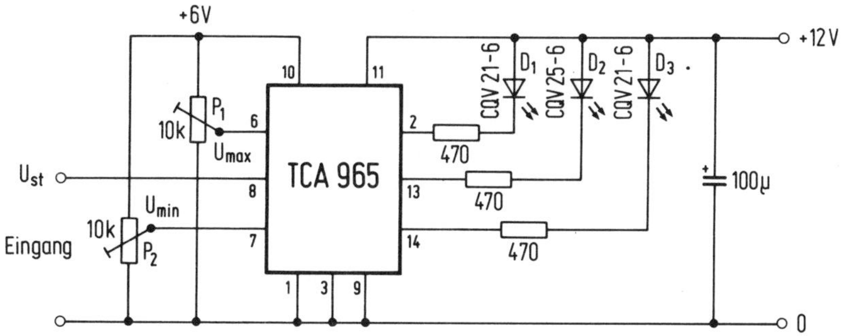

Abb. 9.10 Spannungsüberwachung (nach Unterlagen der Siemens AG)

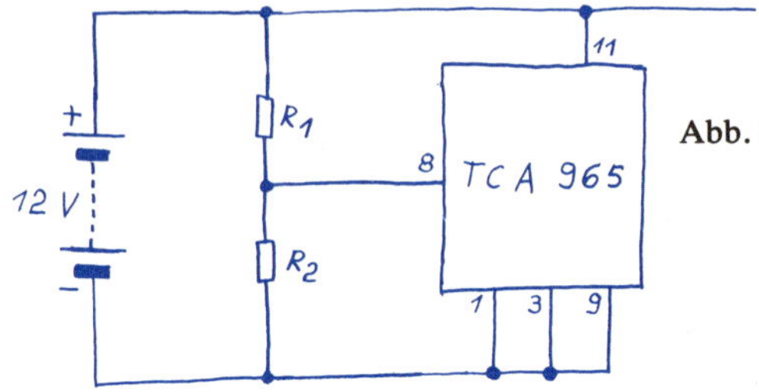

Abb. 9.11 Spannungsteiler zum Überwachen einer 12-V-Kraftfahrzeug-Batterie mittels Schaltung Abb. 9.10 (nach Unterlagen der Siemens AG)

und P2 vorgegeben ist. Unterschreitet dagegen die Spannung U_{st} den Wert von U_{min} oder überschreitet sie den Wert von U_{max}, so wird die rote Diode D_1 bzw. D_3 eingeschaltet und damit Unter- oder Überspannung angezeigt.

Obwohl der Einstellbereich von P1 und P2 nur 6 V beträgt, kann man die Schaltung auch zur Kontrolle höherer Spannungen benutzen, indem man ihr einen geeigneten Spannungsteiler zuordnet *(Abb. 9.11).* Soll beispielsweise eine 12-V-Kraftfahrzeug-Batterie (Bleiakku) überwacht werden, so bemißt man den Widerstand R_1 mit 8,2 kΩ und R_2 mit 2,7 kΩ. Auf diese Weise ergibt sich bei entsprechender Einstellung der Potentiometer folgendes Schaltverhalten:

Diode ein	Batteriespannung	Bedeutung
D_2	11,5–14,5 V	Batterie in Ordnung
D_1	unter 11,5 V	Batterie leer
D_3	über 14,5 V	Batterie überladen

Selbstverständlich braucht man hier die Schaltung nicht mit einer eigenen Speisespannung zu versorgen. Dazu kann die Batterie selbst herangezogen werden.

Die Hysterese des Spannungswächters beträgt 10 mV und ist damit verhältnismäßig klein. Sie läßt sich erhöhen, indem man den Kontakten 3 und 9 eine positive Vorspannung in der Größenordnung von einigen zehn Millivolt zuführt. Der dazu erforderliche Teiler wird an die Konstantspannung von 6 V angeschlossen (Anschluß 10).

Spannungs- und Stromregler 10

10.1 Referenzspannungsquelle

Referenzspannungsquellen dienen zum Bereitstellen einer Ausgangsspannung, deren Wert unabhängig von Änderungen der Eingangsspannung, der Belastung und möglichst auch der Umgebungstemperatur konstant bleibt. Dazu ist eine Vergleichsspannung entsprechender Stabilität erforderlich, die zumeist von einer Z-Diode geliefert wird. In *Abb. 10.1* liegt diese am P-Eingang eines Operationsverstärkers an, während der N-Eingang über einen einstellbaren Teiler die Ausgangsspannung U_Q erfaßt. Ist U_Q aus welchen Gründen auch immer gerade im Sinken begriffen, so steigt die Spannung am Ausgang des OPV in verstärktem Maße an und läßt die Kollektor-Emitter-Strecke des Transistors BD 139 niederohmiger werden. Durch diesen Effekt erhöht sich die Spannung U_Q in sehr kurzer Zeit automatisch wieder auf ihren bisherigen Wert. Zeichnet sich ein Steigen der Ausgangsspannung ab, so arbeitet die Regelung in umgekehrtem Sinn.

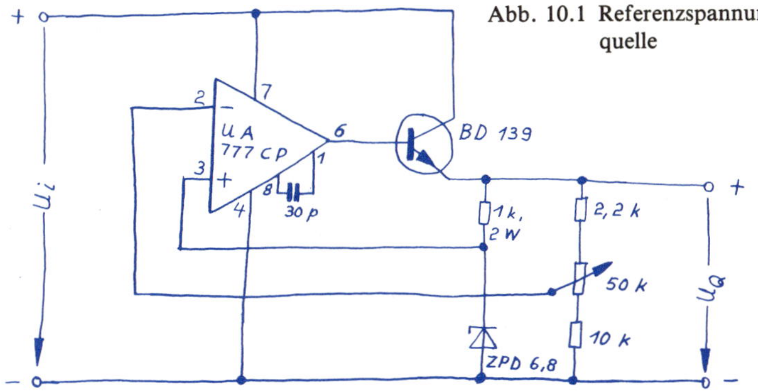

Abb. 10.1 Referenzspannungsquelle

Die Spannung U_Q beträgt minimal 7 V und kann mittels des Potentiometers bis auf U_i–1,5 V angehoben werden. Die Differenz von 1,5 V wird als Mindestspannung für den Transistor zum Erzielen einer einwandfreien Arbeitsweise benötigt. Maximal darf die Spannung U_i 44 V betragen; ihr Minimalwert ist 10 V.

Die Wirksamkeit der Regelung sei an nachfolgenden Meßwerten aufgezeigt. Sie lassen erkennen, in welcher Weise die Ausgangsspannung U_Q vom jeweiligen Laststrom I_Q beeinflußt wird, wenn U_Q im Leerlauf 10 V beträgt und die Eingangsspannung U_i 15 V.

I_Q (mA)	U_Q (V)
0	10
66	9,99
147	9,96
666	9,85

Der Transistor ist mit einem Aluminium-Kühlblech von wenigstens $35 \times 35 \times 1{,}5$ mm^3 zu versehen.

Spannungsänderungen an der Z-Diode infolge von Temperaturänderungen wirken sich natürlich auch auf die Spannung U_Q aus. Bei sehr hohen Ansprüchen an die Ausgangsspannungskonstanz empfiehlt es sich daher, eine Z-Diode mit besonders kleinem Temperaturkoeffizienten zu verwenden. Solche Bauteile werden als *Referenzdioden* angeboten.

10.2 Hochstabile Referenzspannungsquelle

Die Referenzspannungsquelle AD 581 JH liefert eine Ausgangsspannung U_Q von 10 V mit extrem hoher Konstanz. Der Baustein besitzt 3 Anschlüsse *(Abb. 10.2)*, die nach *Abb. 10.3* zu beschalten sind. Der Eingangsstrom I_i beträgt bei unbelastetem Ausgang 0,75 mA, bei belastetem Ausgang 0,75 mA + I_Q. Zulässig ist ein Ausgangsstrom I_Q von etwa 15 mA; garantiert werden 10 mA. Einer Messung zufolge ging bei U_i = 20 V und einer Belastungsänderung von 0 auf sogar 20 mA die Ausgangsspannung um weniger als 1 Promille zurück.

Liegt die Eingangsspannung U_i in der Nähe ihres unteren Grenzwertes (etwa 12 V), so ist die Regelfähigkeit der Referenzspannungsquelle notwendigerweise nicht ganz so gut wie bei höheren U_i-Werten. Man kann

Abb. 10.2 Anschlußbelegung der Referenzspannungsquelle AD 581 JH (Baustein von unten gesehen)

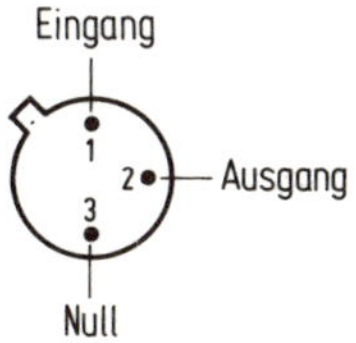

Abb. 10.3 Schaltungsweise der Referenzspannungsquelle AD 581 JH (nach Unterlagen der Analog Devices GmbH)

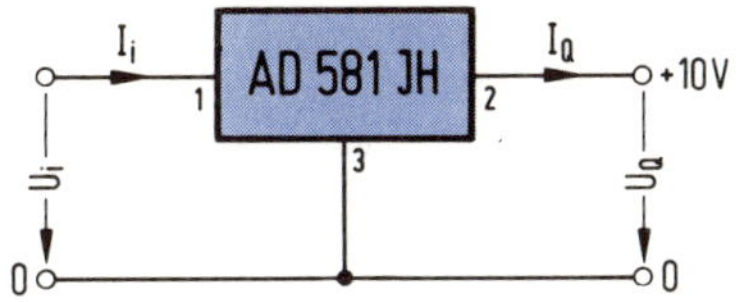

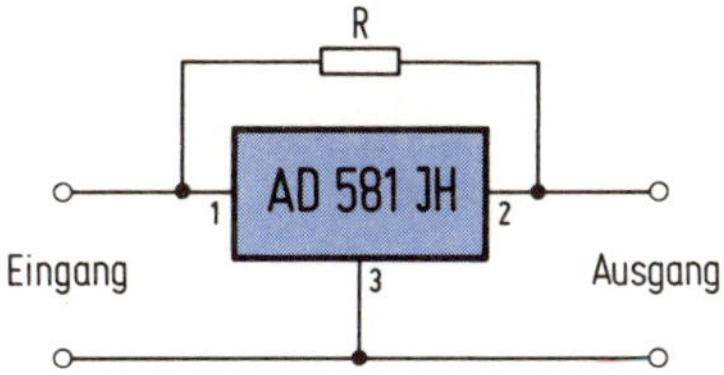

Abb. 10.4 Verbesserung der Regeleigenschaften der Referenzspannungsquelle AD 581 JH bei kleineren Eingangsspannungen (nach Unterlagen der Analog Devices GmbH)

aber in einem solchen Fall die Regelung in bezug auf Laständerungen verbessern, indem man Eingang und Ausgang des Schaltkreises mit einem Widerstand R von 560 Ω oder weniger verbindet *(Abb. 10.4)*. Es fließt dann ein Teil des Ausgangsstroms über R, womit das IC selbst weniger beansprucht ist. Man kann so den Regelfaktor leicht auf das 20fache steigern. Optimal wird der Widerstand dem jeweiligen Laststrom in der Weise angepaßt, daß beim mittleren Strom die Hälfte von I_Q über R fließt.

Ein Feinabgleich der Ausgangsspannung kann gemäß *Abb. 10.5* vorgenommen werden. Der Einstellbereich ist abhängig von der Bemessung des Widerstandes R und läßt sich wie folgt wählen:

R (Ω)	ΔU_Q (mV)
22	±30
12	±10
3,9	± 5

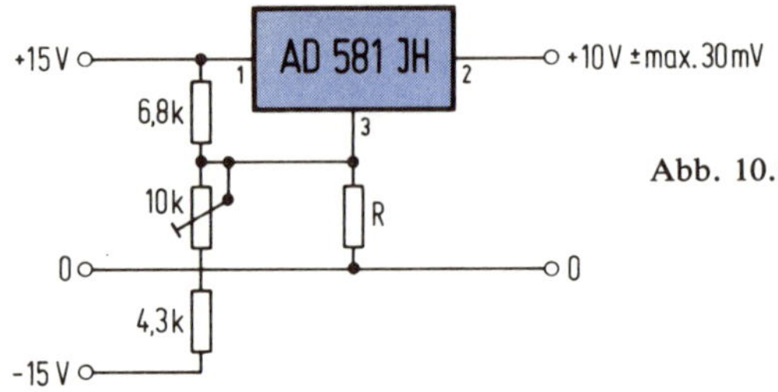

Abb. 10.5 Feinabgleich der Ausgangsspannung der Referenzspannungsquelle AD 581 JH (nach Unterlagen der Analog Devices GmbH)

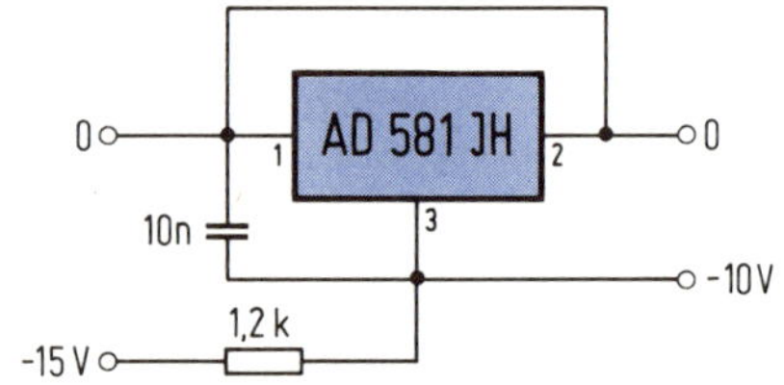

Abb. 10.6 Erzeugen einer negativen Ausgangsspannung mit der Referenzspannungsquelle AD 581 JH (nach Unterlagen der Analog Devices GmbH)

Wird eine negative Ausgangsspannung benötigt, so wendet man die in *Abb. 10.6* angegebene Schaltung an. Eingang und Ausgang des Reglers sind hier miteinander verbunden, wodurch sich eine höhere Stromaufnahme ergibt. Diese beträgt unabhängig vom Laststrom

$$I_i = \frac{U_i - U_Q}{R} = \frac{5\ \text{V}}{1{,}2\ \text{k}\Omega} = 4{,}16\ \text{mA}.$$

Da der Baustein selbst knapp 1 mA benötigt, kann ein Strom I_Q bis zu etwa 3 mA entnommen werden. Wird ein höherer Ausgangsstrom gewünscht, so ist der Widerstand R entsprechend zu verkleinern. Die Referenzspannungsquelle AD 581 JH weist folgende Daten auf:

Grenzdaten	*Kenndaten*	
U_i = 40 V	U_Q = 10 V	I_b = 0,75 mA
P_{tot} = 600 mW	ΔU_Q = max. ± 30 mV	T_k = $30 \cdot 10^{-6}/°C$
T_u = 0–70 °C	I_Q = min. 10 mA	
	I_{Qs} = 30 mA	

10.3 Programmierbare Referenzspannungsquelle

Eine programmierbare Referenzspannungsquelle steht mit dem Baustein AD 584 JH zur Verfügung. Die Ausgangsspannung läßt sich in vier Stufen zu 10 V, 7,5 V, 5 V und 2,5 V wählen. Anschlußbelegung und Schaltplan sind in den *Abb. 10.7* und *10.8* angegeben. Die verschiedenen U_Q-Werte ergeben sich durch externe Beschaltung der Anschlüsse 1, 2 und 3 wie folgt:

U_Q (V)	miteinander zu verbindende Anschlüsse
10	-
7,5	2 und 3
5	1 und 2
2,5	1 und 3

Abb. 10.7 Anschlußbelegung der programmierbaren Referenzspannungsquelle AD 584 JH (Baustein von unten gesehen)

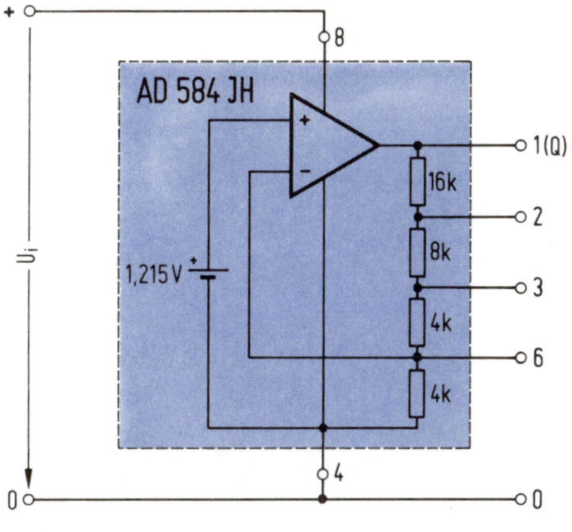

Abb. 10.8 Schaltungsweise der programmierbaren Referenzspannungsquelle AD 584 JH (nach Unterlagen der Analog Devices GmbH)

Ein Feinabgleich der Ausgangsspannung kann nach *Abb. 10.9 a–d* vorgenommen werden. Die Einstellbereiche betragen ±200 mV, ±200 mV, ±100 mV und ±50 mV. Selbstverständlich müssen das Trimmpoti und der 270-kΩ-Widerstand von hoher Konstanz sein (Cermet- bzw. Metallschicht-Ausführung), damit die Konstanz der Ausgangsspannung erhalten bleibt.

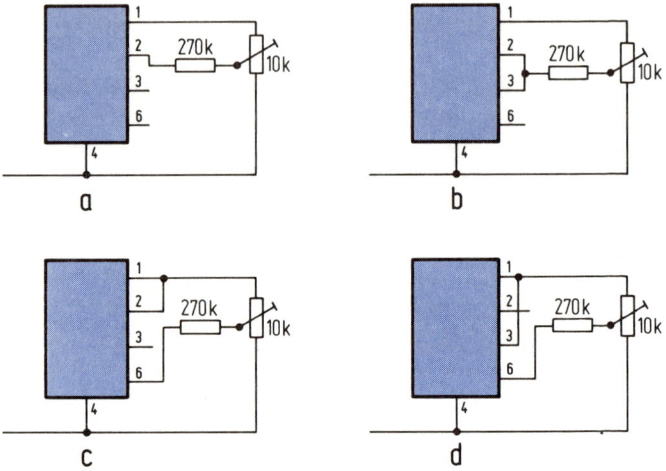

Abb. 10.9 Feinabgleich der Ausgangsspannungen 10 V (a), 7,5 V (b), 5 V (c) und 2,5 V (d) der programmierbaren Referenzspannungsquelle AD 584 JH (nach Unterlagen der Analog Devices GmbH)

Der ohnehin geringe Rauschanteil der Spannung U_Q läßt sich herabsetzen, indem man an die Punkte 6 und 7 einen Kondensator von 10–100 nF anschließt.

Die Daten des integrierten Bausteins AD 584 JH sind folgende:

Grenzdaten	*Kenndaten*
U_i = 40 V	ΔU_Q = max. ± 30 mV (U_Q = 10 V)
P_{tot} = 600 mW	ΔU_Q = max. ± 22 mV (U_Q = 7,5 V)
T_u = 0–70 °C	ΔU_Q = max. ± 15 mV (U_Q = 5 V)
	ΔU_Q = max. ± 7,5 V (U_Q = 2,5 V)
	I_Q = min. 10 mA
	I_{Qs} = 30 mA
	I_b = 0,75 mA
	T_k = $30 \cdot 10^{-6}$/°C

10.4 Schaltungen mit Positiv-Festspannungsreglern

Zum Bereitstellen stabiler Speisespannungen für die verschiedensten Anwendungen bietet die Halbleiter-Industrie Serien sogenannter Positiv- und Negativ-Festspannungsregler an. Diese Regler sind sehr preisgünstig und in den Normwerten 5 V, 6 V, 8 V, 10 V, 12 V, 15 V, 18 V und 24 V erhältlich. So gibt es, um nur einige herauszugreifen, die Positiv-Festspannungsserien TDD 1605 S–TDD 1624 S, TDB 7805–TDB 7824 und UA 7805 C–UA 7824 C. (Die letzten zwei Ziffern geben immer die jeweilige Ausgangsspannung an.) Jeder Typ dieser Reihen benötigt eine Abfallspannung (Längsspannung) von mindestens 2 V und nimmt einen Ruhestrom I_b von etwa 4,5 mA auf. Der obere Grenzwert der Eingangsspannung beträgt 35 V, bei Reglern mit 18 und 24 V Ausgangsspannung jeweils 40 V. Alle Bausteine sind mit einem thermischen Überlastschutz und einer Kurzschlußstrombegrenzung versehen. Letztere erstreckt sich größenordnungsmäßig von 750 mA bei den 5-V-Typen bis zu 200 mA bei den 24-V-Typen. Die Exemplare der Serie TDB... besitzen ein TO-3-Metallgehäuse, die übrigen ein Kunststoffgehäuse mit metallenen Befestigungslaschen. Bei den Typen TDD... und UA... ist ohne Kühlkörper eine Verlustleistung von 2 W zulässig, bei denjenigen der Serie TDB... eine solche von 3 W. Mit ausreichend bemessenem Kühlkörper dürfen alle Typen bis zu 15 W belastet werden.

Als Beispiel ist in *Abb. 10.10* eine Stabilisierungsschaltung mit dem Regler TDD 1612 S angegeben, dessen Anschlußnumerierung aus Abb. 1.6 (im Kap. 1) hervorgeht. Zum Vermeiden etwaiger Schwingungen sind grundsätzlich alle Festspannungsregler eingangs- und ausgangsseitig mit je einem Kondensator sternpunktförmig zum Masseanschluß hin abzublocken. Die ausgezeichneten Regeleigenschaften sind aus den nachfolgenden zwei Tabellen ersichtlich, in denen die Eingangsspannung U_i und

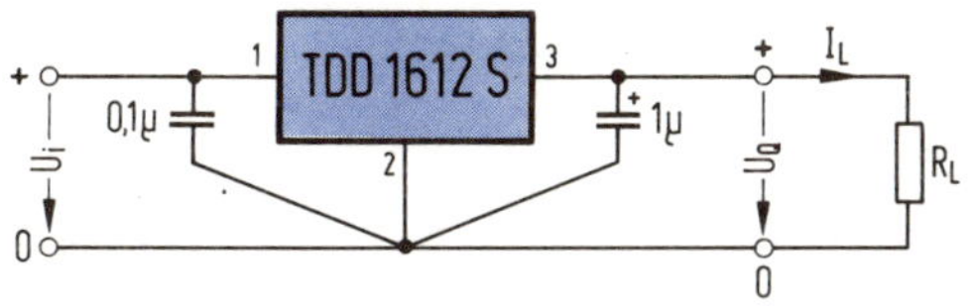

Abb. 10.10 Stabilisierungsschaltung mit dem Positiv-Festspannungsregler TDD 1612 S (nach Unterlagen der Firma Intermetall)

die Ausgangsspannung U_Q bei konstantem Lastwiderstand $R_L = 47\ \Omega$ sowie der Laststrom I_L und die Ausgangsspannung U_Q bei konstanter Eingangsspannung $U_i = 15$ V einander gegenübergestellt sind:

U_i (V)	U_Q (V)
35	11,8
25	11,8
15	11,8
13,5	11,8
12,5	10,95

($R_L = 47\ \Omega$)

I_L (mA)	U_Q (V)
0	11,8
100	11,8
200	11,775
350	11,77
500	11,7

($U_i = 15$ V)

Bei ausreichender Kühlung sind die Typen der Serie TDD... bis zu 500 mA belastbar. Für den Stabilisator nach Abb. 10.10 wurde ein Alu-Kühlblech $60 \times 85 \times 1{,}5\ \text{mm}^3$ benutzt.

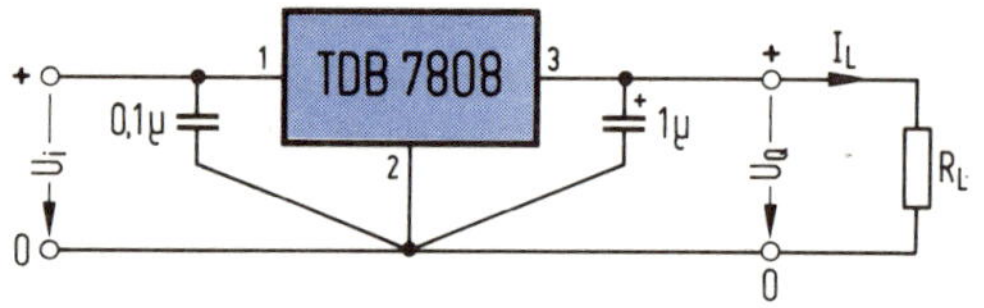

Abb. 10.11 Stabilisierungsschaltung mit dem Positiv-Festspannungsregler TDB 7808

Eine Schaltung mit dem Regler TDB 7808 ist in *Abb. 10.11* wiedergegeben. *Abb. 10.12* zeigt die Anschlußnumerierung dieses Bausteins. Bei konstantem Lastwiderstand $R_L = 20\ \Omega$ und verschiedenen U_i-Werten wurden folgende Ausgangsspannungswerte gemessen:

U_i (V)	U_Q (V)
35	8,02
25	8,01
15	8,005
10	8,005
9,5	7,86
9	7,5

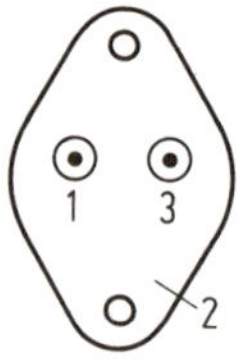

Abb. 10.12 Anschlußnumerierung des TDB 7808

Zum Kühlen diente ein Rippen-Kühlkörper mit den Maßen $120 \times 75 \times 30\ \text{mm}^3$.

10.5 Schaltungen mit Negativ-Festspannungsreglern

Grundsätzlich kann man eine negative Speisespannung auch mit einem Positiv-Festspannungsregler erzeugen, indem man dessen Ausgang mit Masse verbindet und den eigentlichen Nullanschluß als Minusleitung benutzt *(Abb. 10.13)*. Dies stößt in der Praxis aber manchmal auf Schwierigkeiten, da dann der zugehörige Gleichrichterteil nicht mehr geerdet sein darf.

In solchen Fällen greift man auf einen Negativ-Festspannungsregler zurück. Es gibt hier zwar keine so große Typenauswahl wie bei den Positiv-Reglern, doch steht zum Beispiel mit der Serie UA 7905 C–UA 7924 C eine in gleicher Weise gestaffelte Spannungsreihe zur Verfügung. Die Typen dieser Serie dürfen wie die der Reihe UA 7805 C–UA 7824 C ohne Kühlkörper bis zu 2 W und mit Kühlkörper bis zu 15 W belastet werden. Die übrigen Daten sind zwar nicht ganz, aber weitgehend die gleichen.

Abweichend ist die Anschlußbelegung. Wie *Abb. 10.14* zeigt, sind der Null- und der Eingangsanschluß in bezug auf die in Abb. 10.10 angegebene Reihenfolge miteinander vertauscht, wobei aber in jedem Fall Anschluß Nr. 2 galvanisch mit der Befestigungslasche in Verbindung steht. Dies bedeutet, daß bei gleichzeitiger Anwendung eines Positiv- und eines Negativ-Festspannungsreglers die beiden Laschen voneinander isoliert zu montieren sind.

Die Vertauschung von Eingangs- und Nullötfahne ist technisch bedingt. Durch sie wird erreicht, daß sowohl bei den Positiv- als auch bei den Negativ-Festspannungsreglern das Potentialgefälle der Anschlüsse stets das

Abb. 10.13 Erzeugen einer negativen Speisespannung mit einem Positiv-Festspannungsregler

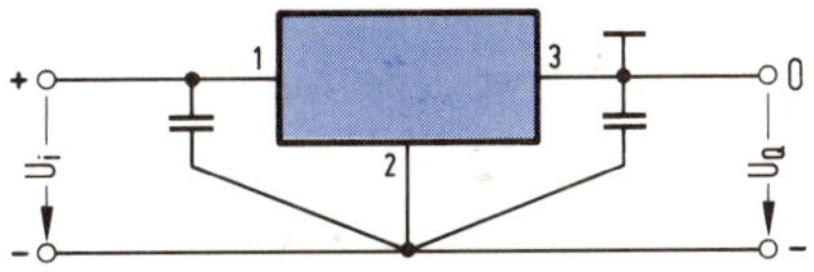

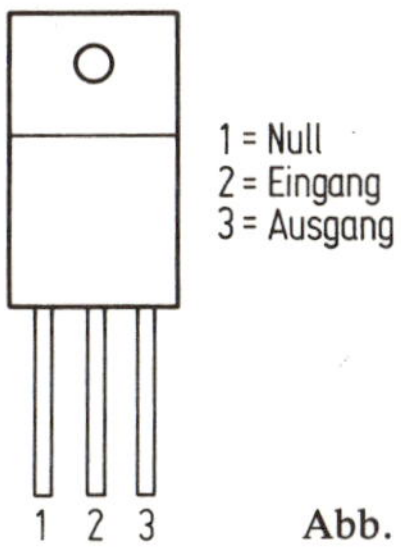

Abb. 10.14 Anschlußbelegung von Negativ-Festspannungsreglern

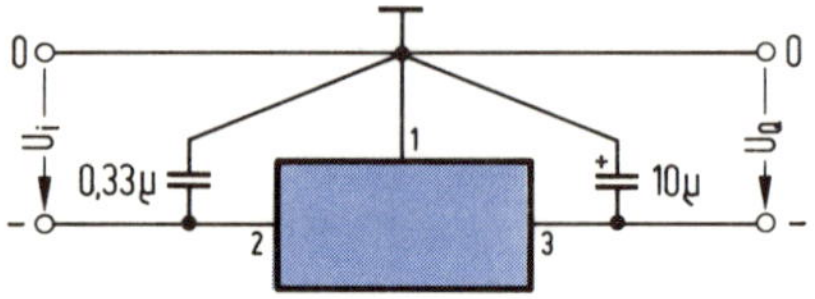

Abb. 10.15 Stabilisierungsschaltung mit einem Negativ-Festspannungsregler

gleiche ist: Punkt 2 führt das negativste und Punkt 1 das positivste Potential. Auch bei Negativ-Festspannungsreglern sind Eingang und Ausgang zum Vermeiden von Schwingungen zur Nulleitung hin abzublocken *(Abb. 10.15).*

Mit dem Regler UA 7912 C wurden bei konstantem Lastwiderstand $R_L = 15\ \Omega$ und verschiedenen U_i-Werten folgende Ausgangsspannungswerte gemessen:

U_i (V)	U_Q (V)
−30	−12,05
−25	−12,05
−20	−12,05
−15	−12,04
−14	−12,04
−13	−11,75

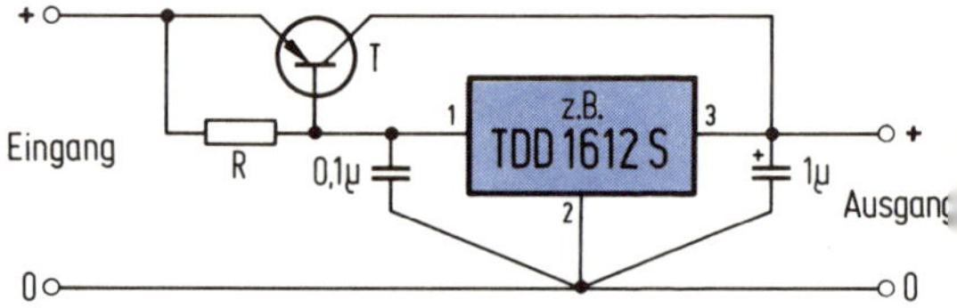

Abb. 10.16 Positiv-Festspannungsregler für höheren Ausgangsstrom

10.6 Schaltungen mit Festspannungsreglern für höheren Ausgangsstrom

Die Belastbarkeit von Festspannungsreglern ist je nach Typ auf etwa 500–1000 mA begrenzt. Bei höherem Strombedarf verwendet man zusätzlich einen Leistungstransistor, der das IC dann in ausreichendem Maße entlastet.

Abb. 10.16 zeigt die entsprechende Schaltung mit einem Positiv-Festspannungsregler. Der Widerstand R ist so bemessen, daß erst bei höherem Ausgangsstrom ein genügend großer Spannungsabfall an ihm auftritt, um den PNP-Transistor T leitend werden zu lassen (ca. 0,6 V). Auf diese Weise wird vermieden, daß T bereits bei sehr kleinem Strom öffnet (etwa allein durch den Ruhestrom des Reglers), womit die Ausgangsspannung über ihren Nennwert hinaus ansteigen würde. Soll der Transistor beispielsweise bei einer Belastung ab 0,3 A zu leiten beginnen, womit der Strom im Regler eben auf diesen Wert zuzüglich des Basisstroms von T begrenzt bleibt, so ist der Widerstand wie folgt zu bemessen:

$$R = \frac{U}{I} = \frac{0{,}6\ \text{V}}{0{,}3\ \text{A}} = 2\ \Omega$$

Man kann beim Festlegen des Maximalstroms für den Regler von zwei Gesichtspunkten ausgehen. Entweder wählt man nur etwa 10–50% des zulässigen Wertes, womit auch die Verlustleistung im IC klein ist und im allgemeinen kein Kühlkörper dafür benötigt wird. Man kann jedoch umgekehrt auch einen höheren Wert von 50–90% festsetzen. Dann muß der Regler zwar gekühlt werden, andererseits wird aber der Transistor entlastet, so daß man vielleicht mit einem Typ kleinerer Leistung auskommt.

Durch Einbau eines weiteren Transistors und eines weiteren Widerstandes kann man eine solche Speisespannungsquelle auch mit einer automatischen Strombegrenzung versehen und damit kurzschlußfest machen. Steigt in der Schaltung nach *Abb. 10.17* der Ausgangsstrom auf einen solchen Wert an, daß an R_1 0,6 V abfallen, so wird der Transistor T_1 leitend und begrenzt den über T fließenden Laststrom auf genau diesen Wert abzüglich des Stroms über den Regler. Der Widerstand ist nach der Formel

$$R_1 = \frac{0{,}6\ \text{V}}{I}$$

zu bestimmen, worin die Größe I den gewünschten Grenzstrom in Ampere für den Transistor T bedeutet.

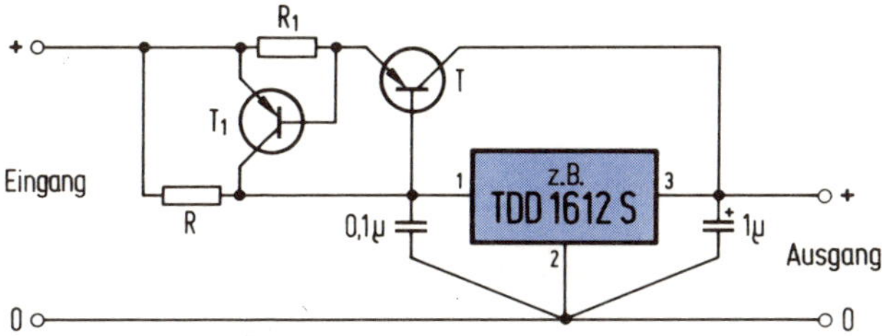

Abb. 10.17 Positiv-Festspannungsregler für höheren Ausgangsstrom in kurzschlußfester Ausführung

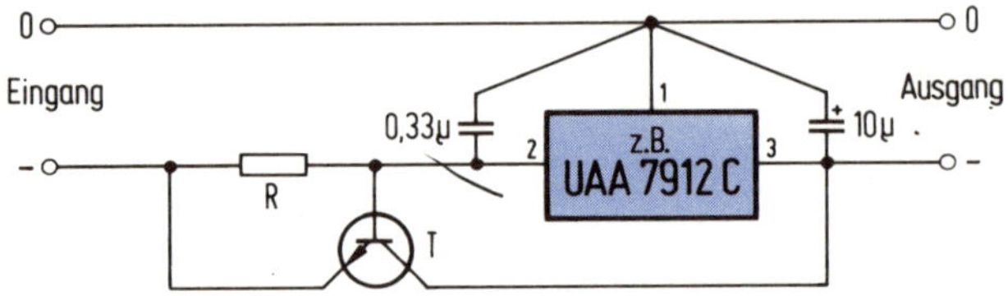

Abb. 10.18 Negativ-Festspannungsregler für höheren Ausgangsstrom

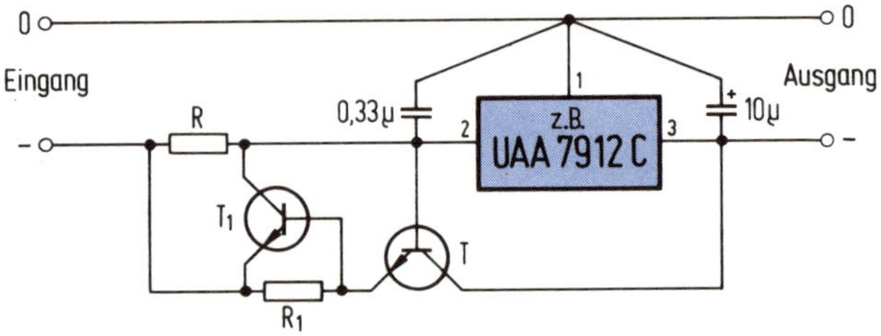

Abb. 10.19 Negativ-Festspannungsregler für höheren Ausgangsstrom in kurzschlußfester Ausführung

In ,,spiegelbildlicher" Weise können *Negativ*-Festspannungsregler mit Leistungstransistoren versehen werden, um einen höheren Laststrom zu erreichen. *Abb. 10.18* zeigt eine Schaltung ohne Strombegrenzung, *Abb. 10.19* eine solche mit Strombegrenzung.

Für die PNP-Längstransistoren in Abb. 10.16 und Abb. 10.17 kann zum Beispiel der Typ BD 202 benutzt werden, für die NPN-Längstransistoren in Abb. 10.18 und Abb. 10.19 der Typ BD 201. Diese Transistoren sind bei entsprechender Kühlung für eine Verlustleistung bis zu jeweils 60 W geeignet.

10.7 Schaltungen mit einstellbaren Spannungsreglern

Neben den Festspannungsreglern bietet die Halbleiterindustrie Regler an, deren Ausgangsspannung stetig einstellbar ist. *Abb. 10.20* zeigt ein Schalt-

Abb. 10.20 Spannungsregler mit einstellbarer Ausgangsspannung

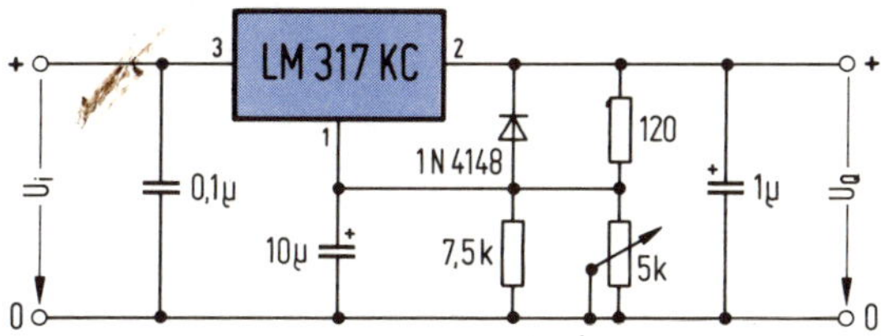

beispiel mit dem Typ LM 317 KC. Bei einer Eingangsspannung U_i von +35 V kann die Ausgangsspannung U_Q mittels des 5-kΩ-Potentiometers zwischen +1,2 V und +30 V verändert werden. Um dessen Drehbereich voll ausnutzen zu können, ist ihm ein Parallelwiderstand von 7,5 kΩ zugeordnet. Werden die „unteren" Anschlüsse dieser zwei Bauteile nicht an Masse, sondern auf etwa −1 V gelegt, so kann man die Spannung U_Q bis auf Null herabsetzen. Der gesamte Spannungsteiler bildet zugleich eine Grundlast für das IC und darf deshalb nicht hochohmiger als angegeben bemessen werden. Durch die Diode und den Elektrolytkondensator von 10 µF wird eine etwa vorhandene Restwelligkeit der Eingangsspannung ausgangsseitig weitgehend unterdrückt.

Die Schaltung kann selbstverständlich auch mit einer niedrigeren Eingangsspannung als 35 V betrieben werden. Dann ist eben der erreichbare Höchstwert der Spannung U_Q kleiner. In diesem Fall empfiehlt sich die Verwendung eines niederohmigeren Potentiometers, um den gesamten Drehbereich ausnutzen zu können.

Die Befestigungslasche des Schaltkreises ist intern mit Anschluß 2 verbunden. Der zu benutzende Kühlkörper muß deshalb von der Masse isoliert montiert werden. Die Differenz zwischen Eingangs- und Ausgangsspannung darf maximal 40 V betragen, der Laststrom 1,5 A. Bei ausreichender Kühlung ist für den Regler eine Verlustleistung von 20 W zulässig.

In *Abb. 10.21* ist eine Schaltung mit dem Universalregler TDB 0723 A (= 723) wiedergegeben. Dieses IC arbeitet mit Strombegrenzung, die bei einem Spannungsabfall von 0,6 V am Widerstand R_b einsetzt. Anschluß 6 liefert eine hochstabile Referenzspannung von 7 V. Die Ausgangsspannung läßt sich bei 35 V Eingangsspannung mittels des 10-kΩ-Potentiometers zwischen +3,5 V und +30 V verändern.

Durch die beiden Transistoren in Darlington-Schaltung wird auch bei

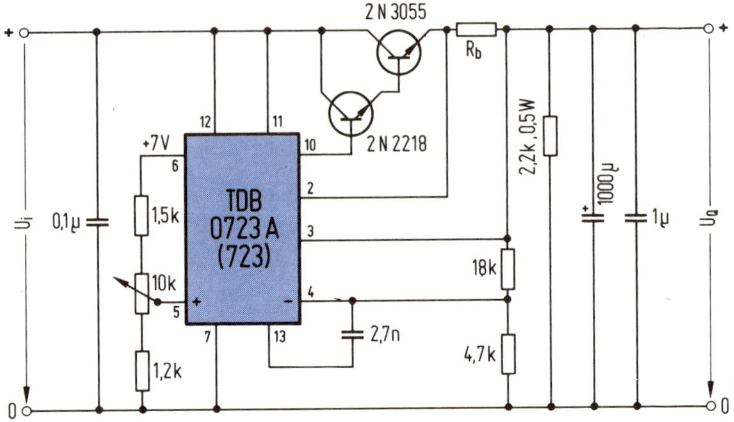

Abb. 10.21 Stabilisierungsschaltung mit dem Universal-Spannungsregler TDB 0723 A (=723)

einem Ausgangsstrom von mehreren Ampère der Regler selbst nur so wenig belastet, daß eine thermisch bedingte Änderung der Ausgangsspannung praktisch nicht auftritt. Selbstverständlich kann auch ein Darlington-Transistor in Kompaktbauweise gewählt werden, zum Beispiel der Typ BD 645. In jedem Fall ist für eine ausreichende Kühlung zu sorgen. Bei einem Laststrom von nicht mehr als 150 mA sind die Transistoren überflüssig. Es kann dann Anschluß 10 des IC direkt als Ausgang benutzt werden.

Ohne den 1000-µF-Kondensator wurden bei plötzlichen Laständerungen dreieckförmige positive Störspannungsspitzen mit einer Amplitude von mehreren Volt und einer Dauer in der Größenordnung von Millisekunden auf der Ausgangsleitung festgestellt. Es empfiehlt sich, alle Erdungsanschlüsse sternpunktförmig an einer einzigen Stelle zusammenzufassen.

Die Regelgenauigkeit des TDB 0723 A ist so hoch, daß sich eine beliebige Eingangsspannungsänderung zu nur 0,02% auf den Wert der jeweiligen Ausgangsspannung U_Q auswirkt. Eine Änderung des Laststroms im Bereich 1–50 mA beeinträchtigt die Spannung U_Q um maximal 0,03%. Dabei ist vorausgesetzt, daß die Längsspannung den Wert von 3 V nicht unterschreitet. Im übrigen weist das IC folgende Daten auf:

Grenzdaten		*Kenndaten*	
U_i-U_Q	= 40 V	T_k (U_Q)	= 0,002%/K
I_Q	= 150 mA	I_b	= 3,5 mA
P_{tot}	= 1000 mW	U_Q	= 2–37 V
T_u	= 0–70 °C		
$I_{(6)}$	= 15 mA		

Der Ausgang (Anschluß 10) steht intern über eine Z-Diode mit Anschluß 9 in Verbindung, der bis zu 25 mA belastbar ist.

10.8 Konstantstromquelle

Die Schaltung in *Abb. 10.22* liefert einen Konstantstrom I_k, der mit dem Potentiometer P zwischen 0 und 500 mA eingestellt werden kann. Dieser Strom ist bis zu einer bestimmten Grenze unabhängig von den Werten des Lastwiderstandes R_L und der Speisespannung $+U_b$. Als Steuergröße für die Regelung dient der Spannungsabfall am 10-Ω-Widerstand in der Emitterleitung des Darlington-Transistors BD 675, mit dem der N-Eingang des Operationsverstärkers CA 3140 beaufschlagt ist.

Der Transistor BC 177 B speist in die Z-Diode ZPD 6,2 einen ebenfalls konstanten Strom ein, so daß die Z-Spannung von verhältnismäßig hoher Stabilität ist. Diese bildet nach entsprechender Teilung durch das Potentiometer P die Vergleichsspannung für den Operationsverstärker. Wird eine noch höhere Konstanz der Vergleichsspannung in bezug auf Tempe-

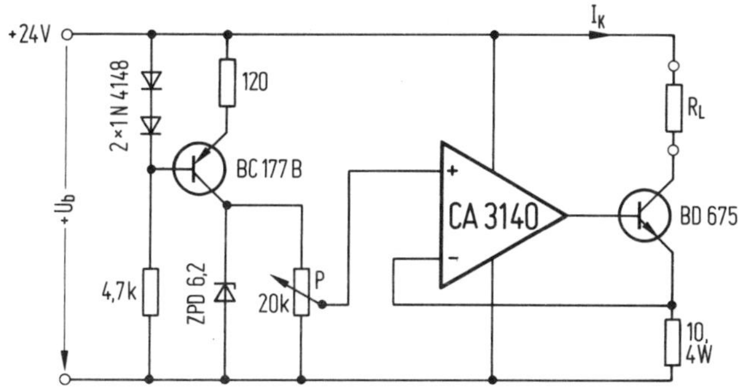

Abb. 10.22 Konstantstromquelle

raturänderungen gewünscht, so ist statt der Z-Diode eine sogenannte Referenzdiode zu verwenden, beispielsweise vom Typ ZTK 6,8 (Intermetall) oder 1 N 827 (Siemens).

Der Transistor BD 675 arbeitet als gesteuerter Widerstand. Er kann den Strom I_k näherungsweise natürlich nur bis zu jener Grenze konstanthalten, die sich nach dem Ohmschen Gesetz aus der Spannung $+U_b$ und dem jeweiligen Widerstand R_L ergibt.

Aus nachstehender Tabelle geht hervor, innerhalb welchen Bereiches der Lastwiderstand R_L bei den verschiedenen Konstantstromwerten I_k jeweils variiert werden darf, ohne daß I_k sich um mehr als 0,5% ändert. Die Werte beruhen auf Messungen, die bei $+U_b$ = konstant = +24 V vorgenommen wurden.

I_k (mA)	R_L (Ω)
10	0–2200
100	0–220
200	0–100
300	0–68
500	0–33

Für die angegebene Belastung sollte der Transistor BD 675 mit einem Alu-Kühlblech von mindestens $100 \times 100 \times 2\ mm^3$ versehen sein. – Der Operationsverstärker CA 3140 besitzt eine MOSFET-Eingangs- und eine bipolare Ausgangsstufe. Sein Eingangswiderstand beläuft sich auf 1,5 TΩ. Die Speisespannung darf bis zu 36 V betragen.

10.9 FET-Konstantstromquelle

Vom Prinzip her ist die Arbeitsweise der Konstantstromquelle in *Abb. 10.23* die gleiche wie die der zuletzt beschriebenen Schaltung. Dort steht indessen die Referenzspannung bereits intern zur Verfügung, während sie hier als Steuerspannung U_i von außen her zugeführt wird. Die Quelle liefert einen Konstantstrom I_k von maximal 10 mA.

Dieser Strom ergibt sich aus der Spannung U_i und dem jeweiligen Wert des Widerstandes R zu

$$I_k\ (\mathrm{mA}) = \frac{U_i\ (\mathrm{V})}{R\ (\mathrm{k\Omega})}\ .$$

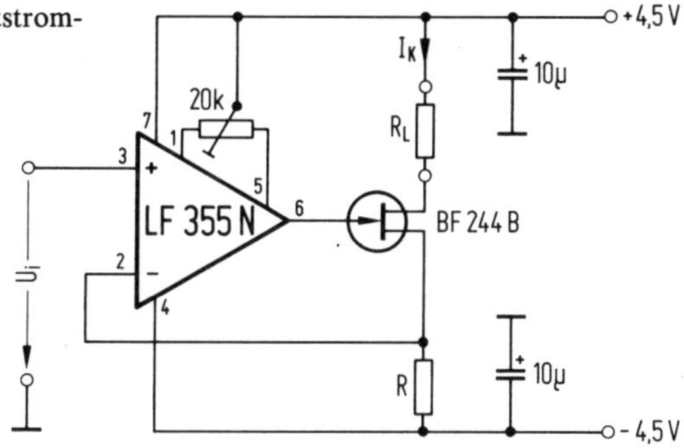

Abb. 10.23 FET-Konstantstromquelle

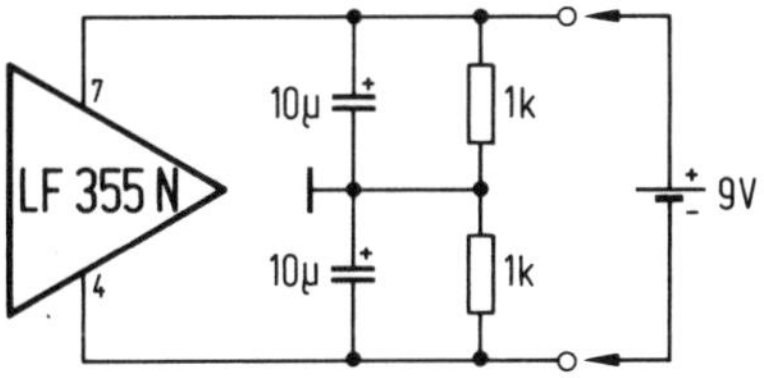

Abb. 10.24 Speisen der FET-Konstantstromquelle mit einer 9-V-Transistorbatterie

Er ist damit unabhängig von etwaigen Änderungen der Speisespannung. Mit Eingangsspannungen U_i von 0,1–1 V und R-Werten von 100 Ω–1 MΩ lassen sich also Konstantströme zwischen 10 mA und 1 µA erzielen.

Man kann die Schaltung auch mit einer 9-V-Transistor-Batterie betreiben. Hierzu ist lediglich ein einfacher Spannungsteiler nebst Abblockkondensatoren erforderlich *(Abb. 10.24)*.

10.10 Hochstabile Konstantstromquelle

Mit dem Referenzspannungsbaustein AD 581 JH, den wir bereits in Kap. 10.2 kennengelernt hatten, kann man in einfacher Weise auch eine Konstantstromquelle hoher Stabilität realisieren. Wie in *Abb. 10.25* dargestellt, wird hierzu der Ausgang über einen Widerstand R mit dem Nullanschluß verbunden und in die Eingangsleitung der Lastwiderstand R_L eingefügt. Damit ergibt sich der Konstantstrom zu

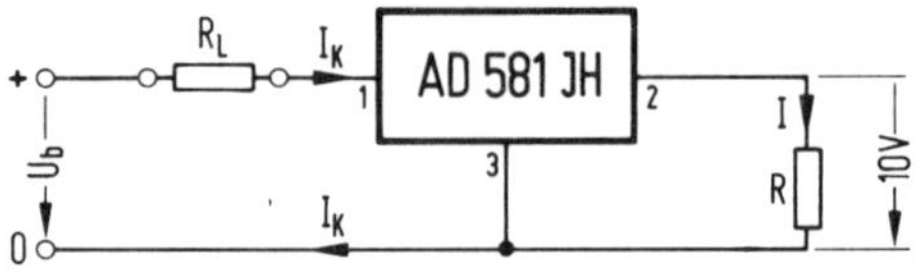

Abb. 10.25 Hochstabile Konstantstromquelle

$$I_k = I + 0{,}75\ \text{mA} = \frac{10\ \text{V}}{R\ (\text{k}\Omega)} + 0{,}75\ \text{mA},$$

wobei die 0,75 mA den Ruhestrom I_b der integrierten Schaltung bilden.

Der Strom I_b ist nicht absolut konstant. Er ändert sich mit der Temperatur um etwa 1,5 µA/°C. Das bedeutet in bezug auf den Wert 0,75 mA (bei 20 °C) eine Abweichung von 2 Promille je °C. Dieser Fehler wirkt sich aber nur wenig aus, da der Strom I, der ja Teil des Konstantstroms I_k und temperaturunabhängig ist, den Ruhestrom I_b erheblich übersteigt. Nach den Angaben des Herstellers sollte I indessen nicht mehr als 5 mA betragen.

Die Speisespannung U_b ist so zu bemessen, daß nach Abziehen des Spanungsabfalls am Lastwiderstand R_L für die integrierte Schaltung selbst mindestens 13 V verbleiben.

10.11 Universal- und Doppel-Universal-Netzgerät

Zum Durchführen von Versuchen und zum Erproben von Schaltungen sollte ein stabilisiertes Netzgerät zur Verfügung stehen, dessen Ausgangsspannung sich bei genügend großer Belastbarkeit von Null bis zum jeweiligen Höchstwert stufenlos einstellen läßt und das zugleich kurzschlußfest ist. Die Schaltung eines solchen Universal-Netzgerätes ist in *Abb. 10.26* wiedergegeben. *Abb. 10.27* zeigt den zugehörigen Versorgungsteil zum Gewinnen der Eingangsgleichspannung von +18 V und der Referenzspannung von −6,2 V. Die Ausgangsspannung selbst kann zwischen 0 und +15 V verändert und bis zu 1,5 A belastet werden. Bei diesem Wert setzt auch die Strombegrenzung ein.

Der Transistor 2 N 3055 nimmt bei kleiner Ausgangsspannung und vollem Strom eine Verlustleitung von nahezu 30 W auf und muß entsprechend gekühlt werden. Hierzu reicht ein Rippenkörper $120 \times 80 \times 30\ \text{mm}^3$ gut aus. Statt der beiden Einzeltransistoren kann auch ein fertiger Dar-

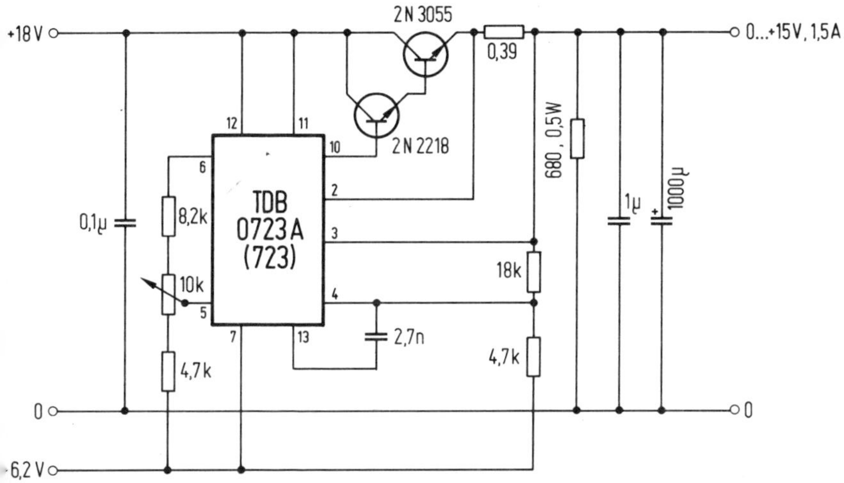

Abb. 10.26 Universal-Netzgerät

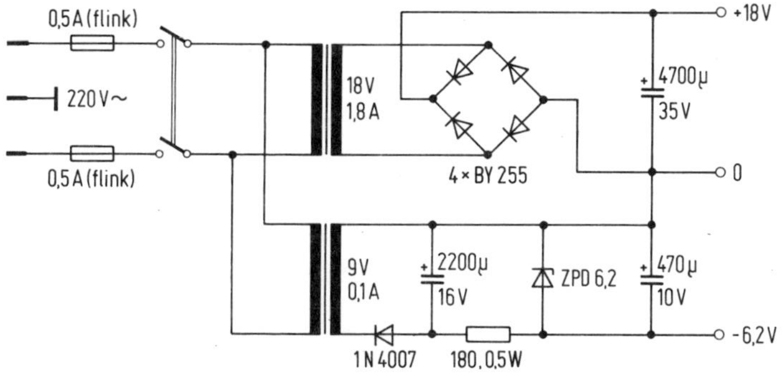

Abb. 10.27 Versorgungsteil zum Universal-Netzgerät

lington-Transistor benutzt werden, zum Beispiel der Typ BD 645. Um die Ausgangsspannung genügend fein einstellen zu können, empfiehlt sich die Verwendung eines 10-Gang-Wendelpotentiometers. Die vier Spannungsteilerwiderstände (8,2 k, 4,7 k, 18 k, 4,7 k) sollten von hoher Konstanz und deshalb Metallschichttypen sein.

Der Netztransformator mit 18 V Ausgangsspannung muß für eine Stromentnahme von 1,8 und nicht etwa 1,5 A bemessen sein, da er durch den Ladekondensator höher als der Geräteausgang belastet ist. Als 9-V-Transformator reicht ein 1-VA-Typ aus. Er braucht nur 50 mA abzugeben.

Der Schutzleiter des Netzkabels ist mit dem Metallgehäuse des Gerätes zu verbinden. Alle übrigen Leitungen und sämtliche Bauteile sind vom Gehäuse isoliert zu halten. Die Spannungsabnahme erfolgt über Polklemmen.

Da zum Betreiben von Elektronik-Schaltungen oftmals eine positive und eine negative Spannung erforderlich sind, ist es vorteilhaft, zwei stabilisierte Speisegeräte zu besitzen. Deren Ausgänge werden dann in der Weise zusammengeschaltet, daß man den Pluspol des einen Gerätes mit dem Minuspol des anderen verbindet, wobei die Brücke die Nulleitung bildet. Man kann natürlich auch zwei Speiseeinheiten in ein einziges Gehäuse einbauen und erhält so ein Doppel-Universal-Netzgerät.

11 Rechenschaltungen

11.1 Addierer, invertierend

Man kann mit Operationsverstärkern auch analoge Rechenoperationen ausführen, wobei jedem Zahlenwert ein bestimmter Spannungswert entspricht. Ursprünglich wurden solche Verstärker ausschließlich für derartige Zwecke benutzt, woraus sich ihr Name erklärt.

Abb. 11.1 zeigt die Schaltung eines invertierenden Addierers. Der N-Eingang des OPV ist über je einen Widerstand à 10 kΩ mit den Eingangspunkten 1-3 verbunden. Ein weiterer Widerstand zu ebenfalls 10 kΩ bildet den Gegenkopplungspfad. Bei diesem Sonderfall mit gleichen R-Werten wird jede der Eingangsspannungen U_1, U_2 und U_3 um den Faktor -1 verstärkt. Die Ausgangsspannung ergibt sich folglich zu

$$U_Q = -(U_1 + U_2 + U_3).$$

So rufen beispielsweise die Eingangsspannungen $U_1 = +3\,V$, $U_2 = +6\,V$ und $U_3 = -4\,V$ die Ausgangsspannung

$U_Q = -(3\,V + 6\,V - 4\,V) = -5\,V$

hervor.

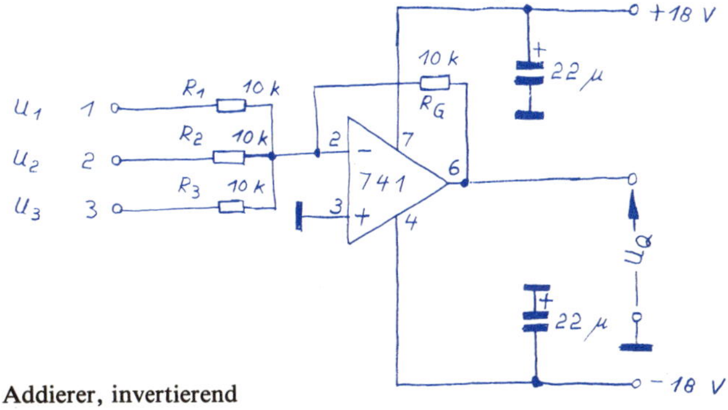

Abb. 11.1 Addierer, invertierend

Bei der angegebenen Speisespannung von ± 18 V kann die Schaltung bis ± 16 V ausgesteuert werden. Die Rechengenauigkeit ist um so größer, je kleiner die Toleranzen der Widerstände sind.

Zur Vereinfachung des Rechnens waren wir in unserem Beispiel von gleichen Widerstandwerten ausgegangen. Es können natürlich auch ungleiche Werte benutzt werden. In jedem Fall ergibt sich die Ausgangsspannung nach der Formel

$$U_Q = -(U_1 \cdot \frac{R_G}{R_1} + U_2 \cdot \frac{R_G}{R_2} + U_3 \cdot \frac{R_G}{R_3}).$$

11.2 Addierer, nichtinvertierend

Für einen nichtinvertierenden Addierer wird ein weiterer Operationsverstärker mit dem Verstärkungsgrad −1 benötigt, der das Rechenergebnis umkehrt *(Abb. 11.2)*. Ganz allgemein ergibt sich hier die Ausgangsspannung zu

$$U_Q = U_1 \cdot \frac{R_G}{R_1} + U_2 \cdot \frac{R_G}{R_2} + U_3 \cdot \frac{R_G}{R_3}.$$

Für den Sonderfall $R_G = R_1 = R_2 = R_3$ gilt die Gleichung

$$U_Q = U_1 + U_2 + U_3.$$

Der praktische Aufbau eines solchen Addierers läßt sich vereinfachen, indem man einen Doppel-Operationsverstärker verwendet.

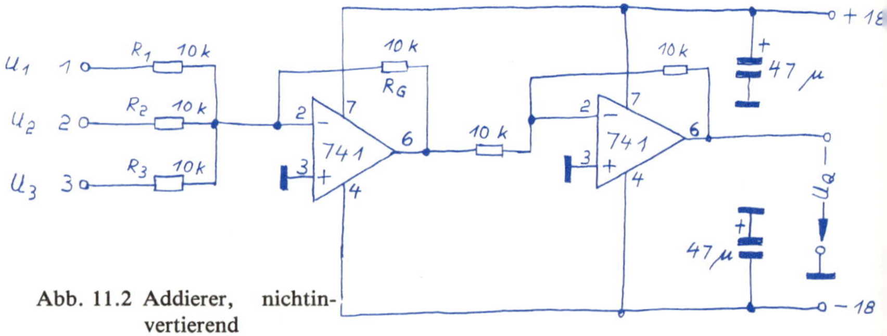

Abb. 11.2 Addierer, nichtinvertierend

11.3 Subtrahierer

Bei dem Subtrahierer nach *Abb. 11.3* wird aufgrund der Widerstandsverhältnisse $R_2/R_1 = 1$ und $R_4/R_3 = 1$ die Eingangsspannung U_1 um den Faktor -1 verstärkt und die Eingangsspannung U_2 um den Faktor $+1$. Die Ausgangsspannung ergibt sich daher zu

$$U_Q = U_2 - U_1.$$

Beträgt U_2 beispielsweise 15 V und U_1 streichen 10 V, so beläuft sich U_Q auf 5 V. Die Schaltung arbeitet in jedem Fall vorzeichenrichtig.

Sind die Widerstandsverhältnisse größer als 1, aber doch einander gleich, so ist die Verstärkung im selben Maße höher. Bei einem Verhältnis von 3 - bezogen auf $U_2 = 7$ V und $U_1 = 3$ V - entsteht die Ausgangsspannung

$$U_Q = 3 \cdot U_2 - 3 \cdot U_1 = 21\ V - 9\ V = 12\ V.$$

Wie aus *Abb. 11.4* hervorgeht, kann man einen Subtrahierer auch mit zwei Operationsverstärkern aufbauen, die wie ein nichtinvertierender Addierer geschaltet sind. Die Eingangsspannung U_1 wird der Invertierung wegen hier um den Faktor -1 verstärkt, die Eingangsspannung U_2 der doppelten Invertierung wegen um den Faktor $+1$. Die Ausgangsspannung ergibt sich daher ebenfalls zu

$$U_Q = U_2 - U_1,$$

wobei die Subtraktion gleichfalls stets vorzeichenrichtig erfolgt. Beträgt zum Beispiel U_2 +10 V und U_2 −5 V, so ist

$$U_Q = 10\ V - (-5\ V) = 15\ V.$$

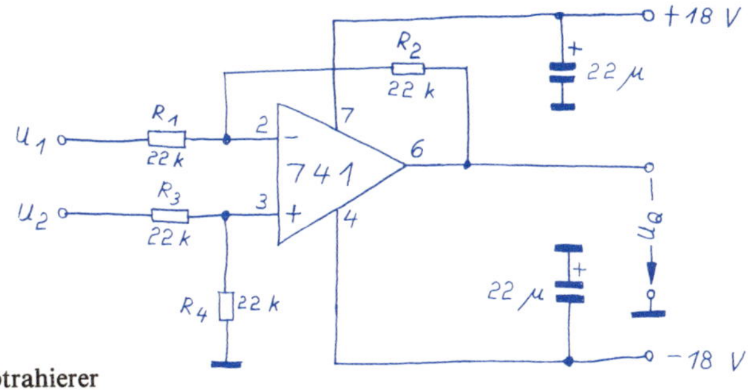

Abb. 11.3 Subtrahierer

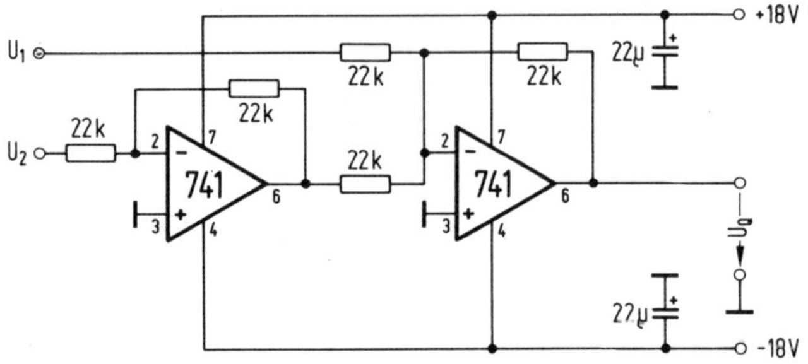

Abb. 11.4 Subtrahierer mit zwei Operationsverstärkern

(Die Subtraktion einer negativen Zahl stellt bekanntlich eine Addition dar.)

11.4 Integrierer, invertierend

Der *Integrator* oder *Integrierer* ist eine Schaltung zum Erfassen und Speichern der Spannungszeitsumme von Impulsen beliebiger Kurvenform. Er liefert eine absolut zeitlinear verlaufende Ausgangsspannung und eignet sich deshalb in hervorragender Weise auch zum Erzeugen von Sägezahn- und Dreieckschwingungen.

Gegenüber dem invertierenden *Verstärker* ist beim invertierenden *Integrator* der Gegenkopplungswiderstand durch einen Kondensator ersetzt *(Abb. 11.5)*. Aufgrund der bereits an anderer Stelle dieses Buches beschriebenen Selbstregelung von Operationsverstärkern können wir davon ausgehen, daß das Potential am N-Eingang das gleiche wie das am P-Eingang ist (virtuelle Masse). Legt man daher eine Eingangsspannung U_i an die Schaltung an, so wird der Widerstand R von einem konstanten Strom

$$I_k = \frac{U_i}{R} \text{durchflossen.}$$

Dieser Strom stellt aber zugleich den Ladestrom des Kondensators C dar. Um ihn aufrechtzuerhalten, steigt zwangsläufig die Ausgangsspan-

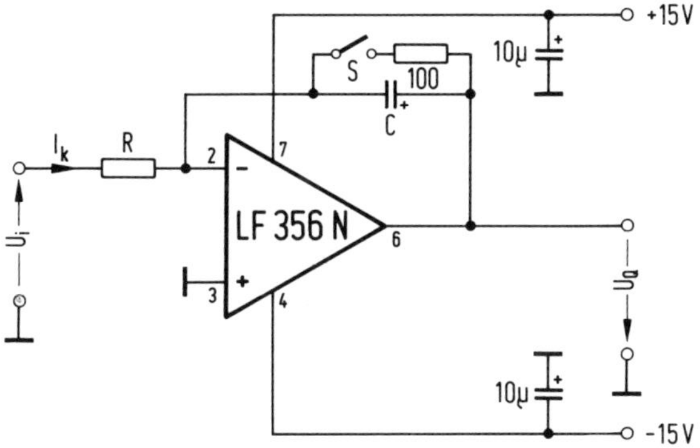

Abb. 11.5 Integrierer, invertierend

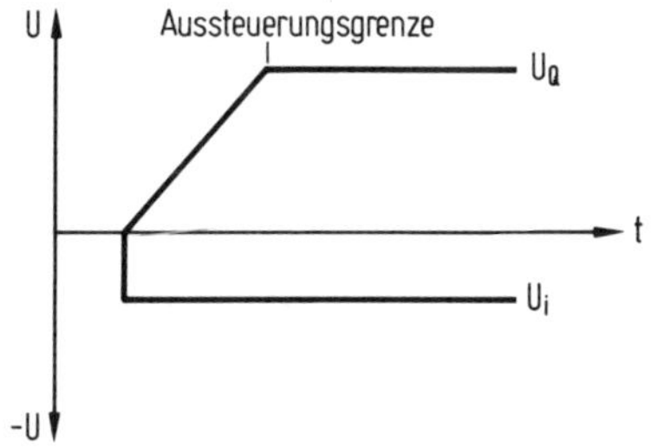

Abb. 11.6 Ausgangsspannung U_Q eines invertierenden Integrators als Funktion der Eingangsspannung U_i

nung U_Q zeitlinear bis zum Erreichen der Aussteuerungsgrenze an, und zwar in positiver Richtung bei negativer Eingangsspannung und umgekehrt bei positivem Vorzeichen von U_i. *Abb. 11.6* zeigt diesen Vorgang grafisch auf. Je größer der Strom I_k ist, desto steiler verläuft der Anstieg von U_Q und um so früher wird die Aussteuerungsgrenze erreicht. Entladet man dann den Kondensator durch kurzes Schließen des Kontaktes S, so fällt U_Q sehr schnell auf Null ab, beginnt aber gleich darauf wieder anzusteigen.

Mit der Eingangsspannung − 15 V wurden bei verschiedenen R- und C-Werten für den Anstieg der Spannung U_Q von Null auf den Grenzwert + 14 V folgende Zeiten gemessen:

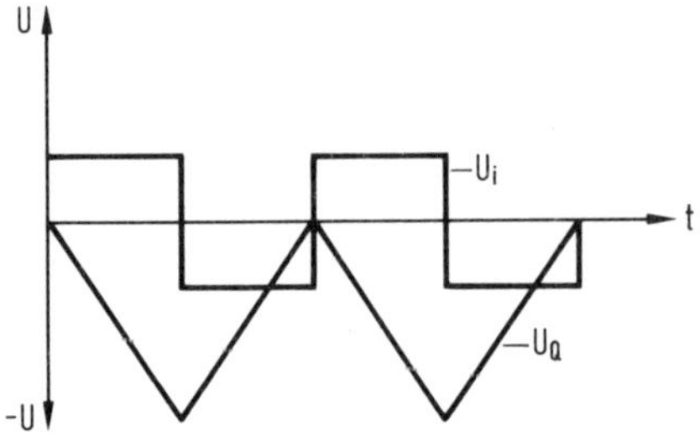

Abb. 11.7 Wandlung einer Rechteck-Eingangsspannung in eine Dreieck-Ausgangsspannung durch einen invertierenden Integrator

C (μF)	R (MΩ)	t (s)
1	1	1
10	1	9
10	10	85

Zusammenfassend kann also gesagt werden, daß die Spannung U_Q um so schneller wächst, je größer einerseits die Spannung U_i ist und je kleiner andererseits die Werte von R und C sind.

Die im Schaltbild angegebene Polarität des Kondensators C gilt für eine Ausgangsspannung mit positivem Vorzeichen.

Aus der Darstellung in *Abb. 11.7* geht hervor, in welcher Weise sich eine dem Eingang zugleitete Impulsfolge auf die Ausgangsspannung U_Q auswirkt, die damit ein Maß für die Spannungszeitsumme aller Einzelimpulse ist.

11.5 Integrierer, nichtinvertierend

Bei dem nichtinvertierenden Integrierer in *Abb. 11.8* ist der Widerstand R zweimal vorhanden, erstens als Ladewiderstand für den Kondensator C, weiterhin als Mitkopplungswiderstand zwischen Ausgang und P-Eingang des Operationsverstärkers. Wird an die Schaltung eine Eingangsspannung U_i angelegt, so beginnt der Kondensator sich aufzuladen. Ohne den Mitkopplungszweig würde dabei die Spannung U_c nach der bekannten e-Funktion, das heißt mit abnehmender Steilheit anwachsen. Wegen der Verstärkung von U_c im OPV und der anschließend erfolgenden Rückkopplung wird die Aufladung von C jedoch nicht mehr allein durch die

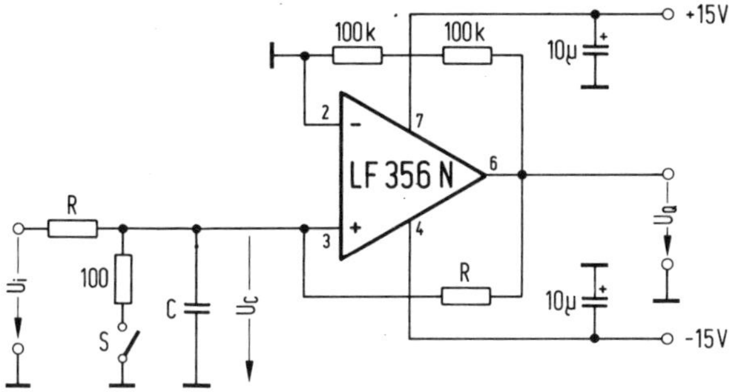

Abb. 11.8 Integrierer, nichtinvertierend

Spannung U_i bewirkt, sondern zusätzlich durch die Ausgangsspannung U_Q. Auf diese Weise nimmt U_c zeitlinear zu, womit letzten Endes auch die Spannung U_Q zeitlinear und in gleicher Richtung wie U_c ansteigt. U_Q wächst dabei um so schneller, je größer U_i und je kleiner R und C sind. Bei Abfall von U_i auf Null bleibt U_Q auf dem bisher erreichten Wert stehen.

Mit R = 10 MΩ und C = 2,2 µF wurden bei verschiedenen Eingangsspannungen U_i folgende Zeiten t für das Ansteigen der Spannung U_Q von Null aus bis zur Aussteuerungsgrenze von 14 V gemessen:

$+U_i$ (V)	t (s)
0,5	390
1	170
2	85
5	30
10	16
15	12

Diese Werte gelten annähernd auch für negative Eingangsspannungen. Man kann einen nichtinvertierenden Integrator fernerhin dadurch realisieren, daß man einem invertierenden Integrierer eine Umkehrstufe nachschaltet.

11.6 Differenzierer, invertierend

Der *Differenzierer* oder *Differentiator* nach *Abb. 11.9* unterscheidet sich vom Integrator in *Abb. 11.5* dadurch, daß R und C gegeneinander vertauscht sind. In die Eingangsleitung ist zum Unterdrücken von Eigenschwingungen noch ein Widerstand R_k eingefügt, der aber die eigentliche Funktion nicht beeinflußt.

Die Ausgangsspannungsamplitude eines Differenzierers ist der Änderungsgeschwindigkeit dU_i/dt des Eingangssignals proportional. Für die Schaltung in *Abb. 11.9* gilt somit die Gleichung

$$U_Q = -R \cdot C \cdot \frac{dU_i}{dt} .$$

Eine dreieckförmige Eingangsspannung ruft demnach eine rechteckförmige Ausgangsspannung hervor *(Abb. 11.10)*. Die Erklärung liegt ganz einfach darin, daß die Anstiegs- und die Abfallgeschwindigkeit des Eingangssignals gleichbleibend sind, weshalb nach obiger Definition auch eine gleichbleibende Ausgangsspannungsamplitude entsteht. Andererseits verursacht eine Rechteckspannung am Eingang ausgangsseitig lediglich schmale Spitzenimpulse von der Dauer der Anstiegs- bzw. der Abfallzeit des Rechtecksignals. Während des Anstehens der Rechteckspannung beträgt deren Änderungsgeschwindigkeit und damit auch die Ausgangsspannung Null *(Abb. 11.11)*. Wird ein Differenzierer indessen mit einer Sinus-

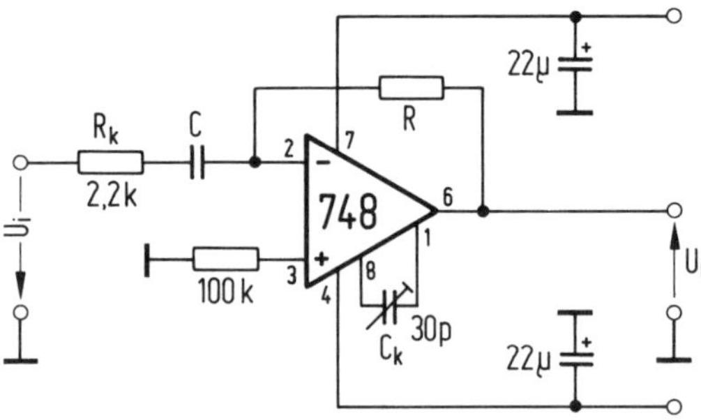

Abb. 11.9 Differenzierer, invertierend

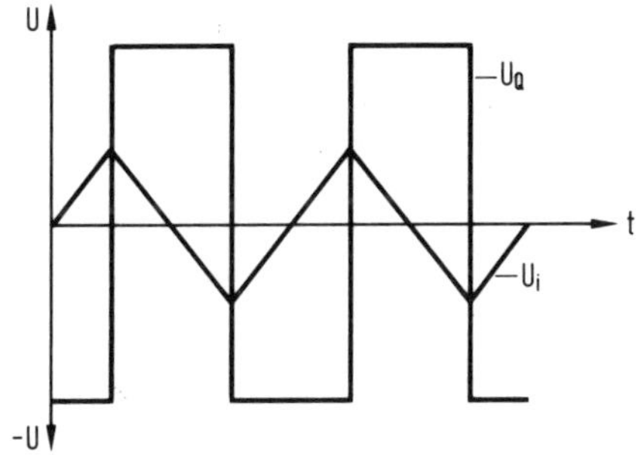

Abb. 11.10 Wandlung einer Dreieck-Eingangsspannung in eine Rechteck-Ausgangsspannung durch einen invertierenden Differenzierer

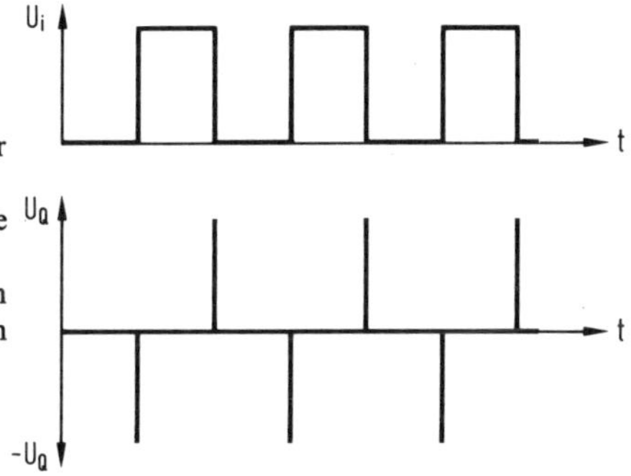

Abb. 11.11 Wandlung einer Rechteck-Eingangsspannung in eine Spitzenimpuls-Ausgangsspannung durch einen invertierenden Differenzierer

spannung beschickt, so entsteht am Ausgang gleichfalls eine Sinusspannung, doch eilt diese der Eingangsspannung um 90° vor.

Als Operationsverstärker sollte eine Ausführung mit der Möglichkeit zur externen Frequenzgang-Korrektur Anwendung finden, zum Beispiel der Typ TBB 0748 B. Die dazu vorgesehenen Anschlüsse 1 und 8 werden mit einem Trimmkondensator C_k beschaltet, der so einzustellen ist, daß eine Rechteck-Ausgangsspannung ein Minimum an Überschwingen zeigt.

11.7 Differenzierer, nichtinvertierend

Der nichtinvertierende Differenzierer in *Abb. 11.12* stellt praktisch das Gegenstück zum Integrierer in *Abb. 11.8* dar. C und R sind jeweils zwei-

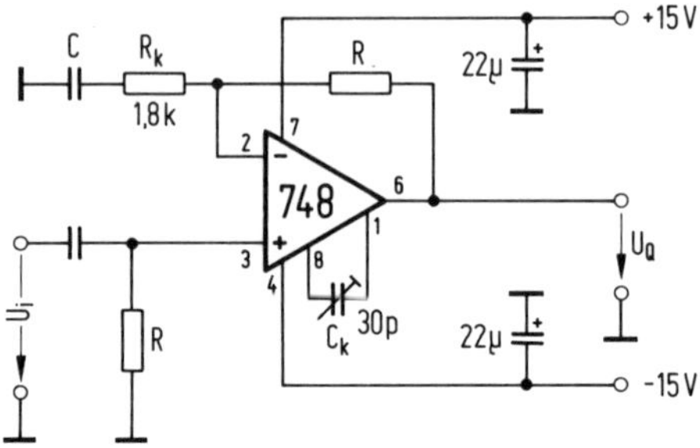

Abb. 11.12 Differenzierer, nichtinvertierend

fach vorhanden. Der Widerstand R_k dient zum Unterdrücken von Eigenschwingungen, der Kondensator C_k zum Einstellen einer Ausgangsspannung mit möglichst kleinem Überschwingen. Hier gilt die Formel

$$U_Q = R \cdot C \cdot \frac{dU_i}{dt} .$$

Ein nichtinvertierender Differenzierer läßt sich auch in der Weise erstellen, daß man das Ausgangssignal eines invertierenden Differenzierers über eine Umkehrstufe leitet.

12 Aktive Filter

12.1 Tiefpaß erster Ordnung

Filter dienen zum Aussieben bzw. zum Unterdrücken von Frequenzen innerhalb eines bestimmten Bereiches. So gibt es Tiefpässe, Hochpässe, Bandpässe und Bandsperren. Man unterscheidet zwischen passiven und aktiven Filtern. Erstere bestehen lediglich aus passiven Bauteilen, zumeist einem Widerstand und einem Kondensator, letztere enthalten zusätzlich einen Operationsverstärker.

In *Abb. 12.1* sind ein passiver Tiefpaß und ein ebensolcher Hochpaß sowie die zugehörigen Durchlaßkennlinien angegeben. Diejenige Frequenz, bei der die Ausgangsspannung U_Q auf $\frac{1}{\sqrt{2}} \approx 70\%$ der Eingangsspannung

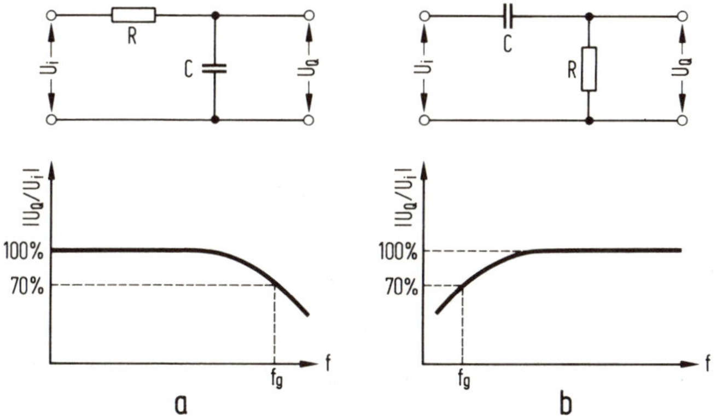

Abb. 12.1 Passiver Tiefpaß (a) und passiver Hochpaß (b) mit den zugehörigen Durchlaßkennlinien

U_i abfällt, wird als obere bzw. als untere Grenzfrequenz bezeichnet. Sie errechnet sich zu

$$f_g = \frac{1}{2\pi \cdot R \cdot C} .$$

Die angeführten zwei Pässe gehören zur Kategorie von Filtern sogenannter 1. Ordnung und sind charakterisiert durch die Steilheit des Kennlinienabfalls jenseits von f_g. Eine größere Steilheit läßt sich erreichen, indem man zwei oder drei Hoch- bzw. Tiefpässe hintereinanderschaltet. Man spricht dann von Filtern zweiten oder dritten Grades. Je nach der Ordnunszahl n nimmt die Ausgangsspannung U_Q um $n \cdot 20$ dB je Dekade oder um $n \cdot 6$ dB je Oktave ab *(Abb. 12.2).*

Passive Filter sind im Gegensatz zu den aktiven nur gering belastbar. Letztere haben darüber hinaus den Vorteil, daß zugleich eine Signalverstärkung möglich ist. Auch kann der Übergang zwischen Durchlaßbereich und Grenzfrequenz verschiedenartig gestaltet werden, wobei man zwischen Filtertypen nach Butterworth, Tschebyscheff und Bessel unterscheidet *(Abb. 12.3).*

Ein aktives Filter 1. Ordnung läßt sich in einfachster Weise dadurch realisieren, daß man einem passiven Filter 1. Ordnung einen Operationsverstärker nachschaltet. *Abb. 12.4* zeigt als Beispiel einen nichtinvertierenden Tiefpaß, dessen obere Grenzfrequenz sich zu

$$f_g = \frac{1}{2\pi \cdot R \cdot C} = \frac{1}{6{,}28 \cdot 8 \cdot 10^3\,\Omega \cdot 10 \cdot 10^{-9}\,F} \approx 2\ \text{kHz}$$

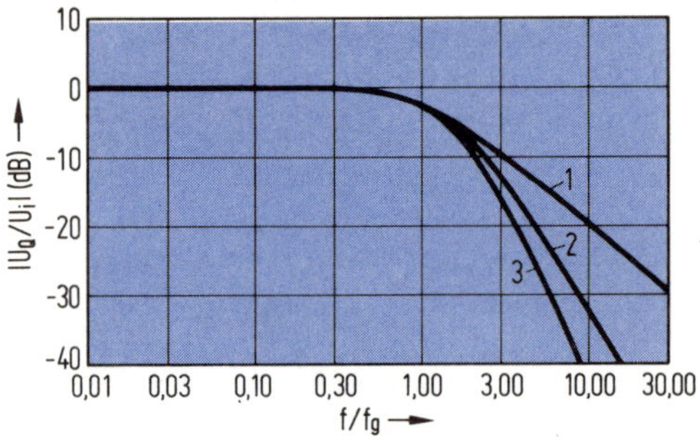

Abb. 12.2 Frequenzgang passiver Tiefpässe 1., 2. und 3. Ordnung mit kritischer Dämpfung (1, 2, 3)

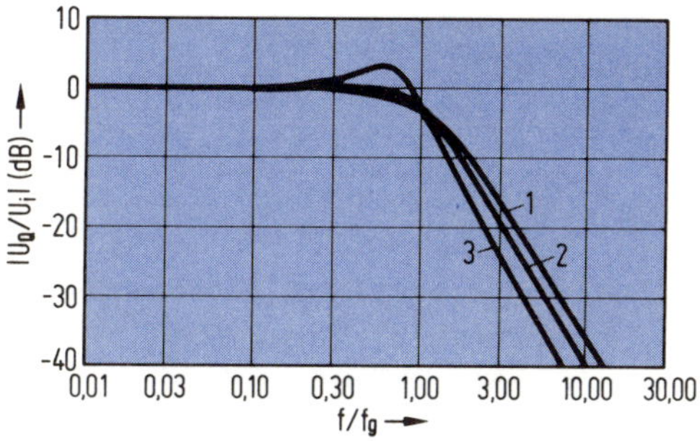

Abb. 12.3 Frequenzgang eines Bessel-Tiefpasses (1), eines Butterworth-Tiefpasses (2) und eines Tschebyscheff-Tiefpasses mit 3 dB Welligkeit (3); die Kennlinien beziehen sich auf aktive Filter 2. Ordnung

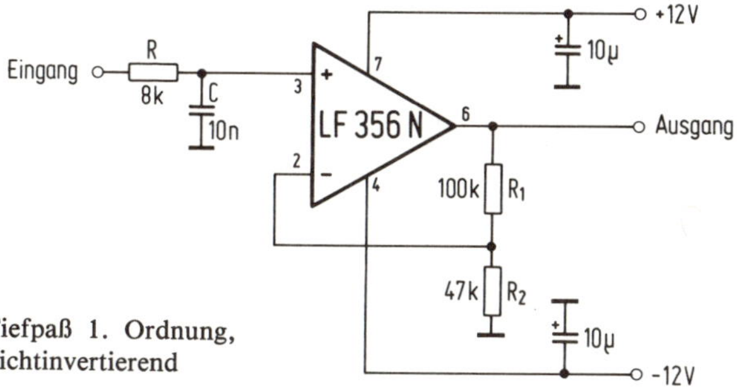

Abb. 12.4 Tiefpaß 1. Ordnung, nichtinvertierend

ergibt, während sich die Verstärkung auf

$$v = 1 + \frac{R_2}{R_3} = 1 + \frac{100\ \text{k}\Omega}{47\ \text{k}\Omega} \approx 3 \quad \text{beläuft.}$$

Ein invertierender Tiefpaß ist in *Abb. 12.5* angegeben. Die obere Grenzfrequenz beträgt hier

$$f_g = \frac{1}{2\pi \cdot R \cdot C} = \frac{1}{6{,}28 \cdot 47 \cdot 10^3\ \Omega \cdot 1 \cdot 10^{-9}\ \text{F}} \approx 3{,}4\ \text{kHz},$$

die Verstärkung $v = \frac{R}{R_1} = \frac{47\ \text{k}\Omega}{10\ \text{k}\Omega} = 4{,}7.$

Beide Pässe arbeiten zugleich als Impedanzwandler und besitzen kritische Dämpfung.

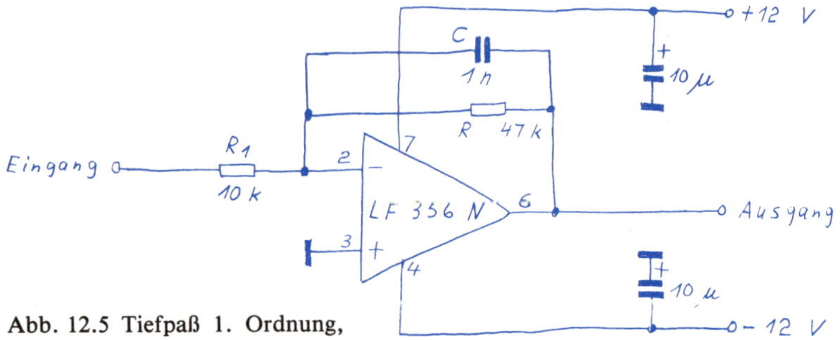

Abb. 12.5 Tiefpaß 1. Ordnung, invertierend

12.2 Hochpaß erster Ordnung

Vertauschen wir in der Schaltung nach *Abb. 12.4* den Widerstand R und den Kondensator C miteinander, so erhalten wir einen aktiven Hochpaß erster Ordnung, dessen Grenzfrequenz - hier die untere - aufgrund der gleichbleibenden Bauteiledimensionierung ebenfalls 2 kHz bei v = 3 beträgt.

Selbstverständlich weist ein Hochpaßfilter auch eine obere Grenzfrequenz auf, die durch die Eigenschaften des Operationsverstärkers bedingt ist. Der LF 356 N weist die Leerlaufverstärkung v_o = 0,7 bei f = 5 MHz auf. Da nun die Verstärkung v in oben genannter Schaltung 3 beträgt, errechnet sich die obere Grenzfrequenz zu

$$f_g = \frac{5\ \text{MHz}}{3} = 1{,}66\ \text{MHz}.$$

Der Tiefpaß in *Abb. 12.5* läßt sich durch entsprechendes Austauschen von R und C ebenfalls in einen Hochpaß umwandeln. Es entsteht dann die Schaltung nach *Abb. 12.6.* Die untere Grenzfrequenz beläuft sich ebenfalls auf

$$f_g = \frac{1}{2\,\pi \cdot R \cdot C} = \frac{1}{6{,}28 \cdot 10 \cdot 10^3\,\Omega \cdot 4{,}7 \cdot 10^{-9}\,\text{F}} = 3{,}4\ \text{kHz},$$

wobei aber C von 1 nF auf 4,7 nF erhöht und R von 47 kΩ auf 10 kΩ vermindert worden ist, um wieder den gleichen f_g-Wert zu erhalten. Der Grund liegt darin, daß der frequenzbestimmende Widerstand nicht mehr

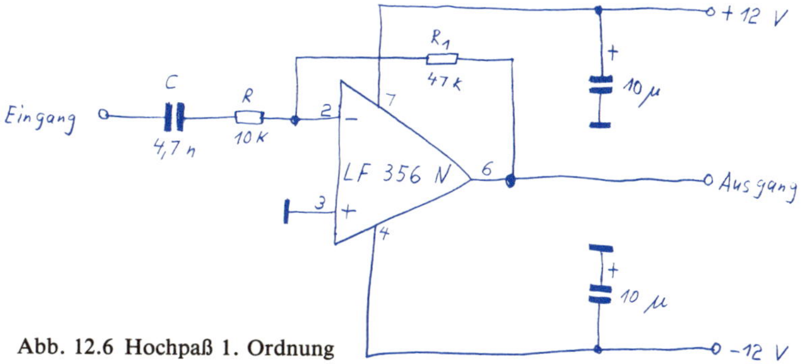

Abb. 12.6 Hochpaß 1. Ordnung

der Widerstand im Gegenkopplungszweig, sondern der in der Eingangsleitung ist.

Die Verstärkung ergibt sich zu $v = \frac{R_1}{R} = \frac{47\ k\Omega}{10\ k\Omega} = 4{,}7$,

womit sich die obere Grenzfrequenz zu

$$f_g = \frac{5\ MHz}{4{,}7} = 1{,}06\ MHz \text{ errechnet.}$$

Beide Hochpässe arbeiten wie die zuvor beschriebenen Tiefpässe zugleich als Impedanzwandler und besitzen kritische Dämpfung.

12.3 Tiefpaß zweiter Ordnung

Die Berechnung von Filtern 2. Ordnung läßt sich vereinfachen, indem man den OPV mit der Verstärkung 1 betreibt, ihn also voll gegenkoppelt. Jeweils gleiche R- und C-Werte vorausgesetzt, gilt für die obere Grenzfrequenz des Tiefpasses zweiter Ordnung nach *Abb. 12.7* der Ausdruck

$$f_g = 0{,}6436 \cdot \frac{1}{2\pi \cdot R \cdot C}.$$

So ist zum Beispiel bei $R = 11\ k\Omega$ und $C = 47\ nF$

$$f_g = 0{,}6436 \cdot \frac{1}{6{,}28 \cdot 11 \cdot 10^3\ \Omega \cdot 47 \cdot 10^{-9}\ F} = 200\ Hz.$$

Der Knick im Übergang zwischen Durchlaß- und Sperrbereich ist bei diesem Filter weniger scharf ausgeprägt als bei einem Tiefpaß mit kritischer Dämpfung.

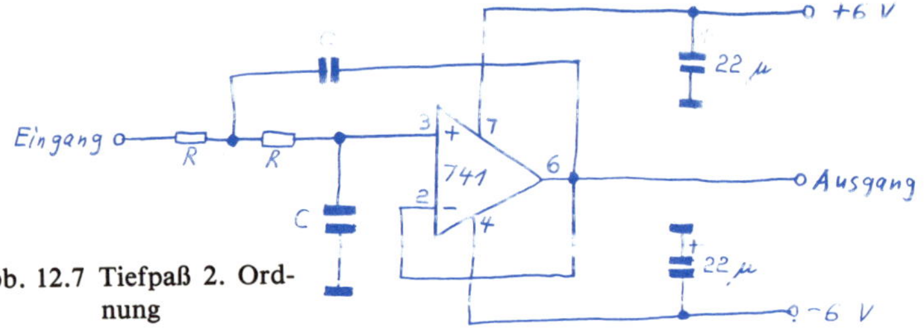

Abb. 12.7 Tiefpaß 2. Ordnung

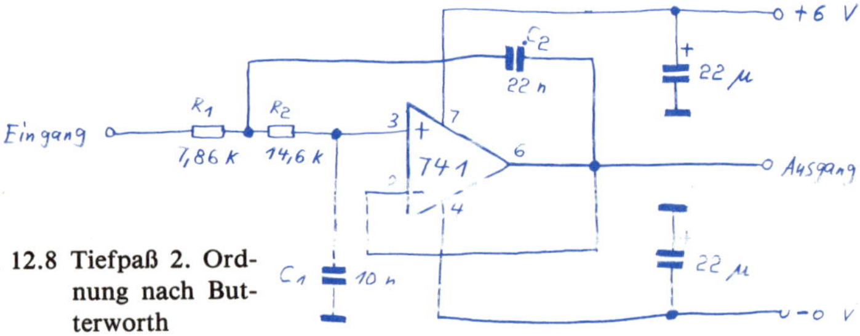

Abb. 12.8 Tiefpaß 2. Ordnung nach Butterworth

12.4 Tiefpaß zweiter Ordnung nach Butterworth

Bei dem Tiefpaß 2. Ordnung mit Butterworth-Charakteristik nach *Abb. 12.8* wird vorausgesetzt, daß der Kondensator C_2 mindestens doppelt so groß ist wie der Kondensator C_1. Es lassen sich dann die Widerstände wie folgt berechnen:

$$R_1 = \frac{1{,}4142 \cdot C_2 - \sqrt{2 \cdot C_2^2 - 4 \cdot C_1 \cdot C_2}}{4\,\pi \cdot f_g \cdot C_1 \cdot C_2}$$

$$R_2 = \frac{1{,}4142 \cdot C_2 + \sqrt{2 \cdot C_2^2 - 4 \cdot C_1 \cdot C_2}}{4\,\pi \cdot f_g \cdot C_1 \cdot C_2} = 1{,}86 \cdot R_1$$

Als Beispiel sei angenommen, es werde eine obere Grenzfrequenz f_g von

1 kHz benötigt, wobei $C_1 = 10$ nF betragen möge und $C_2 = 22$ nF. Dann ergibt sich R_1 zu 7,86 kΩ und R_2 zu 14,6 kΩ.

12.5 Hochpaß zweiter Ordnung

Die untere Grenzfrequenz des Hochpasses 2. Ordnung in *Abb. 12.9* errechnet sich zu

$$f_g = 1{,}55 \cdot \frac{1}{2\pi \cdot R \cdot C} .$$

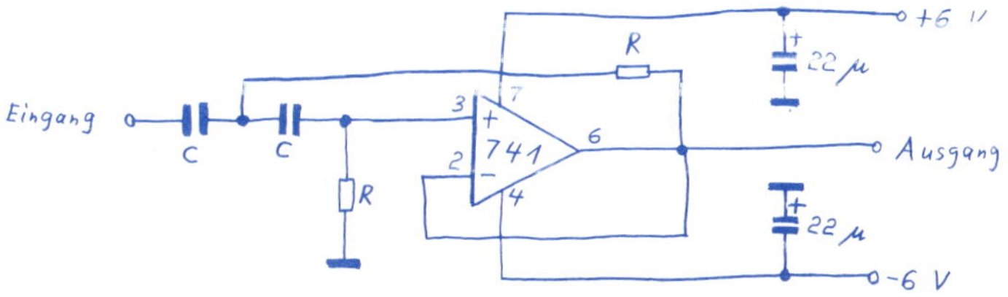

Abb. 12.9 Hochpaß 2. Ordnung

So ist bei R = 24,7 kΩ und C = 0,1 µF

$$f_g = 1{,}55 \cdot \frac{1}{6{,}28 \cdot 24{,}7 \cdot 10^3\,\Omega \cdot 0{,}1 \cdot 10^{-6}\,F} = 100\text{ Hz}.$$

Bei Frequenzen in der Größenordnung von einigen Kilohertz ist das Filter aussteuerbar bis zu einer Ausgangsspannung von 5 V_{ss}, was eine gleich große Eingangsspannung voraussetzt. Die obere Grenzfrequenz beträgt aufgrund der Daten des Operationsverstärkers etwa 300 kHz. Der Knick im Übergang zwischen Durchlaß- und Sperrbereich ist weniger scharf ausgeprägt als bei einem Hochpaß mit kritischer Dämpfung.

12.6 Hochpaß zweiter Ordnung nach Butterworth

Bei dem Hochpaß 2. Ordnung mit Butterworth-Charakteristik in *Abb. 12.10* werden gleiche Kapazitätswerte benutzt. Unter dieser Voraussetzung errechnen sich die Widerstände wie folgt:

$$R_1 = 1{,}4142 \cdot \frac{1}{2\pi \cdot f_g \cdot C}$$

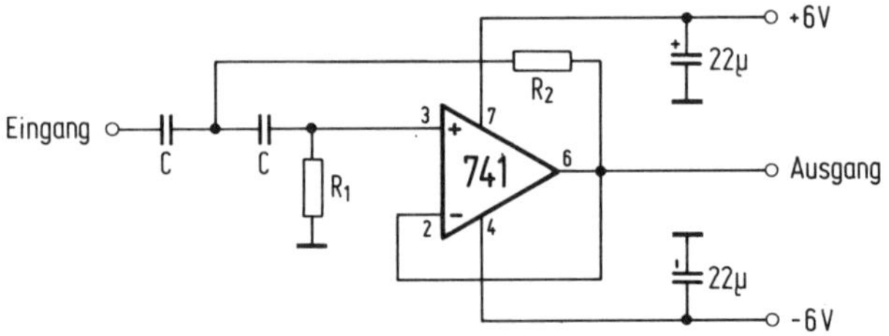

Abb. 12.10 Hochpaß 2. Ordnung nach Butterworth

$$R_2 = 0{,}7071 \cdot \frac{1}{2\,\pi \cdot f_g \cdot C} = 0{,}5 \cdot R_1$$

Wird beispielsweise eine untere Grenzfrequenz von 1 kHz benötigt und bemißt man die Kondensatoren zu je 15 nF, so ergibt sich für R_1 ein Wert von 15 kΩ und für R_2 ein solcher von 7,5 kΩ.

12.7 Tiefpaß dritter Ordnung nach Bessel

Abb. 12.11 zeigt die Schaltung eines Tiefpasses 3. Ordnung mit Bessel-Charakteristik und einer oberen Grenzfrequenz von 1 kHz. Es sind drei gleiche Widerstände R vorhanden, deren Werte willkürlich zu je 10 kΩ gewählt wurden. Zur Berechnung der Kondensatoren C_1–C_3 ist zunächst diejenige Kapazität zu bestimmen, die für ein passives Filter 1. Ordnung mit der Grenzfrequenz 1 kHz bei R = 10 kΩ benötigt würde. Diese ergibt sich zu

$$C = \frac{1}{2\,\pi \cdot f_g \cdot R} = \frac{1}{6{,}28 \cdot 1 \cdot 10^3\,\text{Hz} \cdot 10 \cdot 10^3\,\Omega} = 15{,}92\ \text{nF}.$$

Nun werden die Werte von C_1–C_3 wie folgt ermittelt:

$$C_1 = C \cdot 0{,}998 = 15{,}88\ \text{nF}$$
$$C_2 = C \cdot 0{,}2538 = 4{,}04\ \text{nF}$$
$$C_3 = C \cdot 1{,}423 = 22{,}65\ \text{nF}$$

Eine Messung ergab, daß das Filter bei einer Speisespannung von ±4 V

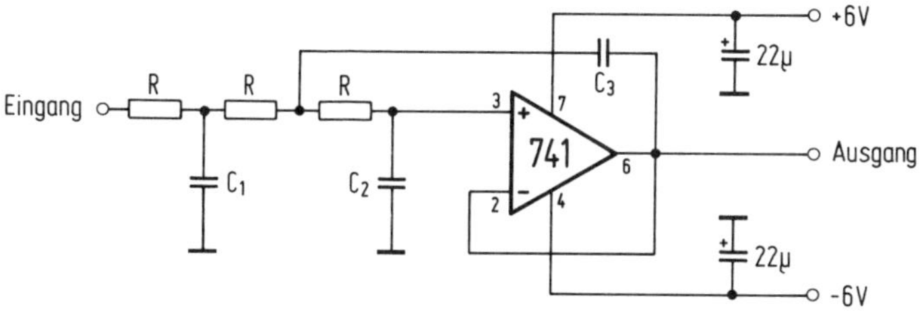

Abb. 12.11 Tiefpaß 3. Ordnung nach Bessel

bis zu einer Ausgangsspannung von 4 V_{ss} aussteuerbar ist, bezogen auf eine Frequenz von 100 Hz.

12.8 Bandpaß zweiter Ordnung

Schaltet man einen passiven Hochpaß und einen passiven Tiefpaß hintereinander, so entsteht ein ebensolcher *Bandpaß (Abb. 12.12)*. Die Reihenfolge dabei ist beliebig. Der Durchlaßbereich wird durch die beiden Grenzfrequenzen bestimmt. In jedem Fall muß natürlich die Grenzfrequenz des Hochpasses kleiner sein als die des Tiefpasses *(Abb. 12.13)*.

Ein Sonderfall des passiven Bandpasses liegt dann vor, wenn zwei gleiche Widerstände und zwei gleiche Kondensatoren gemäß *Abb. 12.14* zu einer *Wien-Halbbrücke* zusammengeschaltet werden (vgl. Kap. 5.8). Ein

Abb. 12.12 Einfacher Bandpaß

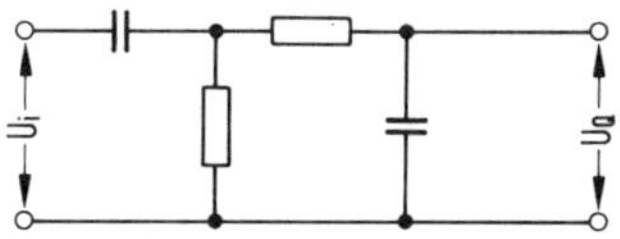

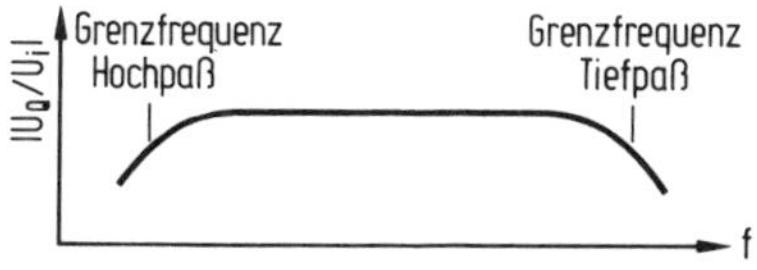

Abb. 12.13 Frequenzgang eines Bandpasses

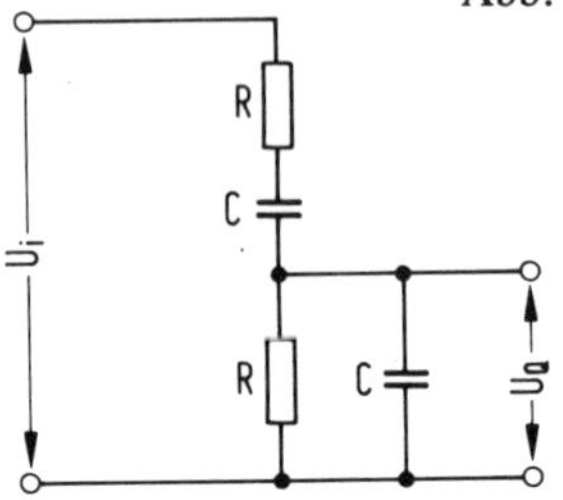

Abb. 12.14 Wien-Halbbrücke

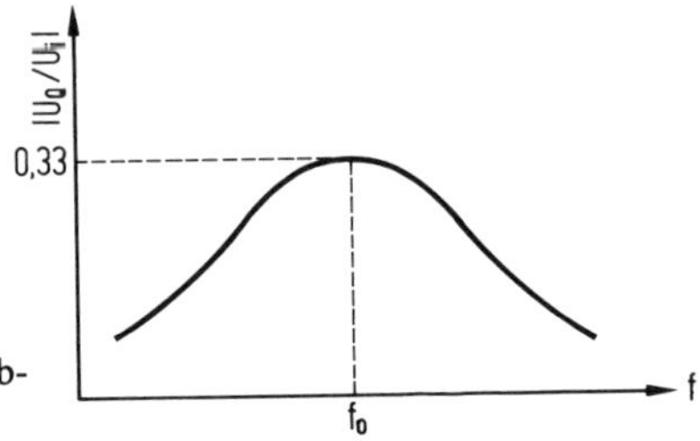

Abb. 12.15 Frequenzgang einer Wien-Halbbrücke

solches Filter zeigt das Verhalten eines Schwingkreises kleinerer Güte und besitzt die Resonanzfrequenz

$$f_o = \frac{1}{2\,\pi \cdot R \cdot C}\,.$$

Seine Durchlaßkurve ist in *Abb. 12.15* wiedergegeben. Die Ausgangsspannung beträgt bei Resonanz ein Drittel der Eingangsspannung.

Grundsätzlich kann man einen Bandpaß auch mit Filtern höherer Ordnung aufbauen. So sind in dem Beispiel *Abb. 12.16* ein Hochpaß 2. Ordnung und ein ebensolcher Tiefpaß in Serie geschaltet. Sie stellen zusammen einen Bandpaß der gleichen Ordnungszahl dar (vgl. Kap. 12.5 und Kap. 12.3).

In *Abb. 12.17* ist die Schaltung eines Bandpasses 2. Ordnung mit nur einem Operationsverstärker angegeben, dessen Resonanzfrequenz sich wie bei dem Filter nach *Abb. 12.14* zu

$$f_o = \frac{1}{2\,\pi \cdot R \cdot C}$$

errechnet. Die Durchlaßkurve selbst wird vom Verhältnis der Widerstände R_1 und R_2 bestimmt und verläuft um so steiler, je mehr sich der Wert des Ausdrucks

$$a = 1 + \frac{R_1}{R_2}$$

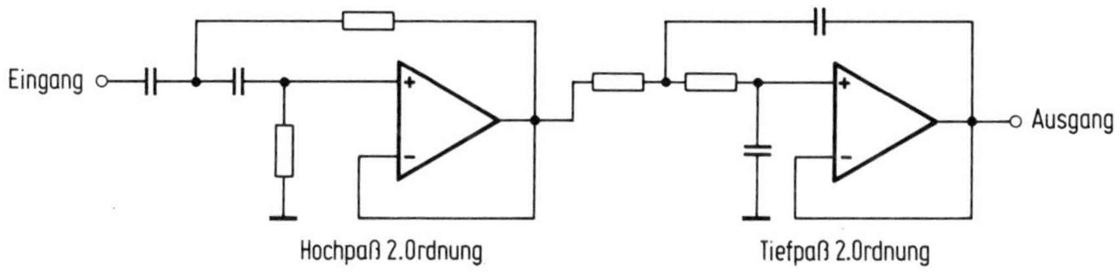

Abb. 12.16 Bandpaß 2. Ordnung

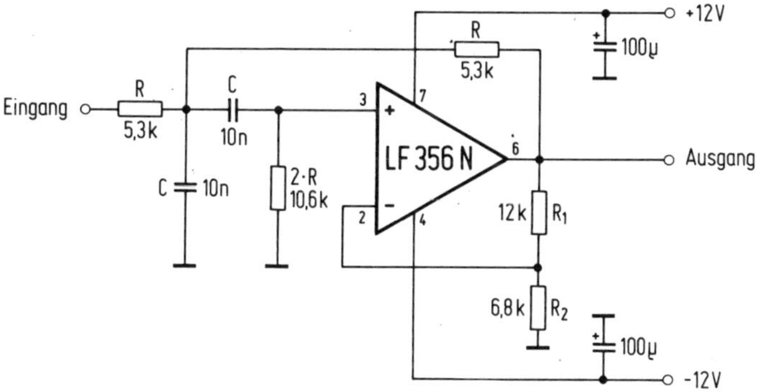

Abb. 12.17 Bandpaß 2. Ordnung mit nur einem Operationsverstärker

der Zahl 3 nähert. Erreicht bzw. überschreitet a den Wert 3, so gerät die Schaltung ins Schwingen.

Die Filtergüte ergibt sich zu

$$Q = \frac{1}{3 - a},$$

die Verstärkung, bezogen auf f_o, zu

$$v = \frac{a}{3 - a}.$$

Mit den im Schaltbild angegebenen R- und C-Werten beträgt die Resonanzfrequenz f_o = 3 kHz, die Größe a = 2,76, die Güte Q = 4,2 und die Verstärkung v = 11,5. Die untere Grenzfrequenz wurde meßtechnisch zu 2,7 kHz ermittelt, die obere zu 3,44 kHz, wobei sich die Eingangsspannung auf 1 V_{ss} belief.

Einfacher im Aufbau, aber weniger einfach in der Berechnung ist der Bandpaß 2. Ordnung nach *Abb. 12.18.* Für die Resonanzfrequenz f_o, die Verstärkung v, die Güte Q und die Brandbreite B gelten nachstehende Formeln:

$$f_o = \frac{1}{2\,\pi \cdot C} \cdot \sqrt{\frac{R_1 + R_2}{R_1 \cdot R_2 \cdot R_3}}$$

$$v = \frac{R_3}{2 \cdot R_1}$$

$$Q = 2\,\pi \cdot R_3 \cdot C \cdot f_o \qquad B = \frac{1}{\pi \cdot R_3 \cdot C}$$

Vor der eigentlichen Berechnung des Passes ist für f_o, v, Q und C jeweils ein Wert festzusetzen. Als Beispiel sei von folgenden Zahlen ausgegangen:

$$f_o = 100\text{ Hz} \qquad Q = 25$$
$$v = 10 \qquad C = 0{,}5\ \mu\text{F}$$

Nun wird zunächst der Widerstand R_3 berechnet. Hier gilt die Gleichung

$$R_3 = \frac{Q}{\pi \cdot f_o \cdot C} = \frac{25}{3{,}14 \cdot 100\text{ Hz} \cdot 0{,}5 \cdot 10^{-6}\text{ F}} = 160\text{ k}\Omega.$$

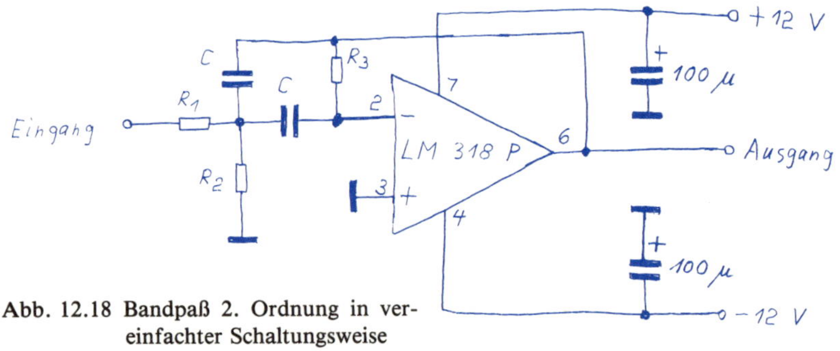

Abb. 12.18 Bandpaß 2. Ordnung in vereinfachter Schaltungsweise

Daraus ergibt sich der Widerstand R_1 zu

$$R_1 = \frac{R_3}{2 \cdot v} = \frac{160\ k\Omega}{2 \cdot 10} = 8\ k\Omega,$$

der Widerstand R_2 zu

$$R_2 = \frac{v \cdot R_1}{2 \cdot Q^2 + v} = \frac{10 \cdot 8000\ \Omega}{2 \cdot 625 + 10} = 63{,}5\ \Omega$$

und die Bandbreite B zu

$$B = \frac{1}{\pi \cdot R_3 \cdot C} = \frac{1}{3{,}14 \cdot 160 \cdot 10^3\ \Omega \cdot 0{,}5 \cdot 10^{-6}\ F} = 4\ Hz.$$

Die untere Grenzfrequenz beträgt somit 98 Hz, die obere 102 Hz. Alle errechneten Werte wurden bei einer Eingangsspannung von 1 V_{ss} durch Messungen annähernd bestätigt. - Die Toleranzen der Widerstände und Kondensatoren sollten höchstens ±1% betragen.

Bei den gleichen R-Werten wie oben genannt, jedoch mit C-Werten von je 10 nF, ergibt sich rechnerisch eine Resonanzfrequenz von 5 kHz. Eine Messung erbrachte nahezu das gleiche Ergebnis. Die Verstärkung betrug hier jedoch nicht mehr 10, wie theoretisch zu erwarten wäre, sondern nur noch 8. Dies ist darauf zurückzuführen, daß der OPV wegen der starken Untersetzung des Eingangssignals durch die Widerstände R_1 und R_2 auch bei der jetzt höheren Frequenz f_o die gleich große Leerlaufverstärkung aufweisen müßte ($\gg 2 \cdot Q^2$), die er seinen Daten zufolge aber nicht ganz besitzt. Die Bandbreite wurde meßtechnisch zu etwa 340 Hz ermittelt.

12.9 Bandsperre

Ein Doppel-T-Filter nach *Abb. 12.19* wirkt für seine Resonanzfrequenz

$$f_o = \frac{1}{2\pi \cdot R \cdot C}$$

als Sperre, läßt aber höhere und tiefere Frequenzen ohne Abschwächung

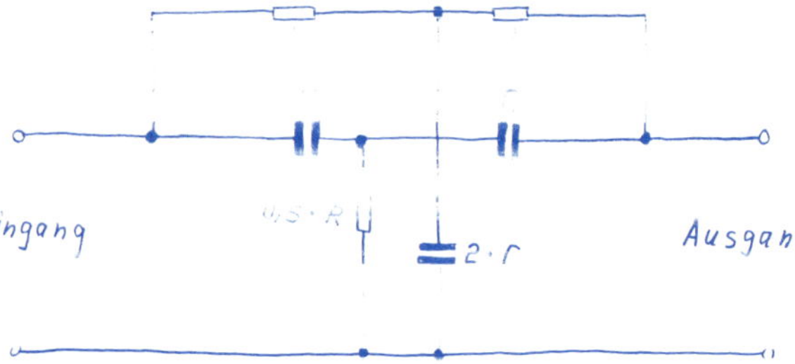

Abb. 12.19 Doppel-T-Filter

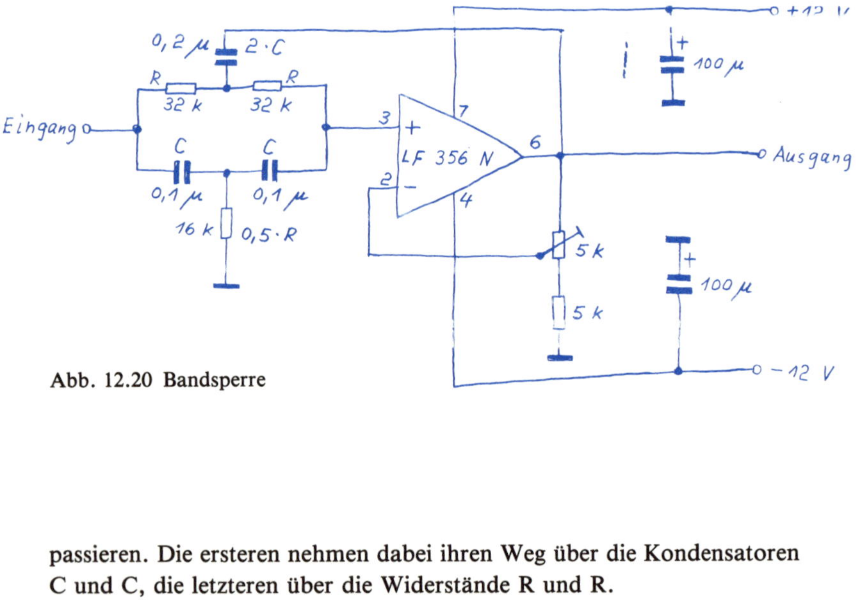

Abb. 12.20 Bandsperre

passieren. Die ersteren nehmen dabei ihren Weg über die Kondensatoren C und C, die letzteren über die Widerstände R und R.

In *Abb. 12.20* sind ein solches Filter und ein Operationsverstärker zu einer Bandsperre 2. Ordnung zusammengefaßt. Der Kondensator 2 · C liegt hier zwar nicht an Masse, sondern am Ausgang des Verstärkers. Dies ändert indessen nichts an der Wirkungsweise des Doppel-T-Filters, da bei der Resonanzfrequenz f_0 die Ausgangsspannung U_Q zu Null wird. Das Verhalten der Schaltung ist damit das gleiche, als wäre der Kondensator 2 · C direkt mit Masse verbunden.

Der Verstärkungsfaktor des LF 356 N beträgt 1, wenn der Poti-Schleifer „oben“ steht, und 2, wenn er in die „untere“ Einstellung gebracht wird. Eine höhere Verstärkung ist nicht zulässig, da sonst die Bandsperre schwingt.

Mit den angegebenen R- und C-Werten beläuft sich die Resonanzfrequenz auf 50 Hz. Bei einer Sinus-Eingangsspannung von 4 V_{ss} und einer Verstärkung von v = 1 wurde für f_0 eine Ausgangsspannung von 0,05 V_{ss} gemessen, bei v = 2 eine solche von 0,1 V_{ss}. Unter den gleichen Bedingungen ergab sich für die höheren und die tieferen Frequenzen eine Ausgangsspannungsamplitude von 4 V_{ss} bzw. von 8 V_{ss}. Dies bedeutet, daß bei v = 2 die Resonanzkurve wesentlich steiler verläuft als bei v = 1. So wurde bei der Verstärkung 2 eine Sperrbandbreite von etwa 8 Hz gemessen, bei der Verstärkung 1 eine solche von 80 Hz.

12.10 Selektiver Verstärker

Bei der Schaltung nach *Abb. 12.21* ist ein Doppel-T-Filter in den Gegenkopplungszweig des Operationsverstärkers eingefügt. Es stellt für die Resonanzfrequenz f_0 und die unmittelbaren Nachbarfrequenzen eine Sperre dar, für alle übrigen ist es durchlässig. Letztere werden daher stark gegengekoppelt und unterdrückt; die Resonanzfrequenz hingegen wird verstärkt.

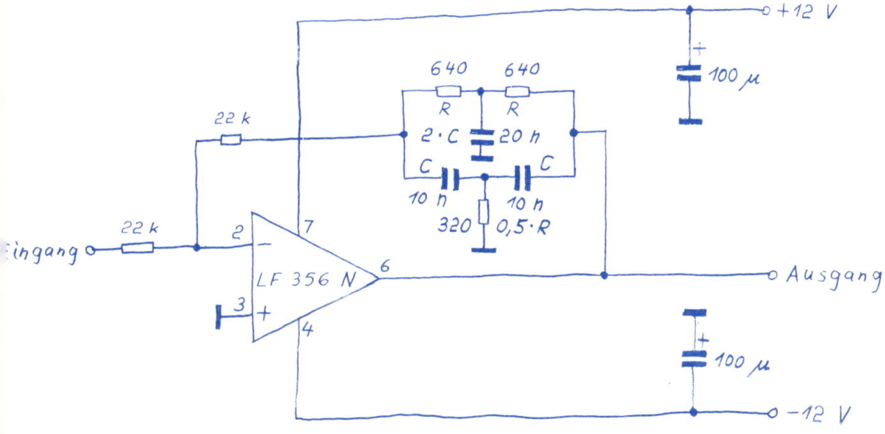

Abb. 12.21 Selektiver Verstärker

Mit der angegebenen Filterdimensionierung ergibt sich ein f_o-Wert von 25 kHz. Die untere Grenzfrequenz wurde zu 24,65 kHz gemessen, die obere zu 25,35 kHz. Der Gesamtverlauf der Durchlaßkurve ist in *Abb. 12.22* dargestellt, wobei der Verstärkungsgrad für die Frequenz f_o ca. 160 beträgt, für die unterdrückten Frequenzen 1. Die Schaltung arbeitet verzerrungsfrei bis zu einer Ausgangsspannung von 8 V_{ss}.

Theoretisch ist der Resonanzwiderstand des Doppel-T-Filters unendlich groß. Damit würde bei der Frequenz f_o eine Verstärkung erzielt, die der Leerlaufverstärkung des OPV gleichkäme. Weil nun aber die R- und die C-Werte des Doppel-T-Gliedes in der Praxis nie von absoluter Genauigkeit sind, ist der Resonanzwiderstand entsprechend kleiner. Dies bedeutet eine gewisse Gegenkopplung auch für die Frequenz f_o. (Vom Verfasser wurden zum Bau des Filters Widerstände und Kondensatoren mit Toleranzen unter ±1% benutzt).

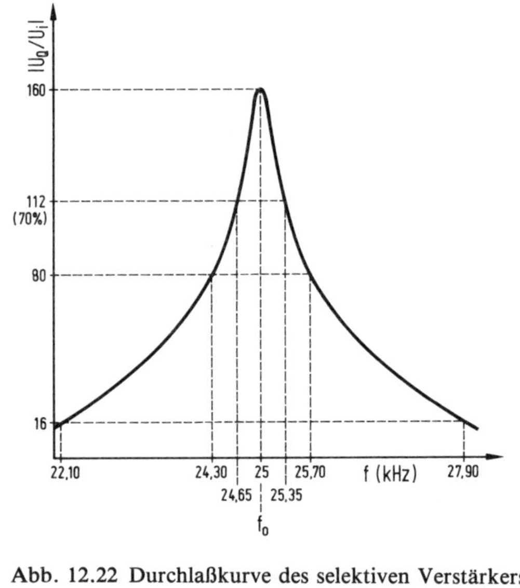

Abb. 12.22 Durchlaßkurve des selektiven Verstärkers

Literaturverzeichnis

[1] Analog Devices: Data Acquisition Components and Subsystems.

[2] *Baier, W.:* Elektronik-Lexikon. Franckh'sche Verlagshandlung, Stuttgart.

[3] Intermetall Halbleiterwerk der Deutsche ITT Industries GmbH: Integrierte Schaltungen und Einzelhalbleiter.

[4] Intersil: Data Book.

[5] *Meyer, H.:* Elektronikschaltungen - praktisch aufgebaut. Franck-'sche Verlagshandlung, Stuttgart.

[6] *Meyer, H.:* Vom Ohmschen Gesetz zur RC-Schaltung, Band 1 und Band 2. Albrecht Philler Verlag, Minden.

[7] *Meyer, H.:* Transistor-Schaltungen, Band 1 und Band 2. Albrecht Philler Verlag, Minden.

[8] *Rose, G.:* Große Elektronik-Formelsammlung. Franzis-Verlag, München.

[9] Siemens AG: Integrierte Schaltungen für industrielle Anwendungen.

[10] Siemens AG: Opto-Halbleiter, Datenbuch.

[11] Texas Instruments: The Linear Control Circuits Data Book für Design Engineers.

[12] Texas Instruments: The Voltage Regulator Handbook.

[13] *Tietze, U., Schenk, C.:* Halbleiter-Schaltungstechnik. Springer Verlag Berlin, Heidelberg, New York.

[14] Telefunken electronic GmbH: Integrierte Schaltungen, Datenbuch.

[15] Telefunken electronic GmbH: Optoelektronische Bauelemente, Datenbuch.

[16] Valvo/Signetics: Signetics Integrierte Analog-Schaltungen, Datenbuch.

[17] *Zirpel, M.:* Operationsverstärker. Franzis-Verlag, München.

Sachverzeichnis